近代日本の公衆浴場運動

川端美季

法政大学出版局

近代日本の公衆浴場運動◉目次

近代日本の公衆浴場運動

序　章

研究の目的及び背景

私たちは様々な規範をもとに生活している。それは目にみえやすい物理的な、または法的な外在的なものもあれば、自らが認識できないほど内在化されたものもある。そのうちのひとつに衛生に関する規範がある。衛生に関する規範、たとえば、身体の清潔さと不潔さは外在的なものであると同時に内在的なものである。身体をめぐる清潔規範は外在的にかつ内在的に相互的な動きのなかで構築されてきた。

本書での研究対象は公衆浴場である。近代日本における、とりわけ都市の多くの人々が入浴する場として、当時の人々の生活に非常に密着した場であったといえよう。こうした公衆浴場はどのようにして現在のような公衆衛生的な施設になっていったのか、そして公衆浴場を通じてどのような清潔規範が構築されていったのだろうか。こうした問いに基づき、本書では、日本における清潔規範の一端を明らかにするために、近代日本において公衆浴場が公衆衛生行政に組み込まれた経緯について検討する。

日本の公衆浴場は、江戸風俗を代表する社交場として知られる湯屋から、明治期から大正期にかけて徐々に公衆衛生的管理の対象となっていった。公衆浴場に対する公衆衛生的管理がもっとも凝縮したかたちで現れているものが、大正期から都市を中心に府や市などの行政によって設けられた「公設浴場」である。たとえば、第四章で取りあげる大正期の大阪市は「市民保健の見地より市営住宅居住者及び其の附近の労働者に対し清潔快適なる浴場を供せん」[1]として、公設浴場を「労働者」を対象にした「市民保健」の施設と位置づけていた。

こうした「公設浴場」が設立される背景には、欧米で展開していた公衆浴場運動の影響があった。本書では、江戸期から、公設浴場が設置されていく昭和初期までを対象とし、日本の公衆浴場が海外からどのように影響を受けていったのか、そのなかで日本の人々が自らの入浴習慣をどのように捉えていったのか、日本の人々が公衆浴場にいかなる衛生的側面を見出していったのか、さらに日本の公設浴場と民間の公衆浴場との間にはどのような差異が設けられていったのか、その過程について明らかにする。

本書のタイトルである「公衆浴場運動」は、世紀転換期を中心に欧米で盛んだったPublic Bath Movementからとっている。これは社会改良家たちを中心に発展したものであり、都市住民の清潔規範の広がりにも一役買うものであった。同時にそれは「不潔」さを発見することにもつながった。日本では、欧米とは異なり、近代以前から湯屋と呼ばれる入浴施設が都市を中心に多数あった。また農村では共同風呂などがその地域の人々の入浴施設として機能していた[2]。けれども、公設浴場はこうした近代以前の入浴施設とは異なる経緯をもって設立された。これは基本的に行政主体で設けられるものであったが、設置過程やその運営については単純な上意下達というものではなく、それぞれの地域が抱える問題を反映するようにして展開されていった。本書ではこうした行政（海外の公衆浴場を紹介した専門家も含む）と地域住民がともに新たな浴場を獲得していく動きを近代日本の「公衆浴場運動」と捉えたい。

公設浴場は、これまで日本における公衆浴場をめぐる研究のなかで、主題的に取り扱われることが少なかった。

また、公衆浴場に関する研究は、風俗史及び文化史を中心に行なわれてきたが、この領域では「入浴」に注意が向けられており、公衆浴場は入浴の歴史の一部として取りあげられるにとどまってきた[3]。風俗史・文化史において公衆浴場という場が取り扱われる際には、そこで発展してきた文化や公衆浴場の表象が主な考察の対象とされてきた。これらの研究では「日本人は入浴好き」、「入浴を好む清潔な民族」ということを強調する傾向があり、公衆浴場は身体を清潔にすると施設であると自明視されてきた。しかし、本書のなかで明らかにするが、公衆浴場が身体の清潔のための施設であると認識され、「日本人は入浴好き」、「入浴を好む清潔な民族」という言説が登場するのは、明治期になり欧米の影響を受けて以降のことである。

本書は、施設としての「公衆浴場」そのものを主な検討対象とする。祐成保志は二〇〇八年の著作で、「住まい」や「居住」を意味する「住居」の社会的な構成要素の変遷を、物理的な「住宅」を通して検討した[4]。祐成がマテリアル・カルチャーとしての「住宅」に注目したように、本書も「入浴」ではなく「公衆浴場」に焦点を当てる。ただし、祐成が住宅をめぐる言説を分析対象としたのに対し、本書では公設浴場を含む公衆浴場に関する言説に加え、制度を主な分析対象とする。公設浴場を手がかりとしながら、公衆浴場が衛生的な施設とされてきた過程を理解するためには、まず行政に関わる衛生家や社会事業家などが公衆浴場をいかなる施設として認識し、制度を構築していったのかを分析することが有効であると考えるからである。

公衆浴場の歴史を、衛生的施設の歴史として描き出そうとする試みは、公衆衛生史のなかに位置づけられる。しかし、公衆浴場は「清潔」のための衛生的な施設であると自明視されてきたにもかかわらず、日本の公衆衛生史のなかでほとんど扱われてこなかった。このような公衆衛生史のなかで顧みられないテーマがあるという点については、二〇一一年に日本の衛生行政の検査機関である地方衛生研究所について論じた横田陽子による指摘がある[5]。横田は、「衛生行政における科学技術」が専門領域のなかでは医学的対処である「治療」ではなく「予防」を担当していたため、専門領域のなかで周縁的に扱われてきたと述べている[6]。公衆浴場も同様に医学に直接的に関わるものではなかったため、公衆衛生史のなかで主題として扱われてこなかったといえる。公衆浴場のなかでも行政によって設けられる公設浴場は、都市とりわけ貧困層や労働者の多く暮らす地域に建設され、都市政策のなかで公衆衛生を担う重要な施設として認識されており、公衆衛生史のなかで主題として取り扱われるべき対象であろう。本書では公設浴場を中心に、公衆浴場が公衆衛生的な施設として設置されていく過程とその社会的機能について明らかにし、公衆衛生史のなかに公衆浴場を位置づける。

なお、本書では、都市住民が共同で使用するものを「公衆浴場」、行政が建設しその運営を公益団体や民間に委託したものを「公設浴場」と呼ぶ。行政がつくった公設浴場と、そうでない公衆浴場を区別するために、いわゆる銭湯のことを「民間の公衆浴場」、「民間浴場」と呼ぶ。また、江戸期から明治期にかけて公衆浴場は法的にも一般的にも「湯屋」といわれていたため、明治期の公衆浴場については「湯屋」と呼ぶこととする。

先行研究

海外の先行研究においても、公衆浴場というよりむしろ「入浴」が研究対象とされ、公衆浴場はそれに附随して扱われてきた。

たとえばフランスの社会史では、コルバン（A. Corbin）が提唱した感性の歴史の影響を受け、フランスの清潔の歴史が入浴習慣や公衆浴場を通して検討されてきた。こうした研究の代表として、一九八五年のヴィガレロ[7]（G. Vigarello）と一九八八年のクセルゴン[8]（J. Csergo）による研究が挙げられる。これらの研究は身体衛生の規範を「入浴」を通して検討し、清潔と不潔の心性の歴史を明らかにするものであった。[9]

医学史及び公衆衛生史においては、たとえば一九九五年のホイ（S. Hoy）が挙げられる。[10]ホイは、十九世紀はじめから一九五〇年代までのアメリカにおける入浴を含む清潔に関する実践の変容について検討した。とくにその実践のなかで女性が果たしてきた役割に焦点をあてながら、清潔さと道徳性との間の相互関係を明らかにした。

しかし、近年のイギリスやアメリカの公衆衛生史においては、こうした清潔習慣ではなく、公衆浴場そのものが注目されるようになってきた。これらは主に十九世紀後半から二十世紀にかけてヨーロッパやアメリカで進展した公衆浴場運動について論じたものである。公衆浴場運動について改めて述べると、十九世紀半ばにイングランドで始まり世紀転換期にヨーロッパやアメリカに広がった、都市の貧困者や労働者の衛生環境の改善を目指し、自治体や篤志家などよって進められた運動のことである。

一九八九年にグラスバーグ[11]（D. Glassberg）が、一九九一年にウィリアムズ[12]（M. Williams）が、それぞれ十九世紀末から二十世紀初期におけるアメリカの公衆浴場運動について検討し、一九八〇年代末以降、公衆浴場運動に関する研究が進展し始めた。グラスバーグは、一八九五年から一九〇四年のアメリカにおける公衆浴場運動の展開とその思想について検討した。またウィリアムズは、一八四〇年から一九二〇年のアメリカで公衆浴場運動が都市問題の解決方策のひとつとして展開したことを明らかにしている。そして二〇〇〇年代に入り、欧米の公衆浴場運動に関する研究は、公衆浴場を民衆への統治に関する装置として位置づける視点を提供するようになる。たとえば、二〇〇六年にヴィクトリア期の公衆浴場について分析したクルック[13]（T. Crook）は、当時の公衆浴場運動の推進者たちが個人の清潔さを勤勉な習性及び社会的な責任に関連するものであると説き、公衆浴場を身体的・道徳的に洗浄する倫理的な場として提供したと論じた。

また近年では、ヨーロッパやアメリカ以外の地域の公衆浴場を対象とする研究が現れている。二〇〇八年にキム（S. Kim）は十九世紀後半の朝鮮における公衆浴場を対象に検討した[14]。キムは十九世紀後半の植民地化のなかでの近代的衛生概念の導入と当時の公衆浴場の関係について分析している。当時、朝鮮で布教活動をしていたアメリカの宣教師は同時に医師でもあり、彼らは身体から細菌を洗浄することを、魂から罪を浄化させることと関連づけて朝鮮の人々に広めようとしていた。しかし、朝鮮の人々は体をこするという独自の清潔観を失わず、その実践の場である公衆浴場は朝鮮独特の発展をみせたことをキムは論じている。このように、公衆浴場を公衆衛生史のなかに位置づける研究は世界的に広がっているが、日本ではこうした研究はまだなく、本書ではその位置づけを試みる。

加えて、日本における公衆浴場の歴史をみると、公衆衛生史だけではなく、社会事業史的な視点を欠かすことができない。公衆浴場はこの領域が接合するところ、歴史的には分岐するところで展開されてきた。この点については次項で説明する。

日本における先行研究

前述のように、日本における公衆浴場に関する研究は主として風俗史や文化史的な関心から「入浴」研究に付随して行なわれてきた。

これ以外の観点からの研究は主に一九九〇年代に始まったといえる。建築学において、一九九八年に勝木祐仁・天澤維・篠野志郎らが、明治期の公衆浴場の法的規制と大正期の公設浴場の設置を検討し、東京の公設浴場が都市衛生の保存という社会的使命を帯びた施設であったと位置づけている。(15) 医学史の領域では二〇〇一年に、鈴木則子による江戸期の入浴の養生的意義についての分析がある。(16)

さらに、公設浴場は社会事業のなかで進められ、被差別部落に対する部落改善事業のなかで設置されてきた共同浴場を前身とするものもあり、社会事業史研究や被差別部落史研究においても検討対象とされてきた。一九九八年に加藤昌彦は被差別部落史研究のなかで、「共同浴場」を「地域の共同体性を基礎にできている」と位置づけ、共同浴場が地域住民の労働や維持金によって支えられたことを指摘し、被差別部落住民の紐帯を維持する施設であると結論づけた。(17) さらに、二〇〇八年に松下孝昭は、一九二〇年代の京都市における社会事業施設の設置から方面委員と行政との相互関係を論じた[18]。松下は、公設浴場の収益を含む融和団体の資金の一部が方面委員の救貧活動にあてられていたことを明らかにし、公設浴場を被差別部落の有力者を中心に形成される地域秩序を補強する装置として配置するという行政の意図を指摘した。

明治期以降の公衆浴場を対象とする先行研究は、その機能や役割の一部を明らかにしてきた。しかし、これまでの研究でも、入浴は衛生上不可欠であることが自明視されており、公衆浴場が都市衛生の公的施設とされてきた由来について問われず、入浴及び公衆浴場が衛生上必要だとされていく過程は精査されてこなかった。日本の公衆浴場の衛生的施設化は、海外から多大な影響を受けている。国内のみを射程としていては明らかにならず、同時代の海外の動向を含めて検討する必要がある。

先行研究が注目してきた被差別部落における改善事業は、大正期の社会事業のなかで展開されてきた。社会事業のなかで公設浴場の設置は、防貧を意味する経済保護事業と前に挙げた部落改善の事業として進められてきた。ただし、これまで社会事業史において経済保護事業として進められた公設浴場の設置は、ほぼ検討されてこなかったといってよい。公設浴場は被差別差別に対する事業として注目されてきたが、社会事業における経済保護事業としてつくられた公設浴場も看過することはできないだろう。どのようにして社会事業のなかで公設浴場がつくられるようになったのか、当時の社会事業家の文献や行政資料をみると、その多くが、同時期に欧米で建設された公衆浴場を視察し、その目的や利用対象者について言及している。この欧米の公衆浴場は、くり返すが公衆浴場運動のなかでつくられたものである。日本の公設浴場の設置については、この欧米の公衆浴場運動の影響ぬきに論じることはできない。

ただし、日本ではヨーロッパやアメリカとは異なり、公設浴場設置以前から一般に営業される公衆浴場があったということに留意しなくてはならない。そこで、本書では公設浴場設置以前の歴史から検証する。そして、日本の行政が、欧米の公衆浴場運動の思想や目的をいかに受容し、公衆浴場を衛生的かつ社会事業的施設であるとみなすようになっていったのか、本書はその過程を描き出すものである。

本研究の構成

本書は、序章と終章を含め八つの章から構成される。本論を構成する八章の概要は以下の通りである。第一章においては、江戸期の湯屋の概要及び、明治初期から中期にかけての湯屋に対する法的規制と管理について論じる。江戸期から明治期にかけての大きな変化として、公衆浴場に対する制度が整えられた点がある。江戸期では、混浴禁止といった観点から散発的に湯屋を取り締まることがあったが、湯屋に対する包括的な取締は存在していなかった。明治期に入ると、一八七九年に東京府で「湯屋取締規則」が制定されたことをはじまりとして、各府県で湯屋に対する包括的な法規制が行なわれるようになった。

第二章では、江戸期における養生の観点から入浴を論じた言説を取りあげ、明治期における入浴と湯屋に対する雑誌記事を中心に検討する。明治初期においては江戸期の養生書でみられた入浴への注意を受け継ぐ記述もあったが、明治期半ばから医師、衛生行政に携わる官僚などの衛生家らによって海外の公衆浴場を含む公衆衛生施設が頻繁に紹介されるようになる。この時期、近代的な衛生知識を国民生活に根付かせようとする衛生運動が知識人らの主導で行なわれ、日本ですでにあった湯屋に対しても清潔かどうかが問題視され、さらに都市の労働者や貧民の衛生状態も問題視されるようになっていった。

第三章では、明治後期から大正期にかけて、欧米の社会事業行政や社会事業行政施設を日本に紹介した衛生行政及び社会事業行政に関わる官僚や知識人といった社会事業家の言説を検討し、日本の公設浴場が設置される経緯を明らかにする。まず、先行研究をもとに日本に影響を与えた欧米の公衆浴場運動について検討する。そして欧米の動向を紹介した社会事業家である生江孝之の『歐米視察――細民と救濟』、行政が欧米及び日本の公設浴場について記録した逓信省簡易保険局積立金運用課の『公設浴場に関する調査』を分析する。

第四章では一九一九年に日本で最初に設置された大阪の公設浴場について取りあげる。公設浴場はつくられた都市によって利用対象者や機能がやや異なるが、原則として公設民営であったという共通点があり、その経営は地域の融和団体や公衆浴場営業者に委託されるものであった。本書では、大阪のほか、京都、東京の公設浴場を第五章と第六章で取りあげる。

第五章では、京都市において被差別部落に対する改善事業のひとつとして公設浴場が設置された背景とその運営の状況について検討する。京都市では、被差別部落の住民の活動と行政の社会事業との相互関係のなかで公設浴場が設置され運営されていった背景がある。

第六章では、東京市の公設浴場を扱う。東京は他の府県に比べて民間の公衆浴場が多い地域であり、浴場組合の活動も活発であった。浴場組合と行政との関係性のなかで、公設浴場がどのように設置されたのかという分析とともに、関東大震災以前に進められていた公設浴場、震災後につくられた仮設浴場、そして震災対策が終わった後の公設浴場について検討する。

なお、第四章・第五章・第六章においては、具体的な地名を挙げて論じている箇所もある。その地域性や地域の抱える諸問題を歴史研究から浮き彫りにする意識にもとづいているためである。とりわけ第四章・第五章については被差別部落差別を相対化し、差別を解消するという課題を含んでいることを踏まえていただくよう、前もってお願いしたい。

註

(1) 大阪市役所社会部庶務課「社會事業史」大阪市役所社会部庶務課、一九二三年、六四頁(近現代資料刊行会『日本近代都市社会調査資料集成（9）大阪市・府社会調査報告書（11）大正13年（4）』近現代資料刊行会、二〇〇六年）所収。

（2）白石太良『共同風呂――近代村落社会の入浴事情』岩田書院、二〇〇八年。

（3）武田勝蔵『風呂と湯の話』塙書房、一九六七年、中野栄三『銭湯の歴史』雄山閣出版、一九七〇年。

（4）祐成保志『住宅の歴史社会学――日常生活をめぐる啓蒙・動員・産業化』新曜社、二〇〇八年。

（5）横田陽子『技術からみた日本衛生行政史』晃洋書房、二〇一一年。

（6）横田、前掲註5、一九四頁。

（7）A・コルバン（山田登世子・鹿島茂訳）『においの歴史――嗅覚と社会的想像力』藤原書店、一九九〇年。

（8）G・ヴィガレロ（見市雅俊監訳）『清潔になる〈私〉――身体管理の文化誌』同文館出版、一九九四年。

（9）J・クセルゴン（鹿島茂訳）『自由・平等・清潔――入浴の社会史』河出書房新社、一九九二年。

（10）Hoy, S. *Changing Dirt* (Oxford: Oxford University press, 1997).

（11）Glassberg, D. "The Design of Reform: the Public Bath Movement in America," *American Studies*, 20 (1979): 5–21.

（12）Williams, M. T. *Washing "The Great Unwashed" Public Baths in Urban America, 1840-1920* (Columbus: Ohio State University Press, 1991).

（13）Crook, T. "Schools for the moral training of the people': Public Baths, Liberalism and the Promotion of Cleanliness in Victorian Britain," *European Review of History*, 13-1 (2006): 21–47.

（14）Kim, S. K. "An Antiseptic Religion: Discovering A Hybridity on the Flux of Hygiene and Christianity," *Journal of Religion and Health*, 47-2 (2008): 253–262.

（15）勝木祐仁・天澤維・篠野志郎「東京市社會局による公設浴場事業の経緯と都市衛生施設としての史的位置づけ」『日本建築学会計画系論文集』第五〇六号（一九九八年）、一五五～一六〇頁。

（16）鈴木則子「江戸の銭湯にみる養生と清潔」吉田忠・深瀬泰旦編『東と西の医療文化』思文閣出版、二〇〇一年、一九七～二一五頁。

（17）加藤昌彦「被差別部落と共同浴場」『比較日本文化研究』第五号（一九九八年）、二二～六四頁。

（18）松下孝昭「都市社会事業の成立と地域社会――１９２０年代前半の京都市の場合」『歴史学研究』第八三七号（二〇〇八年）、一～一九頁。

第一章　湯屋の法規制の変遷――江戸期から明治期を中心に

日本で水や湯を浴びる行為は古くから行なわれていた。では、このような沐浴や入浴を行なう場はいつ頃からどのように発展してきたのだろうか。風呂という様式が日本に伝わったのは仏教伝来と同時期であるといわれている。このとき同時に伝わった仏教の経典である『浴仏功徳経』(「仏説浴像経」ともいわれる)[1]や『仏説温室洗浴衆僧経』(『温室経』といわれる)は、入浴によって七病を除き七福を得るという功徳を説くものであった[2]。こうして、寺院には僧尼のためのものだけではなく、参詣する人々のための浴室・浴堂が設けられるようになった。このような浴室で一般の人々に入浴する場を与えること、すなわち入浴を施すことを「施浴」という。施浴は、寺院が一般の人々に入浴機会を与えるという慈善活動であるとともに、仏教を一般に広める役割も担っていた。施浴の際には布施が収められた。こうした施浴を行なっていた日本の浴堂の代表的なもののひとつが、一二三九(延応元)年に建立された東大寺の大湯屋(図1―1、1―2)である。この大湯屋は、幾度かの改修工事を経て、明確な時期は定かではないが、明治期頃まで実際に用いられていたともいわれている[3]。

こうした寺院が設けた風呂とは別に、一般の人々が利用する営利目的の湯屋がある。これらが日本ではじめ

図 1–1　東大寺の大湯屋（出典：武田勝蔵『風呂と湯の話』塙書房、1967 年）

図 1–2　東大寺の鉄湯船（出典：全国公衆浴場業環境衛生同業組合連合会『全浴連三十年史』全国公衆浴場業環境衛生同業組合連合会、1990 年）

て出現した明確な時期は諸説あり確定されるにはいたっていない。営利目的の浴場は、「湯屋」、「風呂屋」、「風呂」、「洗湯」、「銭湯」などといわれる。先行研究では、「湯屋」、「湯銭」、「銭湯」、「湯あみ」などの語を手掛かりに、湯屋の出現した時期を探っているが、一致した見解は出ていない。たとえば、江夏弘は「湯あみ」という語が『栄華物語』に現れることから平安期の京都の東山にはすでにあったと分析しており[4]、また『公衆浴場史』では平安時代の物語、公家目録等の史料などをいくつか挙げながら、一一一〇年の藤原為隆による『永昌記』や一一二九年の中御門宗忠の『中右記』をもとに、平安期には営利目的の湯屋が存在していたと述べている[5]。大場修は「銭湯」という語が最も古くみられるのが八坂神社（祇園社）の記録である『祇園執行日記』であり、元亨年間（一三二一～一三二四年）に雲居寺の境内に銭湯があったという資料を示しながら、この時期に営利目的の浴場は存在していたのではないかと述べる[6]。以上から、遅くとも、鎌倉期には営利目的の浴場が存在していたと考えられる。

湯屋が隆盛したのは、江戸期であるというのが先行研究の一致した見解だと思われる。ただし、そのせいか日本の湯屋に関する研究の多くが江戸期の湯屋の風俗などを中心に取りあげ、明治期以降の湯屋を研究対象としてそれほど重視してこなかった。

先行研究が、明治期の湯屋を取りあげる場合、男女混浴の禁止、屋外から湯屋の内部がみえる造りの法的禁止（屋外での裸体露出の禁止などを含む）の歴史が集中的に論じられてきた。(7)

男女混浴は江戸期にも禁止されることがあったが、江戸期とは禁止に至る背景が異なり、明治期以降の男女混浴の禁止は、欧米から来た外国人のまなざしを意識した体面的な意味をもち、また欧米人のまなざしを日本側が内面化して男女混浴を禁止していくようになったことが指摘されている。(8) このように先行研究のなかには明治期の湯屋の規則に着目しながら、導入された欧米のまなざしを通じて、近代日本のセクシュアリティの変化や、身体をめぐる認識の変化について論じてきたものもあり、日本人のセクシュアリティをめぐる羞恥心の形成について明らかにしてきた。(9) ただし、これらの研究は法規制のなかでの男女混浴の禁止に注目する傾向があり、湯屋それ自体がいかに管理されるようになったのかという視点に欠けており、湯屋の管理の総体をみえにくくした点は否めない。

そこで、行政による湯屋の管理の全体像を明らかにし、湯屋がどのように管理されるようになったのかという問いのもと、本章は次のような構成で論を進めたい。まず、明治期以前と以後との連続性と断絶を明らかにするために、明治期以前の湯屋を概観し、いかにして湯屋が管理され、取り締まられていたのか確認する。次に、先行研究で指摘されてきた日本人が内包した欧米のまなざしについて、幕末期以降来日した欧米人たちの記述から、彼らがどのように湯屋をみていたのかをみたうえで、彼らのまなざしや認識がどのように変容したのかという点について整理する。そして最後に、明治期に包括的に整備された湯屋の法規則における管理の内容とその背景について検討する。

第一節　明治期以前の湯屋の概要

湯屋が隆盛した江戸期、江戸の町における湯屋のはじまりはどのようなものだったのだろうか。先行研究でも取りあげられているが[10]、三浦浄心の『慶長見聞集』に次のような記述がある[11]。

江戸繁昌のはしめ天正十九年夏の頃かとよ、伊勢与市と云しもの銭瓶橋の辺りにせんとう風呂を一つ立る。風呂銭は永楽一銭なり。〔中略〕今は町毎に風呂あり。

これは、一五九〇（天正十八）年に徳川家康が領土としておさめることとなった江戸の町で、伊勢与市が「風呂」を始めたという記述である。当時、江戸では大々的な土木工事が行なわれており、工事に従事するため多くの働き手が集まっていた。戸沢行雄によると、伊勢与市が「せんとう風呂」を開業した銭瓶橋の辺りは、「武家地と町人地が接する江戸開発の中心地」であった。そして、「町毎に風呂」ができた後、十七世紀後半には、湯屋を営業する者は「湯屋仲間」を組織し、営業者同士で連携をとるようになっていた[12]。

江戸初期の風呂は、浴槽に湯をたっぷりためて入る現代のような様式や構造ではなかった。一九三五（昭和十）年に風呂の構造について著した恵良速は、以下のように述べている[13]。

蒸風呂と称されて居たのであるから、是は一種の蒸気浴の種類に属するものであつて、今日我々が使用してゐるやうな水風呂の類では勿論なかつたのである。

つまり、この当時の湯屋は蒸風呂の形態であった。江戸期に湯屋があったのはもちろん江戸だけではない。少なくとも大阪、京（京都）などの都市にもあったことが確認されている。

元禄期（一六八八～一七〇三年）の京では公文書「都之記」上巻に、洛中の湯屋数は計一五軒、風呂屋数は計一〇軒と記録されている。(14) また、一七一五（正徳五）年の「京都御役所向大概覚書」にも洛中洛外の湯屋数風呂屋数が記録に残されており、それによると洛中の湯屋数は五八軒、居風呂数は一二軒、風呂屋数は一三軒、鹽《しお》風呂数五軒、釜風呂数八軒。洛外の湯屋数は一三軒、鹽《しお》風呂数は一軒、居風呂数は二三軒となっている。(15) 加えて、湯屋の様式、湯屋における風習、使用される水などについて詳細に記述している。

天保期（一八三〇～一八四四年）の大阪の商人であった喜田川守貞は、一八三七（天保八）年に、大阪から江戸に移り住み、その後も江戸と大阪を幾度も往復した。喜田川は、その過程で見聞きした習慣や事物に関して記録し、『守貞謾稿』として著した。全三十五巻からなる『守貞謾稿』のなかには、大阪、京、江戸の湯屋に関する記録(16)がある。

喜田川は、「京阪ニテ、風呂屋ト云、江戸ニテ、錢湯或ハ湯屋ト云」と、京大阪と江戸との呼称の違いに言及している。(17)「湯屋」と「風呂屋」は、もともとその構造や役割が異なると先行研究や史料によって示されている。(18) 明治期から昭和前期にかけての医師であり医学者であった藤浪剛一は、構造の違いとして、風呂屋は蒸気浴によって身体を温め垢を取るところであり、湯屋は湯を沸かし浴槽に身体を浸すところと指摘している。ただ、喜田川守貞が生きた天保期ではおそらく構造の違いというより、呼び名のみが分かれていたと推測される。というのも、この頃の江戸と京阪のどちらの湯屋も「柘榴口」という構造様式であることが主流であったからである（図1―3、1―4、1―5）。

図1―4をみるとわかるように、柘榴口では膝丈程の低い浴槽[19]に湯をはり、その浴槽の手前に鴨居を低くしたものがある。図1―3で示されているように、浴槽に入るにはその低い鴨居をくぐらなければならなかった。このような柘榴口の構造は、浴槽の上部を覆うことによって湯気を逃がしにくくするもので、湯を保温するのに適した構造であった[20]。柘榴口の構造は、蒸気を保っておくのには有効であったが、それを優先すると外の明かりはとれず、鴨居をくぐった柘榴口の内部は非常に暗かったといわれる[21]。そのため、浴槽に入る客は、先になかにいる客にぶつからぬように声をかけ、先に入った客は咳払いなどして気を配ったという。そのため内部では何が起

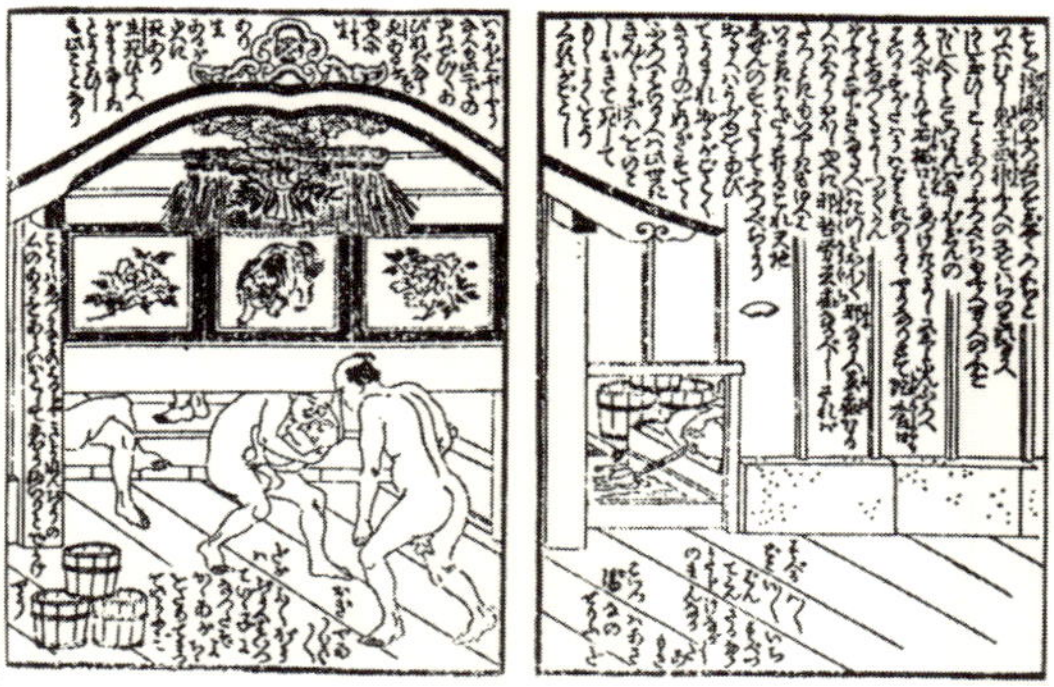

図 1–3　柘榴口（出典：山東京伝「賢愚湊銭湯新話」神保五彌校注『浮世風呂・戯場粋言幕の外・大千世界楽屋探』岩波書店、1989 年）

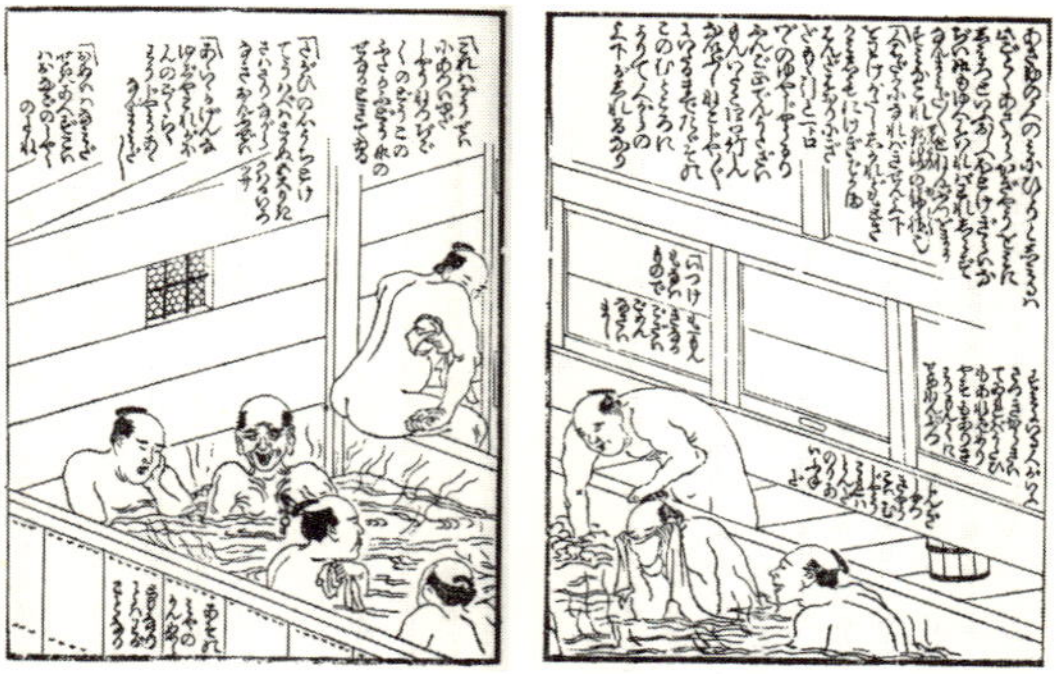

図 1–4　柘榴口内部の様子（出典：同前）

きているか分かりにくい状況であり、汚物が浮いていても気づかないことさえあった。[22]
当時の湯屋には給水設備がなく浴槽の湯を頻繁に取り替えることもなかったために、[23] 柘榴口様式の風呂の湯は汚れていたといわれる。江戸では上がり湯で垢をおとし、大阪では浴槽から汲んだ湯で垢をおとし、さらに京では浴槽内で垢をおとしたりすることもあったといわれる。[24]

また喜田川は、江戸と大阪の柘榴口の見取り図を残している。

図1—5は江戸の湯屋についての図面であり、図1—6は大阪の湯屋の図面である。板間（脱衣所）から流し板まで羽目板があり、男女で区切られている。図1—6をみると、板の間、洗い場には仕切りがなく、浴槽は二つに分かれている。どちらも男女で柘榴口の浴槽が分かれていることがわかる。当時の男女混浴は「入込湯」と呼ばれていた。[25] 江戸期の湯屋は、基本的に男女混浴であったといわれるが、常にそうだったわけではない。喜田川は、次のように記録している。[26]

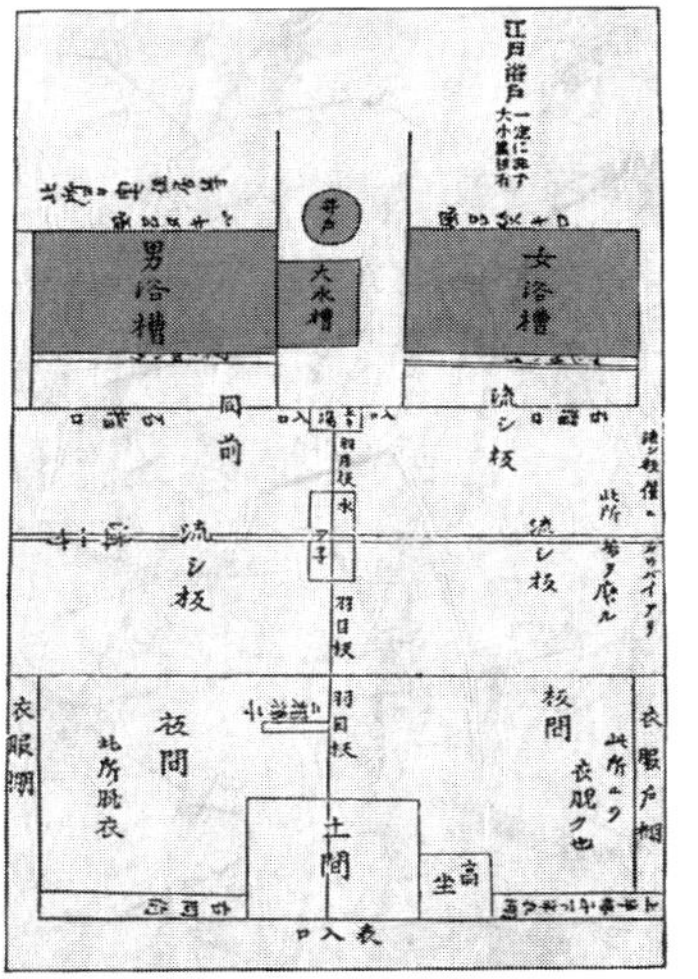

図 1–5　江戸の柘榴口内部（出典：喜田川守貞「守貞謾稿　巻二十五」朝倉治彦・柏川修一編『守貞謾稿　第四巻』東京堂出版、2001 年）

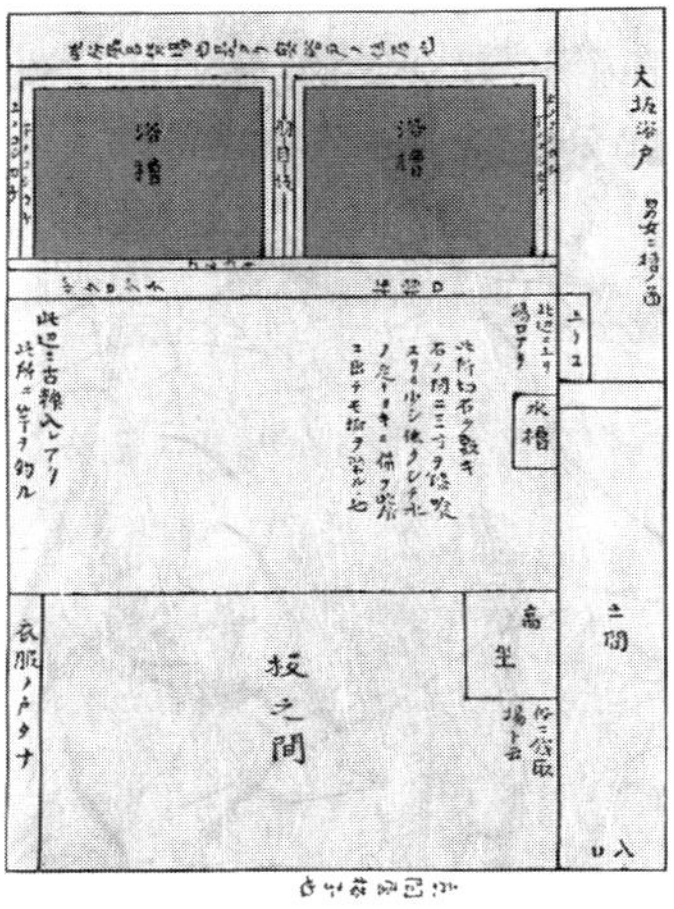

図 1–6　大阪の柘榴口内部（出典：同前）

図 1–7　艶本に描かれた柘榴口内部（出典：山東京伝「艶本枕言葉」林美一編『季刊　江戸春秋（9）夏の巻』未刊江戸文学刊行会、1978 年）

京阪トモニ、従来男女入込ト云テ、男女トモニ湯槽ヲ分ズ、一槽ニ浴スコトナリ、天保府命後、男槽女槽ヲ別ツ

京や大阪では、「男女入込」が一般的であったが、天保年間に規制があり、男女の浴槽を分けることとなったと述べている。つまり、湯屋には法規制や構造などにおいて地域性があった。

男女混浴が注目されてきたのは、現代の日本人からみると、当時の湯屋内で性的行為が行なわれていたのではないかというイメージを想起させるものだからなのかもしれない。湯屋内での性的な風紀の乱れがあり、そのために男女混浴は禁じられたのではないかと思う人もいるのではないだろうか。

柘榴口の内部の様子を描いた絵のひとつに、一七八五（天明五）年の山東京伝の『艶本枕言葉』がある（図1―7）。はたして絵に描かれているようなことが実際行なわれていたのか、この絵からだけではわからない。ただ、当時の春画において男女混浴の場面における性的行為の描写はめずらしいものではなかった。また、渡辺は近世中頃以降に流行した川柳から、混浴のなかで今日いうところの「痴漢行為」があったと示唆している[27]。ただし川柳にも春画にもおそらく多少の誇張があったことは十分考えられる。これらを当時の情景がそのまま描かれたものとして捉えるのは難しいが、こうした春画は、柘榴口がこうしたイメージを喚起させるものであったということの証左であろう。後述するが、幕末期に来日した欧米人は、日本人が男女混浴や裸体を露わにすることにためらいがないことをみて、驚きをもって記録を残している。それを踏まえると、江戸期の人々にとって男女が混浴することは、現代よりもはるかに日常的なことであったと考えられるだろう。

喜田川の記述にもあるように、江戸期の湯屋においては男女混浴の禁止が幾度か発布されていた。喜田川が記録した天保年間にも禁止された。一八四二（天保十三）年、京の御触書頭書では、男女別の浴槽を設けるか、あるいはひとつの浴槽を男女日別で分けるかのどちらかにするよう定められた。『守貞謾稿』には、江戸の湯屋は「従来男槽女槽ヲ別ツ」とある。この記録は、天保年間以前から男女混浴の禁止が定められていたことを示唆するものである。[28] 実際、江戸では、寛政年間（一七八九～一八〇〇年）に男女混浴は全面的に禁止されていた。

当時、江戸の湯屋のなかには時間により男女を分けて入浴させるものもあったが、[29] 一七九一（寛政三）年に発布された「混浴禁止令」は、このような時間別に男女混浴を禁止するのではなく、男女混浴を一切禁止するというものであった。この江戸における寛政期の男女混浴の禁止については、中井信彦が、「細民窟」や「場末」などの都市問題と湯屋を結びつけて論じている。[30] 中井の考察は、江戸期のいわば「都市政策」における湯屋の機能を新たに位置づけるものであるため、その内容を確認しておきたい。

中井は、一七九一年の混浴禁止令が場末の湯屋に向けられたものだと指摘する。この背景として、当時の江戸では打ちこわしが盛んであり、その担い手のほとんどがいわゆる場末に住む職人や商人たち、いわゆる「細民層」であったことを挙げる。このような細民層が江戸の周縁に拡散し、場末の町が形成され、さらに膨張していった。この時期の江戸幕府の規制の力点の一つが、場末町を管理下に置いて整理することであった。[31] 中井は、この混浴禁止令は単なる風俗矯正を目的とするものではなく、このような打ちこわしを担う細民層の住む場末町対策の一環であったと解釈する。そして幕府は湯屋組合の番組組織化と混浴禁止令をうまく利用しながら場末町にある湯屋の管理を強化し、その湯屋の配置に介入し場末町の区画を変えることに成功したのだと述べる。つまり中井の指摘は、湯屋を通して都市が再編成されようとしていたというものであり、幕府という行政機構が湯屋を都市の周縁地域の細民を管理するための装置として利用したことを明らかにしている。後の章でみるように、明治後期以降、行政は湯屋をさらに利用していくのだが、江戸期にすでにその試みがあったことは注目すべきだろう。

さて、男女混浴の禁止以外の江戸期の湯屋における規制にはどのようなものがあったのだろうか。そのひとつが防火の観点からの規制であった。[32] 江戸をはじめとする都市では家々が密集して建っており、幾度も大火があったことはよく知られている。なかでも火を扱う湯屋は、火事の火元となるおそれのある施設とみなされていた。戸沢は、江戸の湯屋について「幕府の統制下にありながら、町共同体との地域的な結びつきが強」いと述べ、大火の経験により「〈火之用心〉はもっとも警戒すべき事柄であり、とくに大火を焚く湯屋営業はその対象となった」と指摘している。[33] 実際に、江戸町触は、湯屋の火の扱いについて何度も注意している。たとえば、一七一七（享保二）年九月に町奉行の「火之元之儀」を受け、町名主たちによってとくに注意が必要であるとされた業種のなかに湯屋も入れられていた。[34] 一七二八（享保十三）年には、将軍の日光参拝にともない、「火之用心」の勧告の規制の対象に湯屋も含まれていた。[35]

また、公的な法規制以外の湯屋の管理もあった。それは湯屋業者間で決められていた規約のようなものであった。一八五一（嘉永四）年に江戸の湯屋営業者の経営の手引書として出版された『洗湯手引草』に「店法度書之事」として湯屋営業で守るべきことが列挙されている。[36] ここでも、「火之元大切に相守可申事」、「男女入込湯御停止之事」と、防火の注意と男女混浴の禁止を挙げている。それに加えて「御老人幷御病後之御方御壱人にて御入湯堅御無用之事」、「悪敷病躰之御方御入湯堅御断申候事」と、老人と病後の人間がひとりで入浴することを禁止したり疾病にかかっている人の入浴を断ることがあった。当時の湯屋は現在以上に多くの人が同時に利用する場であり、それを考えてのことであったと想像される。

以上から確認したように、江戸期の湯屋は男女混浴、火気の取り扱いという二点が法的に規制されており、また湯屋営業者間でも防火の注意と男女混浴の禁止、そして単独の老人及び病者の入浴が禁じられていた。

では、江戸期の湯屋へと向けられていた注意や規制は明治期に入ってどのように変化していったのだろうか。明治期の規制の背景には、これまで先行研究が指摘してきたように、当時来日していた欧米人が湯屋をどのようにみていたのかということが関係している。

第二節　男女混浴と裸体に対する欧米人のまなざし

幕末から明治期にかけて、多くの外国人が日本を訪れ、日本の一般庶民の生活を、男女混浴の様子を含む湯屋の様子を目にするようになった。本節では先行研究を参照しつつ、欧米人たちが湯屋のどのような点を問題視していたのか、湯屋や入浴の様子から日本人についてどのようなことを読み取っていたのかみていきたい。そこで、当時の欧米人がいつ日本に訪れたのか、どのくらいの期間日本に滞在したのかという点に留意する必要があるだろう。一八六一年頃から一八八〇年頃まで週刊英語新聞『ジャパンヘラルド』の編集者を務めたジョン・レディ・ブラックは次のように述べる。

一八七九年〔明治十二年〕の今日、この地に足を向け、開港場の横浜、神戸、または長崎のいずれかに上陸して、ただ物事の表面だけを見るが、この国に特有な興味を提供している民衆や場所をたずねて見ようともしない旅行者は、なんの感興も起さずに、通りすぎてしまうかもしれない。〔中略〕だが、わずか二一年前には、それどころではなかった。その当時、日本に着いた人は、うわべだけの観察者であろうとも、すべてのものが見なれないものであり、出会う人の誰にも興味と魅力を感じたものだった。(37)

ブラックが述べるように、江戸期の終わりから明治期にかけて日本の情景は大きく変容した。欧米人たちが日本を訪れた時期、訪れた期間、訪れた場所により、彼らの日本をみるまなざしや日本への理解が変わってくる。

本節で取りあげる欧米人がいつ日本に訪れ、どのくらいの期間滞在したかを挙げておこう。一八五三（嘉永六）年、一八五四（嘉永七）年に日本を訪れたペリー一行（Commodore M. C. Perry, United States Navy）。そしてペリーに随行し、同時期の一八五三年、一八五四年と日本を訪れた宣教師サミュエル・ウェルズ・ウィリアムズ（Samuel Wells Williams）。同じく一八五三年ペリーに随行し、一八六〇（万延元）年に再び日本を訪れるドイツ人の画家ハイネ（Wilhelm Heine）。一八五五（安政二）年から一八六二（文久元）年に滞在したアメリカの初代駐日総領事であるハリス（Townsend Harris）。一八五九年から一八六二年にわたり滞日したイギリス駐日公使オールコック（Sir Rutherford Alcock）。一八六三（文久三）年から一八六四（元治元）年にかけて滞日したスイスの遣日使節団団長アンベール（Aimé Humbert）。一八六六（慶応二）年から一八六七（慶応三）年にかけてフランス海軍の士官として日本を訪れたデンマーク人のスエンソン（Edouard Suenson）。先に挙げた一八五八（安政五）年から一八七七（明治十）年の長期間日本に滞在したブラック（John Reddie Black）。一八七七（明治十）年にはじめて来日し、その後一八七八（明治十一）年から一八七九年（明治十二）、一八八二（明治十五）年から一八八三（明治十六）年と何度も日本を訪れた動物学者のモース（Edward Sylvester Morse）。一八七六（明治九）年から二六年間日本に滞在したドイツ人医師のベルツ（Erwin O. E. von Bälz）。以上の欧米人の記述を取りあげる。

まず一般的に日本を開国させたともいわれるペリー一行の記述から取りあげる。ペリー一行の訪日記録は、

図1–8　下田の湯屋（出典：ハイネ（中井昌夫訳）『新異国叢書第Ⅱ輯（2）世界周航日本への旅』雄松堂書店、1983年）

Narrative of the Expedition of an American Squadron to China Seas and Japan, in the year of 1852, 53 and 1854.（1856）[38]として公式にまとめられた[39]。これは日本及び中国に遠征中のペリー本人の日誌、海軍省へ送った公信類、各艦長の日誌、部下の隊員の日誌や記録を[40]、ニューヨークのカルベリー教会牧師で歴史家のフランシス・ホークス（Francis L. Hawks）が編集したものである。ホークスはペリーに随行しておらず、アメリカに帰国したペリーの依頼により報告書の編集にあたることになった[41]。

この報告書のなかで、ペリー達は日本を訪れた際、一八五四年四月に下田での湯屋の様子を記録している。ペリーに同行していたハイネは下田の湯屋を絵に描いた（図1―8）。これは当時の欧米で物議を醸し、また現在、多くの先行研究をはじめメディアなどでもよく取りあげられる有名な絵である。絵をみると、奥に柘榴口があり、手前の洗い場で人々がしゃがんでおり、その左側に脱衣所があるのがうかがえる。

ペリー一行の記録では、下田の湯屋について以下のように記されている。

> 裸体をも頓着せずに男女混浴している或る公衆浴場の光景は、住民の道徳に関して、大に好意ある見解を抱き得るような印象

をアメリカ人に与えたとは思われなかった。そして実際吾々の親しくした日本人もそうではないと語った。然し日本の下層民は、大抵の東洋諸國民よりも道義が優れているにも拘らず、疑もなく淫蕩な人民なのである。[42]

下田の湯屋に関するこの記述は多くの研究者が取りあげている。[43] それと同時によく取りあげられるのが、ペリーに随行した宣教師ウィリアムズによる報告である。

私が見聞した異教徒諸国の中では、この国が一番淫らかと思われた。体験したところから判断すると、慎しみを知らないといっても過言ではない。婦人たちは胸を隠そうとはしないし、歩くたびに太腿まで覗かせる。男は男で前を半端なぼろ（ふんどし）で隠しただけで出歩き、その着装具合を別に気にもとめていない。裸体の姿は男女共に街頭に見られ、世間体なぞはおかまいなしに、等しく混浴の銭湯へ通っている。淫らな身ぶりとか、春画とか、猥談などは、庶民の下劣な行為や想念の表現としてここでは日常茶飯事であり、胸を悪くさせるほど度を過ごしている。彼らがぺちゃぺちゃしゃべっているのを一度も見たこともない道学者たちは、愚かな異教の国民の有様や優劣性について、よくもまあ、あんな夢が抱けたものだ![44]

注目したいのは、ペリー一行の記録やウィリアムズが、道義（道徳とも訳される。原文では moral）や淫らという言葉を用いて男女が混浴している姿を批判している点である。この点は第三章とも関わる点であり、当時の欧米での入浴が心身にわたりどのような意味を持っていたのか、彼らの視点がどのような背景で成り立っているのか注意する必要がある。彼らは単に近代化された国からの視点というだけではなく、キリスト教のプロテスタントからの視点を持っていた。ウィリアムズは宣教師だが、彼に限らず宗教に基づく価値規範が彼らを支配していた。男女混浴の様子を「淫ら」だとみなしたのは、そうした宗教的背景もあったことに留意しておきたい。
今西一は右のペリー一行の記述やウィリアムズの報告から、彼らは日本人が「淫蕩」であるという想念にとりつかれていると述べる[45]。今西が指摘しているように、混浴という風景は当時の欧米人たちに相当なショックを与えた。ハイネの描いた絵もペリーのアメリカ議会への報告書に掲載されるはずであったが、物議を醸したため削除されたといわれている[46]。またウィリアムズの『ペリー日本遠征随行記』を翻訳した洞富雄は、ウィリアムズの日本の湯屋をみる視線について、以下のように言及している[47]。

ウィリアムズも、遠征記の編者もしくはその資料提供者も、男女混浴をもって日本人の淫蕩性の表われと見ているのであるが、これはわれわれからみればはなはだ皮相な観察で、日本人にとってはとんだ冤罪である。

洞が「皮相」だと述べているのは、ペリー達が日本人の男女混浴を彼らの生きる近代西洋の物差しに当てはめてみているに過ぎないということを意味している。たしかに、当時の日本社会を理解しようとするならば男女混浴に関する観点は「淫蕩」とは異なるものになるだろう。ただし注意しておきたいのは、彼らが男女混浴に対する視点のみで日本人を理解しようとはしていないという点である。ペリー一行の記録は、下田の住民に対してこうも述べている。「住民はいずれも日本人特有の礼儀正しさと、控えめだが愛想をそなえている[48]」と。また、下田の寺院も視察し、「下田住民の道徳的性質がどうであれ、たくさんの参拝所があることから推測して、彼らの信仰心は非常に厚いと思われた[49]」とも述べている。欧米的なまなざしに当てはめてはいるものの、ペリー一行は比較的冷静に日本人の様子を記録している。
次に、下田の湯屋の絵を描いたハイネの記述に目を向けたい。ハイネによる下田の公衆浴場の挿絵はこれまで多くの研究者が取りあげてきたものの、ハイネの記録は取りあげられることがほとんどなかった。それはハイネの記録に誤りが多く、当てにならないものとされてきたからであるが、[50] ここで注目したいのはハイネの日本人をみる姿勢である。ハイネは混浴風景にショックを受けるものの、ペリー一行やウィリアムズとはまた異なる見解を示しているからである。

私は一人の日本人の湯浴みしているのを見たが、この時は驚愕のあまり茫然としてしまった。〔中略〕公衆浴場では熱湯をもっと経済的に扱っている。〔中略〕浴場それ自体が共同利用で、そこでは老若男女、子供を問わず混じり合ってごそごそとうごめき合っているのである。また外人が入ってきても、この裸ん坊は一向に驚かないし、せいぜい冗談混じりに大声をあげるくらいだった。この大声は、私が察するには、外人が一人入ってきたので、一人二人の女性の浴客があわてて湯船に飛び込んで水をはねかしたり、あるいは、しゃがみ込んだ姿勢で、メディチ家のヴィーナスよろしく手で前を隠すポーズをとったりしたからであるらしかった。[51]

ペリー一行やウィリアムズは男女が混浴する様子を「淫蕩」として嫌悪感を表しているのに対し、ハイネは男女混浴の様子に驚いてはいるが、嫌悪感で遡及的に捉えてはいない。好意的とはいわないまでも、興味深く好奇心を持って日本人を観察しているということがいえるであろう。同時に同じものをみていたとしても、彼らの社会的背景や信仰、信条によってみえる様子は少し異なるものにもなるということが、ハイネの記述からわかるだろう。

では当時の来日した欧米人たちはどのようなまなざしを持ち続けたのか、ほかの記述から探ってみたい。アメリカの初代駐日総領事であるハリスもまた下田で銭湯の光景を目にしていた。

日本人は清潔な国民である。誰でも毎日入浴する。職人、日雇の労働者、あらゆる男女、老若男女は、自分の労働を終ってから、毎日入浴する。下田には澤山の公衆浴場がある。料金は銭六文、すなわち一セントの八分の一である！　富裕な人々は、自宅に湯殿をもっているが、労働者階級は全部、男女、老若とも同じ浴室にはいり、全裸になって身体を洗う。私は何事にも間違いのない国民が、どうしてこのように品の悪いことをするのか、判断に苦しんでいる。

けれども、それが女性の貞操を危くするものと考えられていないことは確かである。むしろ反対に、この露出こそ、神秘と困難とによって募る欲情の力を弱めるものであると、彼らは主張している。[52]

ハリスの記述はとても素直なものにみえる。彼は日本人の「毎日入浴する」「清潔な」「良い」面と男女が混浴する「悪い」面の両面を挙げ、それにとまどいを見せている。

先行研究は、ハリスの記録を以下のように評価している。今西はハリスがペリーらよりも日本の習俗に深い共感を示しているとし[53]、また洞はハリスの方がまともな見方をしているとしている[54]。おそらく、「日本人が清潔」であるという記述や、「何事にも間違いのない国民」だという記述を好意的な評価とみなしているからだろう。

ただし、ハリスのこの記述は注意してみる必要がある。ハリスは「毎日入浴する」ことを、日本人の清潔さを示す根拠として評価している。しかしながら、これもまた欧米の物差しに当てはめて入浴という行為を捉えているに過ぎない。第三章で詳しく述べるが、十九世紀中頃からそれまで入浴習慣のなかった欧米において入浴は身体の清潔のための行為であるとする見方が広まりつつあった。ハリスの評価はそうした欧米的清潔観に則っているとするのが妥当ではないだろうか。また、ハリスもペリー一行ほどではないにせよ、男女混浴を「品が悪い」と述べ、動揺していることに変わりはない。

立川健治はセクシュアリティのあり方や羞恥心に注目し、ハリスの見解を深く考察している[55]。ハリスが抱いた男女混浴へのとまどいや混乱には、欧米人の「身体＝性欲の刺激（淫蕩）」というセクシュアリティの視点、すなわち「女性の貞操」があると立川は説明する。[56] 立川は、ハリスの記述にある、男女混浴が「欲情の力を弱める」と日本人が主張しているというのは、当時の日本人のもののいい方ではないと指摘する。それは余りにも西洋の見方そのものであり、ハリスは日本人の主張を欧米的文脈にのって解読したとみなすことができると分析している。加えて立川は、以下のハリスの記述とイギリスの駐日行使であるオールコックの記述を挙げ、さらに踏み込んで指摘する。[57] 両者ともに男女混浴の様子のみの記録にとどまらず、羞恥心への言及までを含むが、重要な点であるので紹介したい。

ハリスは、下田の温泉を訪れており、そこで入浴する日本人に出会っている。

下田の谷地を松崎の方に上っていった。はじめての温泉を訪れた。それは前に記したものと同じく、浴場として整備されている。しかし、湯の温度は前のものに比べてよほど高く、より強く硫黄分をふくんでいる。私は、子供をつれて湯に入っている一人の女を見た。彼女は少しの不安気もなく、微笑みをうかべながら私に、いつも日本人がいう「オハヨー」をいった。彼女の皮膚はたいへんきれいで、ほとんどサルカシア［コーカサス山南西部の古国］人のように白かった。[58]

オールコックはまた日本の人々が裸を露わにすることについて、こう述べた。

この地の住民の働く人びとは、原始的な純潔と清浄の状態にあるのか、それともその反対なのか。いずれにせよ、ひとつのことはたしかだ。それは、かれらの状態はわれわれの最初の祖先のそれにひじょうに近くて、日常「はだかであってもはずかしくない」という生活をしているのを見ることができる。[59]

立川は、両者の記述から欧米人の目には日本人は男性も女性も裸体でいることに羞恥心がないようにうつったとする。すなわち、欧米人にとって羞恥心はセクシュアリティとして存在しており、裸体を露出することは羞恥心がないことを表すことにほかならない。[60] このような欧米人のセクシュアリティからは日本人の「羞恥心」がみえないのである。[61] 立川が指摘するように、欧米人のセクシュアリティからみて人前で躊躇なく裸体を露出すること、まして若い女性が恥ずかしがっている様子もなく裸体を露出することは考えられないことであった。[62]

欧米人は男女混浴の様子などをみて、日本人とりわけ女性が裸体を露出することにためらいがないようにみえることに驚き、どのような説明をつけたらいいのか、彼らなりに解読しようとした。先に挙げたオールコックの「原始的な純潔と清浄の状態にあるのか、それともその反対なのか」という記述からも解読しようと模索しているのが見受けられる。立川や中野明が指摘するように、欧米人たちのなかには日本人の男女混浴や裸体露出へ理解を示す、また、それらは慣例なのだと説明する者も現れる。たとえば、オールコックは、以下のようにも記している。

> かれらのあいだで多年生活した人びとが主張しているように、かりに最上の服装をまとっているヨーロッパ人の多くよりも、日本の女の方が貞節であり、日本の男の方が道徳的だとしても、被服についてのべたこの記事の結論としては、一般に想像されている以上に純粋に慣例にもとづいている面がつよいというふうにいわざるをえないようだ。[63]

オールコックは、日本人の間で暮らした人の主張を引きながら、日本人が裸体を露わにする傾向があるようにみえるのは、日本人の慣習に過ぎないことなのだと説明した。立川は、欧米人と日本人との「セクシュアリティのコード」が異なるにもかかわらず、オールコックがそれに気づいている姿を「正当な」解読にたどり着いているとして、評価している。(64)

欧米人は、日本人の男女混浴や裸体露出に対してためらいがない様子を「慣習」と説明づけ一応納得した上で、今度は自らの視線を振り返るようになる。以下はデンマーク人のスエンソンによる記述である。

風呂を浴びるとか化粧をするとかの自然な行為をする時に限って人の目をはばからないだけなのである。それだけでもはなはだしく慎み深さを欠いているのかもしれない。けれども私見では、慎みを欠いているという非難はむしろ、それら裸体の光景を避けるかわりにしげしげと見に通って行き、野卑な視線で眺めては、これはみだらだ、叱責すべきだと恥知らずにも非難している西欧人のほうに向けられるべきであると思う。(65)

スエンソンは、日本人を淫らだとみなす西欧人のまなざしを批判しているが、それは偶然目にしたものだけではなく、「しげしげと見に通って行き」とまで述べている。中野が指摘しているが、実は、日本人の男女混浴の様子は、日米和親条約以後、来日する欧米人の間で噂になっていた。男女が混浴している様子は欧米人にとっては「うそのような話」に聞こえ、それを確認するために湯屋を訪れる欧米人がいた。(66)スエンソンはそうした行為を批判しているのだとも考えられる。

また、時代が下るが、E・S・モースの記録をみてみよう。彼は日本に対して好意的なまなざしを持ち続けた一人であったが、入浴する様子をみられた日本人の様子について以下のように記している。(67)

我々に比して優雅な丁重さを持っている、静かで気質は愛らしいこの日本人でありながら、裸体は無作法であるとは全然考えない。全く考えないのだから、我々外国人でさえも、日本人が裸体を恥じぬと同じく、恥しく思わず、そして我々にとっては乱暴だとは思われることでも、日本人にはそうでもない、との結論に達する。たった一つ無作法なのは、外国人が彼等の裸体を見ようとする行為で、彼等はこれを憤り、そして面をそむける。その一例として、我々が帰路についた時、人力車七台（六台には一行が乗り、一台には荷物を積んだ）を連ねて、村の往来をガラガラと走って通った。すると一軒の家の前の、殆ど往来の上ともいう可き所で、一人の婦人が例の深い風呂桶で入浴していた。かかる場合誰しも、身に一糸もまとわぬ彼女としては、家の後にかくれるか、すくなくとも桶の中に身体をかくすかすることと思うであろうが、彼女は身体を洗うことを中止せずに平気で我々一行を眺めやった。人力車夫たちは顔を向けもしなかった。事実この国三千万の人々の中、一人だってそんなことをする者はないであろう。私は急いでドクタア・マレーの注意を呼び起こさざるを得なかった。するとその婦人は私の動作に気がついて、多少背中を向けたが、多分我々を田舎者か野蛮人だと思ったことであろう。また実際に我々はそうなのであった。

モースは、日本の婦人がモースのまなざしに気づき、背を向けたことに触れ、日本人からみればそうした行為をする欧米人の方が「野蛮」なのだと指摘している。

このように男女混浴や裸体を露出することが日本人の性的欲望と関係していないという解読に落ち着き、欧米人たちは裸体を見つめる自らの視線を批判的にみるようになった。ただし彼らは変わらず、日本人の裸体露出の習俗を「改められるべき」問題と捉えていた。オールコックの記述に、その視点が明らかである。

最後に公共浴場における性の完全な混合をあげることができる。これはわれわれ西洋人にはひじょうにショッキングで誤ったことと考えられるが、実際にそうなっているのである——とはいえ、いずれは改められるべき問題だと思う。(68)

欧米人がこれほど裸体露出や男女混浴にこだわった理由として立川は、それが彼らの欲望を刺激することにつながり、セクシュアリティに関する規範を脅かすものであったと指摘している。(69)

こうして実際に、欧米人たちの存在が裸体露出や混浴を禁止する方向に向かわせたとする記述もある。ブラックは次のように指摘した。

一八六二頃までのまたもっと後までの日本人町の一つの特徴は、公衆浴場がたくさんあったことだ。ここでは、男女が一緒に入浴していた。当時、ここに住んでいた数人の外国人が示したような世論の力によって、ようやく次第に改められた。(70)

ブラックは、数人の欧米人の「世論」によって男女混浴が改められたと述べており、また荷役人夫を例にとりながら裸体露出について次のように述べた。(71)

日本の荷役人夫は、外国人居留地の中でさえ、一年のうちの三期、すなわち冬を除いては、いつも生まれた時のままの姿をしていた。身につけているものといえば、腰のまわりの布切れだけだった。〔中略〕まだ日本のいたるところで、外国人の通常考え及ばない習慣が残っている。これは確かに、われわれにとって愉快なものではなかった。しかし、どんな日本人でも、われわれが指摘してやるまで、それが不当なものということが、わからなかった。

今やっと彼らは、われわれの気に入るように、習慣を変えたのだ!

ブラックの視点はまさに西洋的啓蒙の視点である。そこには自らを振り返る視点はみられず、日本人の習慣が「改められた」ことを喜んでいる。

一方、欧米人のまなざしが日本人にどのように影響したのかを俯瞰的に捉えるものあった。アンベールは次のように述べている。

このような風習〔銭湯から裸体のままで帰ってくることなど日本人が裸体を露出すること〕がわれわれにとってどんなに奇異なものと思われていても、ヨーロッパ人が到来する以前には、日本人は自分たちの風習に非難さるべき一面があるなどとは、明らかに誰一人疑っていなかった。それどころか、それが家庭生活の慣例と完全に調和を保っており〔中略〕道徳的見地からしても申し分のないものと思っていたに相違ない。一方、ヨーロッパ人は、日本人が自負している偏見のない現実と事象を抽象的に考える能力が日本人にあることを信じたくはなかったのである。ヨーロッパ人が風呂屋に足を踏み入れたとき、彼らの方を見てくすくすと笑ったため、そのときまで誰の目にも至極当然なこととして映っていたものを、ふさわしからぬものとしてしまったのである。(72)

アンベールは、欧米人のまなざしや言動が介入することで、混浴という風習が日本人にとって「ふさわしからぬもの」になってしまったことを指摘している。

欧米人によって持ち込まれたまなざしは、とりわけ日本人の知識人を中心に内包されていった。鈴木理恵も指摘しているが、ベルツが一八七六年東京を訪れたとき、日本の知識人が「われわれには歴史はありません。われわれの歴史は今からやっと始まるのです」ということを聞いて驚いたという記述を残している。(73) また、中野は日清戦争後になっても日本の陸軍大佐がトルコ大使から日本では男女混浴が行なわれているのかと問われ、辟易しているということを紹介している。[74] こうした欧米人のまなざしの内面化について、中野は、日本人にとっての裸体が「日常品化された顔の延長のようなもの」と指摘し、[75] 外国人の好奇に満ちた「熱い眼差し」が日本人の裸体観を「はだか」から「ハダカ」へと移行させる契機を与えたと述べた。[76] また、今西は、自らの習慣を新たなまなざしでみることが日本の伝統社会を「野蛮・未開」だと捉えることにつながっていくと指摘している。[77]

日本では、明治初期から公的に裸体露出と男女混浴が禁止されていくようになる。[78] では、明治期以降、近代国家を形成するにあたり、単にそれらを禁止するだけにとどまったのだろうか。小野は以下のように指摘している。[79]

日本の近代化をになっていった人々の目に、都市を清潔にするための西欧の装置が印象づけられた〔中略〕。道路上に塵がない、汚物がない、あるいは風呂に入っている、というだけでは説明できない、新しいアプローチがあったように思える。都市の清潔を保証する装置、それは上水道や下水道、そして換気装置であった。

小野の指摘のように、日本の為政者にとって欧米のまなざしを得るには欧米の羞恥心を導入するという精神面の変化だけではなく、欧米の上下水道のシステムのような「衛生」的装置を持つことが必要であった。それは、もはや欧米人のまなざしを超えたものとなり、つまり日本を近代国家にするための過度な近代的まなざしであった。では、明治期以降の湯屋への取締はどのように展開していったのだろうか。それは、江戸期の注意を引き継ぎながら、細かな取締をくり返すことから始まった。

図1–9　湯屋の二階（『風俗画報』第312号、1905年より抜粋）

第三節　明治期の湯屋——法規制の整備

明治期の湯屋の大きな変化のひとつは、湯屋に対し包括的な法規制が多くの府県で制定されたことである。そしてもうひとつには、法規制により標準化されていった構造の変化である。

第一項　「湯屋取締規則」の成立

明治初期には、湯屋に対して、府県によって、断続的に法規制が制定され始める。ただし、それははじめから湯屋に対する包括的な規制を目指したものではなかった。たとえば東京では、一八七二（明治五）年に、男女混浴の禁止と湯屋の二階や内部が屋外からみえないようにすることが定められた。湯屋の二階とは、江戸期に主に男性客に開放されていた文字通り湯屋の二階であり、そこで茶を飲んだり、将棋を指したりする社交場であった（図1—9）。

一八七三（明治六）年には湯屋内に「畜犬」をいれることが「東京府令」[80]によって禁じられ、一八七八（明治十一）年には、湯屋の「木拾」が禁止されるなど[81]、明治初期の規制は個別の案件に対する禁止が主であった。

このように湯屋への規制をひとつひとつ行なうものではなく、

包括的な法規制が制定され始めるのは、明治十年代に入ってからのことである。最も早い包括的な法規制が、一八七九（明治十二）年に東京府において制定された「東京警視本署布達甲第三十二号　湯屋取締規則」である（以下、本章では第一期湯屋取締規則とする）。これに倣うかたちで、他府県でも湯屋に対する取締規則が制定されていった。全国を対象とした法規制は長い間存在せず、戦後の一九四八（昭和二十三）年制定の「公衆浴場法」を待たねばならない。各府県の法規制については後述する。

東京警視本署が定めた第一期の湯屋取締規則は、全十四条から成るものであった。

第一期湯屋取締規則（一八七九（明治十二）年）

湯屋取締規則
湯屋取締規則左ノ通リ相定メ来ル十一月一日ヨリ施行候條此旨布達候事但シ従前ノ布達等本文ニ抵触スルモノハ
　廢止ト相心得ベキ事
明治十二年十月三日　甲警視安藤則命

第一條　湯屋及ビ藥湯温泉等營業ヲナサントスル者ハ第一号書ニ準拠シ組合取締ノ加印ヲ以テ警視本署へ願出テ
　鑑札ヲ受クベシ
第二條　廢業ノ者ハ第二号書式ニ準拠シ其鑑札ヲ所轄警視分署へ返納スベシ
第三條　水火盗難等ニ罹リ鑑札遺毀シ若シクハ住所ヲ移轉スル者ハ第一條ノ手続キヲ以テ更ニ鑑札ヲ受クベシ
第四條　第一條ノ營業者一部區毎ニ組合ヲ定メ取締一名副取締二名乃至三名ヲ置キ組内諸事取締ヲナスベシ
第五條　火焚所ハ石煉化又ハ塗屋ニ築造シ烟出天井裏ハ漆喰又ハブリッキ等不燃物ノ物ヲ用フベシ但シ火焚所又

ハ烟出天井裏等ハ毎月一回必ズ掃除スベシ
第六條　浴湯ハ必ズ男女ノ區域ヲ設ヶ混同スルヲ禁ス
第七條　浴場幷ビニ二階内等外面ヨリ見エザル樣簾其他ノモノヲ以テ必ズ見隠シヲ用ヒ及ビ出入口ヲ明ケ置クへカラズ
第八條　夜間ハ午後第十一時限リ入浴ヲ止メ火ノ元ニ注意スベシ但シ烈風ノ節ハ時間ニ拘ハラズ停業スベシ
第九條　浴客ノ衣服ハ勿論其他物品等紛失セザル樣注意スベシ
第十條　犯罪人人相書ニ類似ノ者及ビ故ラニ浴客ノ物品ト換易《とりかえ》セントスル者等見認ル時ハ便宜之ヲ留メ置キ巡行巡査又ハ最寄警視分署へ訴へ出ツベシ
第十一條　浴客ノ遺留物若クハ換易シ置キタル品等アリテ五日以内事主知レザル者ハ所管警視分署へ届出ツベシ
第十二條　木拾人ヲシテ猥リニ他ノ構内及ビ路次内等ニ入ラシメ若クハ他ノ所有ニ属スル竹木等ヲ採集セシムベカラズ但シ雇主ノ住所姓名ヲ記シ烙印シクル鑑札携帯セシムベシ
第十三條　組合取締ハ犯罪人人相書ノ布達アルトキハ速カニ組内ニ廻達スヘシ
第十四條　組合規則ヲ私ニ設クベカラズ

この内容は湯屋営業に関する手続き、湯屋の組合の取り決め、湯屋の設備に関する規定、湯屋の防犯に関する規定、男女混浴・屋外から裸体がみえないようにすることなどにわたるものである。

それでは規則の内容を整理してみよう。まず湯屋を開業する手続きの条項をみると、書類に組合の印を受領した後、警視本署へ願い出て、鑑札を受け（第一条）、廃業するときは書類に記入し、鑑札を分署へ返却し（第二条）、鑑札を失くした場合や住所が変わる場合は、第一条の手続きを踏んで再度鑑札を受けなくてはならない（第三条）。そして、第一条の営業者は一部区ごとに組合を設け、取締一名・副取締二名を決めた上で組合の諸事取締をし

（第四条）、組合取締は犯罪人の人相書の布達があった際には速やかに組内に廻達することが義務付けられた（第十三条）。また、組合規則を私的に設けることは禁じられた（第十四条）。

次に、湯屋の浴室についての規定は、次のようなものである。必ず男女の区域を設け（第六条）、浴場と二階の内側が外からみえないように簾等を用い、出入り口は解放したままにすることが禁じられた（第七条）。湯屋における設備については、火焚場を石煉瓦か塗屋、煙突天井裏を漆喰かブリキなどの不燃物でつくり、火をおこす場所と煙突天井浦については毎月一度掃除することが義務付けられた（第五条）。

そして午後十一時に入浴を止め、烈風の際には時間に関わらず営業を停止すること（第八条）が定められた。また、入浴客の衣服や物品が紛失しないように注意し[82]（第九条）、犯罪人人相書に類似した者などを見つけた際には、巡行巡査か最寄りの警視分署へ届け出ることが求められた（第十条）。そして、木拾い人が他の所有の竹木等を採ることが禁止された（第十二条）。

前述したように、従来の明治期の湯屋の法規制に言及した研究では男女混浴の禁止や裸体をみえなくさせることが日本の近代化との関連で注目されてきた。[83] しかし、実際の取締規則をみると、他の側面への注意も看過することはできない。たとえば、営業の認可については、戸沢によれば江戸期では、湯屋株を持つ営業者たちが組織した「湯屋仲間」が独占的に開業の許認可を行なっていたとされる。[84] しかし、明治期に定められたこの規則では、営業・廃業の許認可に対して警察が介入し、湯屋の営業および移転を「鑑札」によって管理するようになっている（第一～第三条）。湯屋の組合の規則も勝手に設けることが禁じられ、これらの点から警察が湯屋を管理下に置こうとする意図が読み取れる。

また、注目したいのが「湯屋取締規則」のなかでも、防火への注意がみられることである（第五・八条）。江戸期から東京は火災が多かったため、火元となる可能性のある湯屋は、防火という観点から規制されていた。江戸期では、「火之用心」という注意のみであったが、明治期では火焚場などの設備を不燃物にすることが定められた。「湯屋取締規則」は、この後改定されることになるが、設備に関する規定は一層増加し、詳細になっていく。一八八五（明治十八）年に「湯屋取締規則」は増補され改定される（以下、第二期湯屋取締規則とする）。この改定によって、行政の湯屋にむけた注意がどのような点に移っていったのか詳細にみていこう。第二期湯屋取締規則は全二十三条になった。

第二期湯屋取締規則（一八八五〔明治十八〕年）

布達明治十八年七月二十二日甲第八号連署
明治十二年十月甲第三十二号布達湯屋取締規則別紙ノ通リ改定ス（但書不用ニ付畧ス）
（別紙）湯屋取締規則

第一條　湯屋營業ヲ為サントスル者ハ願書ニ建設地名幷浴湯ノ種質（洗湯、鹽〔塩〕風呂、鑛泉、藥湯等の類）構造ノ方法焚物ノ種類（薪、石炭ノ類）ヲ詳記シ其位置ノ圖面ヲ添ヘ區ハ區長郡ハ戸長ノ奥印ヲ受ヶ之ヲ警視廳ニ差出シ允許ヲ受ク可シ但願書ニ建築落成ノ期日ヲ記載スヘシ
第二條　警視廳ハ土地ノ狀況ニ依リ其願ヲ許否ス允許ヲ得タル者ハ建築落成ノ上檢査證ヲ受クルニ非サレハ開業ヲ許サス
第三條　構造ノ方法幷焚物ノ種類ヲ變換セントスルトキハ警視廳ヘ願出允許ヲ受ク可シ但構造落成ノ上檢査證ヲ受ヶ開業スヘキハ前條ニ同シ
第四條　廢業改氏名及湯質ノ變換ヲ為シタルトキハ三日内ニ届出可シ但廢業改氏名ニ係ルハ區戸長ノ奥印ヲ受ク可シ

第五條　正當ノ事由ナクシテ落成ノ期日ヲ遷延シ又ハ休業六十日以上ニ及フ者ハ免許ノ効ヲ失フヘシ

第六條　火焚場幷烟出シハ石、煉化石ノ類ヲ以テ築造ス可シ但石炭ヲ用ヒサル烟出シハ漆喰塗ニナスモ妨ケナシト雖モ土厚一寸五分以上タルヘシ

第七條　烟出シハ屋上ヘ三尺以上突出セシメ其周圍二間以内ハ不燃物ヲ以テ覆葺スヘシ

第八條　焚物置場ハ火焚場ヨリ三間以上ノ距離ヲ取リ又焚物小出場ハ火焚場ヲ距ル三尺以上ノ所ニ不燃質物ノ障壁ヲ建テ之ヲ設ク可シ

第九條　火消所幷灰置場ノ構造ハ深サ三尺以上ノ坑穴ニ為シ各個隔日ノ使用ニ供スル為メ中央ニ仕切ヲ設ケ其蓋ハ安全ノ不燃質物ヲ用ユ可シ但地質ニ依リ石、煉化石ノ類ヲ以テ地上ニ構造スルモ妨ケナシ

第十條　火消所幷灰置所ノ周圍三尺以内ニ焚物其他燃質物ヲ置可カラス

第十一條　灰又ハ消炭ハ坑後二十四時間ヲ経過シ火気消盡シタル後ニ非サレハ坑外ニ出ス可カラス

第十二條　烟出シハ毎月一回二十日又ハ二十五日休業シテ掃除ヲ為ス可シ但其期日ハ兼テ所轄警察署ヘ届置ク可シ

第十三條　火焚場烟出シ火消所幷灰置所等破損ノ箇所アルトキハ速ニ修理ス可シ

第十四條　浴場ハ男女互ニ見透カサヽル樣區域ヲ正シクシ七年未満ノモノヽ外男女混淆セシム可カラス

第十五條　浴場幷浴客ニ供スル二階外部ヨリ見透ス場所ハ簾其他ノ物ヲ以テ見隠ヲ設ケ又ハ出入口ハ明ケ置クヘカラス

第十六條　鑛泉又ハ藥湯ハ其種質効能幷ニ浴法ヲ場内見易キ所ニ掲示スヘシ

第十七條　浴場ハ午後十一時限リ閉止ス可シ但烈風ノ際ハ時間ニ拘ハラス焚火ヲ停ム可シ

第十八條　前日使用ノ分不浄ノ湯水ハ浴用ニ供ス可カラス但鑛泉、藥湯特別ノ許可ヲ受ケタルモノハ此限ニアラス

第十九條　浴客ノ衣類其他携帯品ハ紛失セサル様注意シ若シ遺留品又ハ換易ノ物品アリタルトキハ其品名ヲ掲示シ五日以内ニ事主知レサルハ所轄警察署ヘ届出ツ可シ但不正ノ疑アル物品ナルトキハ速ニ届出可シ
第二十條　木拾ヒ人ヲ出ス可カラス
第二十一條　同業者ニ於テ規約ヲ設クルトキハ警視廳ノ認可ヲ受ク可シ
第二十二條　此規則ニ違犯シタル者ハ違警罪ノ刑ニ処セラレルヘシ
第二十三條　此營業者ハ明治十六年五月警視廳甲第七号布達ニ依リ其營業ヲ禁止若クハ停止スルコトアル可シ

この内容は、営業に関する取り決め、湯屋の設備、湯屋における防犯、男女混浴の禁止、裸体が外側からみえることの禁止、湯に対する規定などである。

改定前に比べ、営業に関する手続きが詳細になった。つまり、営業希望者は願書に建設地名・浴場種類・構造方法・焚物種類を記入し、浴場の図面を添え、区の場合は区長、郡なら戸長の印を得たうえで警視庁に提出し、許可を受けるということになった（第一条）。そして、警視庁は土地の状況によりその届を許否するが、許可を得た者は建築が落成したうえで検査証を受けなければ開業できなくなった（第二条）。また、構造方法と焚物の種類を変更する際には警視庁へ届け出て許可を受け、落成のうえ検査証を受け取り開業することとなった（第三条）。廃業・改名・湯質の変更の際は三日以内に届け出て、廃業と改名については区長あるいは戸長の印をもらうこと（第四条）が定められた。そして、正当な理由がなく落成期日を延長した、または休業が六〇日以上に及んだ場合、免許を失うこととなった（第五条）。

湯屋の設備への規制として、次の点が強化されている。火焚場と煙突は石や煉化石などで築造し、石炭を使用しない煙突は漆喰塗でもよいが、厚さを一寸五分以上にし（第六条）、煙出は屋上へ三尺以上伸ばし、その周囲二間以内は不燃物で覆うこととされた（第七条）。焚物置場は火焚場から三間以上の距離をとり、焚物小出場は火を焚く場から間をあけ三尺以上のところに不燃物の障壁を設ける（第八条）こととされた。火消所と灰置場の構造は深さ三尺以上の抗穴にし、各戸を隔日で使用できるよう、中央に不燃物の蓋を設けること、地質によって、また石や煉化石などを用いれば地上の構造でも差し控えないとされた（第九条）。そして、火消所と灰置場の周囲三尺以内に焚物やその他の可燃物を置いてはならず（第十条）、灰や消炭は埋めた後二十四時間経過しても火気が消え尽くさなければ、その外に出してはならない（第十一条）。毎月一度二十日または二十五日に休業して煙出を掃除し、その期日を所轄警察署へ届け（第十二条）、火焚場、煙出、灰置場等の破損があるときは速やかに修理することが定められた（第十三条）。

そして、浴場については男女が互いにみえないように区域を設けるだけではなく、七歳未満を除いては男女の混浴は禁じられた（第十四条）。

改定によって新しく加わった内容として、湯質への規定がある。鉱泉と薬湯はその種質、効能、入浴法を浴場内のみえやすいところに掲示し（第十六条）、鉱泉や薬湯などの特別な許可を受けたものを除いて、前日使用の汚れた湯水は入浴用に使用することが禁じられた（第十八条）。

客の遺留品の扱いについてはその品名を掲示し、五日以内に持ち主がわからなければ所轄警察署へ届け出ること、ただし不正の疑いがある場合は五日をまたず速やかに届け出なくてはならないこと（第十九条）、そして、同業者で規約を設けるときは警視庁の認可を受けることが定められた（第二十一条）。

加えて、この規則に違犯した者は違警罪の刑に処すこととされ（第二十二条）、この営業者は明治十六年五月警視庁甲第七号布達によりその営業を禁止または停止されることもあるとされた（第二十三条）。

このように改定後、湯屋の営業と廃業に関する手続きがより詳細に定められた。一八七九年の際は届出制であったものが、改定後は警察による許可制になった。また、正当な理由のない落成期日の延長と六〇日以上の休業の場合は免許失効になるなど、免許に関して厳格に取り決められたといえる。そして、前日使用した湯を使用することが禁じられるといった、湯への衛生的な規制が現れた。

ここで注目したいのは、湯屋の設備に関する条項が、改定後、非常に詳細になったことである。「湯屋取締規則」は改定前の全十四条から改正後には全二十三条になり、九条多くなっているが、そのほとんどが湯屋の設備に関するものであり、防火という観点からのものが中心である。一八七九年のときは、火焚場は石煉化や塗屋、煙突天井裏は漆喰等の不燃物で築造するという指定でとどまっていた。しかし改定後は、それに加えて煙突の厚さ及び長さが指定され、焚物置場など火気を受けやすい場所への注意、灰や消炭の扱いなどが、かなり詳細に規定された。また月一度の煙出の掃除についても、改正後は掃除の期日を警察に届けることが義務付けられており、火気を扱う場所の掃除の徹底が図られた。

なぜ防火について詳細に規定されるようになったのだろうか。その背景には、東京の火災対策と都市計画がある。明治初期において、東京での焼失家屋数は一万軒を越える年もあり[85]、都市の防火対策は早急に進められるべきことであった。一八七二（明治五）年から、東京の中心であり火災が頻繁に生じる地域でもあった日本橋・京橋・神田の三区を中心に防火計画が実施された。藤森照信は、それらの防火計画として、一八七二年の「銀座煉瓦街計画」、一八七三（明治六）年の「神田福田町火事跡計画」、一八七八（明治十一）年の火災保険制度、一八八〇（明治十三）年の「日本橋箔屋町火事跡地計画」、一八八一（明治十四）年の「神田橋本町スラムクリアランス計画」、一八八一年の「東京防火令」を挙げている。防火政策としての東京の都市計画は明治十年代に集中し終了した[86]。「湯屋取締規則」とより関係してくるのは、一八八一年の「東京防火令」である。これは同年の東京府布達の「防火線及屋上制限規則」のことであり、「湯屋取締規則」が制定された一八七九年と改正された一八八五年の間に定められた。「防火線及屋上制限規則」は、火災の延焼を防ぐために都心の主要街路と運河沿いを「防火路線」と定めるものである。防火路線に面した家屋は、煉瓦石、石造、土蔵などの不燃物によって改修するよう定められた[87]。当時は、木造建築の家屋が多く、防火線と定められた主要街路を煉瓦・石造などの不燃物によって改修することで、火災をくい止めることを目的とするものであった。

一八八一年の「防火線及屋上制限規則」に加えて、一八八三(明治十六)年には布達「燃質物置場規則」が制定された。これは防火路線に指定された場所に燃料物質を置くときの規定を定めたものである。前に述べたように、江戸期から湯屋は火を扱う場所として注意をむけられていた。明治初期においても、そのような注意が継続されたことは十分推測でき、行政が防火政策を、東京全体として考え実行しようとすれば、「湯屋取締規則」はそれに準じるものとして位置づけられる。実際にこれらの防火対策が功を奏したのか、一八八二(明治十五)年以降、東京における大火は大幅に減少することとなった。(88)

では、防火目的以外の構造に対する規制はどうだったのだろうか。前述の恵良は、明治期の湯屋について次のように記している。

明治となつてから給水、排水、衛生、換気等の事を考へに入れて浴場を作る様になつて来たが、水道設備のない所では井戸を掘つて水を汲み水槽内に蓄へ、必要に応じ木栓を抜いて槽内に水を送る設備をする様になつた。(89)

明治期の、湯屋の大きな変化のひとつは柘榴口から、湯をためた浴場につかるかたちへと構造が変わったことだといわれている。前述したように、江戸期の湯屋の構造は柘榴口という構造が主流であった。この柘榴口が、どのようにして浴槽につかるかたちの構造へと変化したのかについては諸説あり、はっきりとわかっていない。管見の限りにおいて、柘榴口の廃止を明言する法規制は東京については確認することができていない。しかし、柘榴口の廃止は、入浴する場の採光、換気、給水、排水設備の整備を意味している。こうした点について法規制における規定をみてみたい。

第一期湯屋取締規則では男女別の浴室にすることと火気を扱う場所への言及があったが、第二期湯屋取締規則では、構造設備に対する規定がさらに事細かに定められ、第二期湯屋取締規則の、第一条の営業手続きにおいて、営業希望者は願書に構造方法と浴場の図面を添えることが定められていた。

一八八五年の「湯屋取締規則」は一八九〇（明治二十三）年に改定される[90]（以下、第三期湯屋取締規則とする）。「湯屋取締規則」はこれまで、条項のみで構成されていたが、一八九〇年の改定で、第一章総則第一条というように、章の編成となり、その内容もより詳細に言及されるようになった[91]。この改定により、湯屋の構造に対しても、新たな規制が加わることとなる。第二期湯屋取締規則では火焚場に関する構造制限が重点的に規定されていたが、一八九〇年のこの改定において浴場全体が規制されることとなった。構造に対する制限は、第十九条で定められている。この条項のうち、とくに、湯屋全体に関わる項をみてみよう。

一　浴場は間口五間奥行八間以上とし道敷より六尺以上引下け石又は煉瓦にて建設すへし但道敷の境界には高さ六尺以上の障塀を設くへし

〔中略〕

五　浴槽は男女各別に之を設け且つ流し場天井の中央に湯気窓を設くへし

六　流し場左右に明り窓を設けたるときは外部より見透さざる装置を為すへし

七　流し場には水槽湯槽を設くへし但浴用に供したる汚水は屋外の下水に流下せしむる装置を為すへし[92]

一項の規制は、湯屋建物の全体に関わる規制であり、大きく構造変換を求めるものであった。また、男女別にすることは、これまでも定められていたが、流し場の天井に換気のための窓を設けることが新たに定められた。採光のための窓に対する言及もなされている。そして、新たに、汚水を下水へと流す経路を設けることが定められた。[93]

加えて、附則として「従来の浴場にして本則の構造に抵触するものは明治二十五年十二月三十一日迄に本則の手続に従ひ改修すへし」として、改修の締切が制定されている。

また、一八九〇年は、一八七四（明治七）年から審議されていた東京市の上水道改良計画が結審した年でもあった。一八九二（明治二十五）年より上水道改良計画は実行されていくことになり、東京市内一五区九〇〇軒以上の湯屋が水道を使用することとなった。

一八九〇年の「湯屋取締規則」は一八九七（明治三十三）年に改定されるが、その内容はほぼ第三期湯屋取締規則と同様のものであった。ただし、湯屋の構造について変更された点があった。構造に求められた変更点を整理すると、まず男女別の浴室と防火目的に適う構造にし、そして、換気及び採光を可能にし、整備された汚水路をもった衛生的な浴室構造へと段階的に変わっていったといえる。このように、湯屋の構造設備は各府県の取締規則に従って、それぞれ標準化されていった。

第二項　全国の湯屋の法規制――京都府を中心に

一八七九年に東京で「湯屋取締規則」が制定された後、他の府県でも同様の規則が定められていく。全国の湯屋に対する法規制については、表1―1を参照されたい。

これをみると、明治中頃までに多くの府県が「湯屋取締規則」に準じるものを制定していることがわかる。

ここでは、一八八六（明治十九）年に京都府が定めた「京都府令第六十二号　湯屋営業取締規則」（以下、湯屋営業取締規則とする）を中心にみてみたい。[94]「湯屋営業取締規則」は全十八条から成る。内容は営業に関する手続き、防火の観点による湯屋の構造規定、男女混浴の禁止、裸体が屋外からみえることの禁止、湯に関する規定、湯屋

表 1–1　全国の湯屋取締規則

西　暦	元　号	府　県	取　締　名
1879	明治12	東京	湯屋取締規則
1882	明治15	栃木	湯屋取締規則
		新潟	湯屋取締規則
		山梨	湯屋営業規則
1883	明治16	岩手	湯屋取締規則
		宮城	湯屋取締規則
		福井	湯屋取締規則
		長野	湯屋営業取締規則
		広島	湯屋取締規則
1884	明治17	群馬	湯屋取締規則
		神奈川	浴場営業規則
		鹿児島	湯屋取締規則
1885	明治18	千葉	湯屋営業取締規則
		大阪	湯屋業取締規則
		島根	湯屋取締規則
		熊本	湯屋取締規則
		大分	湯屋取締規則
		宮崎	湯屋営業取締規則
		沖縄	湯屋取締規則
1886	明治19	青森	湯屋取締規則
		富山	湯屋営業取締規則
		岐阜	湯屋取締規則
		愛知	湯屋取締規則
		京都	湯屋営業取締規則
		兵庫	湯屋業取締規則
		鳥取	湯屋営業取締規則
		岡山	洗湯営業取締規則

表 1–1　全国の湯屋取締規則（後半部）

西　暦	元　号	府　県	取　締　名
1887	明治20	山形	湯屋営業取締規則
		茨城	湯屋取締規則
		静岡	湯屋取締規則
		三重	湯屋取締規則
		滋賀	湯屋取締規則
		山口	湯屋取締規則
1888	明治21	福島	湯屋営業取締規則
		埼玉	湯屋取締規則
		福岡	湯屋取締規則
1889	明治22	北海道	湯屋取締規則
		徳島	湯屋取締規則
		香川	湯屋営業取締規則
1890	明治23	秋田	湯屋営業取締規則
		石川	湯屋営業取締規則
		高知	湯屋取締規則
1891	明治24	愛媛	湯屋営業取締規則
		長崎	湯屋取締規則
1892	明治25	奈良	湯屋取締規則
1903	明治36	和歌山	湯屋営業取締規則
不明	不明	佐賀	不明

（筆者作成）

における防犯、違警罪に該当するものなどにわたっており、一部を除き、東京の第二期湯屋取締規則と同様である。

湯屋營業取締規則

京都布令第六十二号　明治十九年三月二十二日
甲第三十二号湯屋營業取締規則

第一條　湯屋トハ洗湯薬湯（人工鑛泉モ包含ス）鑛泉又ハ蒸湯等ヲ開設シテ入浴セシムル營業者ヲ總稱ス
前項營業者ハ適宜組合ヲ設ヶ取締人ヲ置キ且組合規約ヲ設クルコトヲ得其塲合ニ於テハ所轄警察署（分署）ノ認可ヲ受ク可シ
第二條　湯屋ヲ新設シテ營業セントスル者ハ第一号書式ニ倣ヒ左ノ書類ヲ添ヘ戸長ノ調印ヲ受ヶ所轄警察署又ハ分署ヘ届出認可ヲ受ク可シ
但薬湯及鑛泉營業ハ府廳ノ許可ヲ得タル書面ヲ本文届書ニ添付ス可シ尤地方税ニ係ル鑑札申受方ハ仍ホ其規則ニ從フモノトス
　一　浴塲火焚塲烟筒空氣流通所等ノ構造方法書
　二　構造ノ模様並ニ汚水ノ流出線路等ヲ記シタル圖面
　三　四隣地主ノ承諾書
第三條　湯屋ノ構造並ニ汚水流出線路等ヲ變更セントスルトキハ第二号書式ニ倣ヒ其事由ヲ記シ變更ニ係ル塲所ノ圖面ヲ添ヘ戸長ノ調印ヲ受ヶ所轄警察署又ハ分署ヘ届出認可ヲ受ク可シ

但修繕ニ止ルモノハ本文ノ限ニアラス
第四條　湯ノ種類ヲ變更セントスルトキハ第三号書式ニ倣ヒ其事由ヲ記シ戸長ノ調印ヲ受ケ（薬湯鑛泉等ハ府廳ノ許可ヲ得タル書面ヲ添ヘ）所轄警察署又ハ分署ヘ届出可シ
第五條　廢業改名其他身上ノ異動アルトキハ第四号書式ニ倣ヒ戸長ノ調印ヲ受ケ所轄警察署又ハ分署ヘ届出可シ
尤営業者死亡及ヒ代換等ニテ其營業ヲ繼續スル塲合ハ相續人ヨリ届出可シ
但賣買讓與ノ届書ニハ双方連署ヲ要スルモノトス
第六條　湯屋ノ搆造ハ左ノ各項ヲ遵守ス可シ
一　火焚所ハ石又ハ煉瓦若クハ塗屋トシ天井裏及ヒ屋根ハ不燃物ヲ用ユ可シ
二　烟筒ハ煉瓦其他不燃質ノ物ヲ用ユ可シ
三　洗塲板ヲ用ヒタルトキハ地盤ヲ漆喰トシ石又ハ煉瓦ヲ用ヒタルトキハ其間ニ漆喰或ハセメントヲ用ユヘシ
四　表口ニハ男女湯ノ區別ヲ掲示シ浴塲ハ男女往復セサル様密接ノ板塀ヲ以テ區別シ外面ハ簾其他ノモノハ以テ適宜目隠ヲ為ス可シ
五　掛湯及水溜ヲ設ケ手盥拾個以上ヲ備エヘ置ク可シ
六　浴槽ノ入口ヘ戸又ハ前垂ト唱フル覆ヲ為シ若クハ槽内ニ入口ノ外椽ヲ設ク可カラス
第七條　十歳以上ノ男女混浴又ハ浴槽内ニ於テ垢洗セシムヘカラス
第八條　付添人ナキ老幼者又ハ人ノ厭忌スル疾患者（黴毒疥癬ノ類）ハ入浴セシムヘカラス
但其疾患者ニ相當スル薬湯ハ此限ニアラス
第九條　營業時限ハ午前四時ヨリ午後十二時ヲ限リトス
但烈風ノトキハ時限内ト雖モ警察官吏ニ於テ臨時停業ヲ命スルコトアル可シ

第十條　浴湯ノ温度ハ華氏驗温器ノ百四度ヲ超過セサル様注意ス可シ
第十一條　火焚所又ハ烟筒天井裏等ハ少ナクトモ毎月三回掃除ス可シ
但日ヲ定メ豫メ所轄警察署又ハ分署ヘ届出可シ
第十二條　浴湯ハ日毎ニ換ヘ浴槽洗場汚水流出線路等ハ日々掃除ス可シ
但薬湯鑛泉等ニテ特ニ許可ヲ得タルモノハ毎日交換スルノ限ニアラスト雖モ二日間ヲ過クルコトヲ得ス
第十三條　湯銭ハ浴客ノ見易キ所ヘ掲示ス可シ
第十四條　浴客ノ遺忘品アルトキハ五日内其品ヲ預リ置ク可シ尤其日限ヲ過キ事主知レサルトキハ事由ヲ記シ現品ヲ添ヘ所轄警察署分署派出所交番所等ノ内ヘ届出可シ
第十五條　浴客ノ衣類其他所持品類ノ盗難ニ罹リ若クハ紛失シタルトキハ其事由ヲ直ニ所轄警察署分署派出所交番所等ノ内ヘ届出可シ
但換品ノ現在スルトキハ添付スヘシ
第十六條　洗場火焚所烟筒空氣流通所等ハ警察官吏又ハ衛生吏員ニ於テ随時臨驗シ危險若クハ衛生上妨害アリト確認シタルトキハ其部分ヲ修繕若クハ改造セシムルコトアル可シ
第十七條　營業上ニ就テハ家族又ハ雇人ノ所為ト雖モ營業者其責ニ任ス可シ
但故意ニ出タル者ハ本文ノ限ニアラス
第十八條　此規則第一條第二條但書第三條但書第五條但第八條第九條但書第十條第十二條但書第十六條第十七條ヲ除ノ外各條ニ違背シタル者ハ刑法違警罪ノ刑ニ處セラル可シ

附則

一　本則中構造ニ係ル條項ハ上下京區内及ヒ伏見市街ノ外當分施行セス

二　上下京區内及ヒ伏見市街ニアル従前ノ湯屋ニシテ其構造本則ニ觸ル、モノハ本則施行ノ日ヨリ満六ヶ月間ニ改造ス可シ若シ其改造セサルモノハ行政ノ處分ヲ以テ營業ヲ禁ス可シ

湯屋營業取締規則の内容を詳しく整理してみると、「湯屋」とは洗湯、薬湯（人工鉱泉も含む）、鉱泉または蒸湯などを開設し入浴させる営業者を指し、この営業者は適宜、組合を設けて取締人を置き、かつ組合規約を設ける場合には所轄警察署（分署）の認可を受けること（第一条）と、湯屋の定義から述べられている。営業及び廃業などの届け出は警察の所定の手続きで行なうことが定められており、ここでも湯屋営業が警察の管理下におかれていることがわかる。

また、営業時間は「午前四時」から「午後十二時」とされ（第九条）、火焚場・煙突・天井裏を少なくとも毎月三回は掃除し、あらかじめ日を決めて所轄警察署または分署へ届け出ることが義務づけられた（第十一条）。さらに、湯の温度は華氏一〇四度までとすることと湯の温度の統制が図られ（第十条）、薬湯鉱泉等の許可を受けた以外の湯は毎日換えること、そして浴槽・洗場・汚水流水路は毎日掃除することとされた（第十二条）。湯屋内の遺失品については、五日間まではその品を預かり、その期間を過ぎて持ち主がわからない場合は、現品を添えて所轄警察署分署や交番に届け出て（第十四条）、入浴客の所持品が盗難あるいは紛失した際には、ただちに所轄警察署、分署、交番、派出所へ届け出ることとされた（第十五条）。

入浴料は入浴客のみえやすいところに掲示することが義務づけられ（第十三条）、この規則の第一条、第二条但書、第三条但書、第五条但書、第八条、第九条但書、第十二条但書、第十六条、第十七条を除くその他の各条に違反した者は刑法違警罪に処すことが定められた（第十八条）。

また、ある疾患者の治療に利する薬湯を除いて、付き添い人のいない老人・幼児、または人の嫌忌する疾患者（梅毒・疥癬など）を入浴させてはならないとされた（第八条）。

洗い場・火焚場・煙突などの空気の流通するところについては、警察官吏又は衛生吏員が随時臨検し、危険または衛生上問題があると確認された場合は、その箇所を修繕もしくは改造させることもあるとされた（第十六条）。東京の「湯屋取締規則」と比較すると、「湯屋」の定義が述べられていること、「木拾い人」がまったく登場しないことと、入浴客の規制（第八条）、湯の温度（第十二条）について言及されているのが、東京ではみられなかった点である。[95]

京都では、江戸期から明治期になっても湯屋の状況はあまり変わらなかったといわれる。[96] たとえば、湯屋の構造は江戸期のものを引き継ぎ、採光も換気もなされておらず、湯槽のなかで垢を落とす習慣が残っているものの、湯を頻繁に換えることはなかった。こうした構造は、一八八六年の「湯屋營業取締規則」以降、漸次変更されていったといわれる。[97] 一八七七（明治十）年の京都市内の公衆浴場数は「湯屋、風呂屋合せて百六軒」と記されている。[98] この時期に一〇六軒存在した湯屋数は一九〇三（明治三十六）年には二四二軒に増加した。さらに一九二〇（大正九）年までの間に湯屋数は漸増する。[99] 湯屋營業取締規則の第一条に湯屋の定義が記述されているのには、湯屋数の急激な増加が原因にあることも推測される。

京都のように湯屋の定義を述べているものは、富山、栃木、神奈川など他の府県にもある。湯屋の定義は、府県によって異なっており、温泉や海水浴場を含むものもあった。これらの湯屋の定義は多人数を入浴させる施設という点で一致すると思われる。また、ほとんどの府県で東京や京都と同様に、男女混浴や裸体を露出することが禁じられていた。また、湯の温度については、一八八五年の大分県の「湯屋取締規則」、山形県の「湯屋營業取締規則」などにおいても定められている。これは、当時の入浴に対する「養生」の観点から、「熱い湯に入ること」への注意が背景としてあったからであろう。この点については次章で詳しく述べる。

次に、京都の「湯屋營業取締規則」第八条にもある入浴者の制限に注目したい。京都では、入浴が拒否される対象は、付き添い人のいない老人・幼児、または人の嫌忌する疾患者（梅毒・疥癬など）であったが、他府県でもこれに類する条項がある。表1―2は、一八九七(明治三十)年までの入浴の拒否を定めた条項がある府県の一覧である(取締規則は初出とは限らない)。たとえば、一八八三年の岩手県の「湯屋取締規則」では「老幼若くは衰弱者と見認むるもの」の単身での入浴、「亂酔者と見認むるもの」が拒否された。[100] 一八八六年の富山県の「湯屋営業取締規則」では「泥酔人」、「看護人なき」老人と幼児、「其他危険と見認むる病者」が入浴拒否の対象となっている。[101] また、一八八七(明治二十)年の山形県の「湯屋営業取締規則」において、「看護人なき危険と認むる老幼及病者」、「人の厭忌すへき病者」の入浴が拒否されている。[102] 一八八八(明治二十一)年の埼玉の「湯屋取締規則」では、「看護人なき老幼者」と「其他危険と認むる病者」の入浴が禁じられた。

第一節で見たように、江戸期の湯屋仲間が病者の入浴拒否を申し合わせていたことを踏まえると、江戸期の注意が明治期にも引き継がれ、法的にも強制力が備わったといえる。しかしながら、全国でいち早く「湯屋取締規則」を制定した東京府においては、こうした規制は明治期を通じて現れなかった。東京府において、こうした入浴者の制限についての条項が定められるのは、比較的後の一九二〇(大正九)年のことである。[103]

表1―2をみると、入浴が拒否される対象は、主に付添人(看護人)のいない老人と幼児、病者、泥酔者である。病の具体名が挙げられているのは、京都の梅毒・疥癬、また千葉の疥癬そのほかの伝染しやすい病であり、その他の府県においては、危険と認める病者、忌避すべき・嫌忌すべき・厭忌すべき病者とあり、具体的な病が挙げられていない。千葉において「伝染し易き」病者に対して注意が向けられているが、これは病が伝染しやすいのか、浴場が病の伝染する場であると認識されていたのかは定かではない。

後述することであるが、医師や衛生家たちによって、入浴する場としての湯屋が衛生的に注意が向けられるようになるのは明治三十年以降のことである。それに比べると、京都府の「湯屋営業取締規則」、一八九二(明治二十五)年千葉県の「浴場営業取締規則」は早いうちに注意が向けられていたといえる。しかし明治期半ばまで、府県において入浴の拒否に関する条項の有無についてはばらつきがあった。

表 1–2　入浴の拒否を定めた条項がある府県

年	府県	規則	入浴拒否対象 1	入浴拒否対象 2	入浴拒否対象 3
1883（明治 16）	岩手	湯屋取締規則		亂酔者	老幼若くは衰弱者（単身）
1885（明治 18）	大阪	湯屋業取締規則	看護人なき老幼		其他危険と認むる病者
1886（明治 19）	富山	湯屋営業取締規則	看護人なき老幼	泥酔人	其他危険と見認むる病者
	京都	湯屋営業取締規則	付添人なき老幼者		人の厭忌する疾患者（梅毒、疥癬の類）
	岡山	洗湯営業取締規則	酔狂人等にして他人の妨害をなすものと認めたるとき		
1887（明治 20）	山形	湯屋営業取締規則	看護人なき危険と認むる老幼及病者		人の厭忌すへき病者
	三重	湯屋取締規則	老幼者（単身）		瘋癲人又は酔狂人と認むる者
	山口	湯屋取締規則	看護を要すへき幼老及病人にして看護すへきものなきもの	亂酔者	忌避すへき悪症患者
1888（明治 21）	埼玉	湯屋取締規則	看護人なき老幼者		其他危険と認むる病者
1889（明治 22）	群馬	湯屋取締規則	瘋癲又は酔狂人と認むるとき		白痴瘋癲者
1892（明治 25）	千葉	浴場営業取締規則	附添人なき瘋癲人老衰者	熟酔者	疥癬病其他伝染し易き病患者
	奈良	湯屋営業取締規則	看護人なき老幼	人の厭忌すへき病者	其他危険と認むる病者
	広島	湯屋営業取締規則	老幼にして看護人なきもの	浴客の嫌悪すへき病者	危殆と認むる病者

（筆者作成）

第四節　湯屋の管理背景

全国の湯屋営業に関しては、すべての府県で警察に届け出ることが義務付けられていた。営業廃業の手続きの際だけではなく、湯屋の構造や湯の種類を変更する際にも、警察に届け出ることが徹底され、違反した場合の罰則の規定が定められるようになった。

明治期に入り、湯屋は警察の管轄下に置かれることとなるが、それはなぜだろうか。そして湯屋は警察にどのように管理されたのか。本節ではこれら二点の関心から湯屋の管理を考えてみたい。

警察による湯屋の管理については、警察の成り立ちから押さえておく必要がある。警察制度はヨーロッパを基準に設立された。一八六八（明治元）年の警察的機能は、警備と治安を担当する軍務官と、犯罪と裁判を担当する刑法官とに分かれて担っていた。翌一八六九（明治二）年、警察的機能は以下の三点であり、それぞれを異なる部署が担当することになった。まず地方の警備を主任務とする兵部省、次に犯罪の捜査、犯人の検挙、糾弾等を掌握する司法的警察的機構である刑部省、最後に「政治的陰謀」の偵察を職務とする政治警察的機構である弾正台である。(104)

しかしこの仕組みは長く続かず、一八七一（明治四）年、刑部省と弾正台が廃止され、また兵部省は警察管轄権を失った。代わりに警察権を握ったのが新たに設置された司法省であり、全国的に警察権は司法省のもとに統一されることとなった。一八七三（明治六）年には内務省が設置され、翌一八七四（明治七）年一月九日には司法省警保寮が内務省に移管され、内務省警保局が全国の警察権を統轄することになった。それとほぼ同時期の一八七四年一月十五日に東京警視庁が設置された。(105) 同年二月七日に東京警視庁職制章程並諸規則が制定される。(106)ここでは、「行政警察」について「警保ノ趣旨タル人民ノ凶害ヲ予防シ世ノ安寧ヲ保全スルニアリ」という理念を持ち、その職務を大別すると権利、健康、風俗、国事の四つに分けられた。これは行政警察の概念とその限界を明確化したものであり、日本最初の行政警察規則であった。

一八七五〔明治八〕年、太政官達第二十九号「行政警察規則」が東京府をはじめとして他の各府県に公布施行された。「行政警察規則」で記された行政警察の趣意は前年の「警視庁職制章程並諸規則」と同様の内容が述べられており、職務も前述した権利、健康、風俗、国事の四つに分けられた。行政警察の機能は犯罪の予防、安全の確保であり、事後処理的に事態に対応するのではなく、一般行政と関わりあいながら予防を行なうことを目的としていた。つまり、警察は一般行政の領域に介入し、権限を拡大する構造を持つこととなる。[107]それは警察が当時の人々の生活に対して、広範な権限を持つことを意味していた。東京警視庁は、一八七八〔明治十一〕年に廃止され、東京警視本署が設置された。そして一八八一〔明治十四〕年に東京警視本署は警視庁へと再編成された。

一八七九年の「湯屋取締規則」の第六条、第七条で規制の対象となっている男女混浴の禁止、屋外から裸体がみえることの禁止もまた、警察の広い範囲にわたる権限の一つである。男女混浴の禁止及び屋外から裸体がみえることの禁止は、「湯屋取締規則」が制定される以前に何度も取り締まられており、一八六九年に男女混浴を禁止する布達が出ている。[108]東京だけではなく、他府県においても男女混浴の禁止については、一八七九年以前より法的に定められていた。

第二節で確認したように、日本各地で男女混浴の法的禁止や屋外から裸体がみえないようにする法規制が実施された背景のひとつには、当時、来日した欧米人のまなざしの影響がある。そのまなざしは、日本の知識人や為政者に受け入れられ、内包されていった。日本が近代国家になるためには、欧米からみてよくないとみなされる日本の旧来の風習、たとえば男女混浴や裸体がみえることを厭わない習慣を改め、「近代化」する必要があった。そのために、従来の習慣を「陋習《ろうしゅう》」とみなし、それを禁止することが求められた。[109]そしてつくられたのが「違式詿違《いしきかいい》条例」である。「違式詿違条例」とは、日常生活の軽犯罪の取締であり、「違式」は掟にそむくこと、故意の犯罪を意味しており、「詿違《かいい》」とは誤って掟をおかすこと、過失の犯罪を意味するものである。

「違式詿違条例」は、一八七三（明治五）年十一月に東京で「東京違式詿違条例」として、最初に施行された。その後それぞれの府県ごとに「違式罪目」、「詿違罪目」が定められた[110]。これらの罪目の数は東京では一八七四（明治七）年に五九項目[111]、京都では一八七六（明治九）年に九八項目であった[112]。「違式詿違条例」は日常生活の多岐にわたるものについて規制していたため、庶民の日常生活に大きく影響するものであった[113]。規制される対象となったのは、たとえば軒外へ薪などを積み置くこと、下水に塵を投棄すること、往来の常灯を破壊すること、喧嘩口論など大声をだす行為は公的空間の秩序を乱すとして禁止され、風習や生活に関わる商業については身体に刺青をする者、春画を販売する営業者、腐敗した食物と知りながら販売する者、病死した禽獣と知りながら販売する者が取り締まられた。この取締対象のなかに男女混浴を行なった湯屋営業者と裸体を露出することも含まれていたのである。男女混浴や屋外で裸体を露わにすることなど従来の生活習慣は「陋習」とみなされ、禁じられることによって、新しい秩序の徹底が図られていた。一八七四年の東京の「違式詿違条例」の「違式罪目」には「男女入込湯ヲ渡世スル者」、「裸體又ハ袒裼シ或ハ股脛ヲ露ハシ醜體ヲナスモノ」という項目がある。当時、男女混浴の湯屋が摘発されることもあった。一八七六年一月二十二日の『讀賣新聞』では、「箱崎町において男女混浴のふろ屋を摘発」と報道された[114]。

このような「陋習」への取締だけではなく、また別の管理を行なう側面が警察にはあった。それは急性伝染病対策などの衛生行政に関わる問題である。明治初期の警察がコレラ予防対策に始まる衛生行政に密接に関わったのは、従来の研究において論じられてきたとおりである[115]。当時、急性伝染病の予防体制の確立が第一の課題ではあるものの、近代衛生行政を樹立することが日本が近代国家になるための条件とされていた。しかし、当時の日本は度重なるコレラの流行にみまわれ、コレラをはじめとする急性伝染病の早急な対策が必要とされた。そこで、海港検疫、患者の届出、交通遮断、消毒、避病院等についての詳細な規定を設けた「虎列剌病予防心得」が一八七七（明治十）年に内務省より公布された。コレラの伝播を防ぐため、検疫と隔離が徹底的に行なわれることになった。コレラ患者が発見されるとその家には病名表が貼付され、その家の前は交通が規制された。また家族や同居人の外出が制限されるなどの処置がとられた。とくに一八七九年のコレラの流行は地方の行政機構の機能を著しく強化したとされる。その後も明治期を通じ、最も重要な衛生行政事務のひとつであった防疫体制は拡充され、地方行政の力も強化された。一八八二（明治十五）の東京府下におけるコレラの流行では、その予防消毒に東京府だけではなく警視庁も加わり、両庁の所轄を調整する東京検疫局が設置され、防疫に努めることとなった。コレラについては、警察のみが対策にあたるという仕組みではなかったが、東京で実質的に衛生行政を執行したのは警察であった。

これまでみてきたように、湯屋は警察の管轄下におかれた。ただし、湯屋の法規制である「湯屋取締規則」は、当初、湯屋を防火目的の構造にすることに重点が置かれていた。これは当時の都市問題のなかに湯屋が位置づけられていたことを示唆している。衛生的側面への言及は、一八八五年以降徐々に現れるものの、コレラなどの急性伝染病との直接的な関わりは見出せない。また、「違式詿違条例」などにみられる男女混浴の禁止などは、その他の条項と並立に列挙されているに過ぎないといえる。

第五節　湯屋の規制――小括

本章では、江戸期の湯屋の概要を述べたうえで、明治期以降における湯屋の変化のひとつである法規制に焦点をあて論じた。

江戸期中頃には、湯屋は柘榴口という構造で、男女混浴の禁止や火の取り扱いに対して法的に注意が向けられるようになった。また、湯屋営業者内の規約では病者の入浴の拒否などが定められていた。すでに江戸期において、湯屋は都市問題と関わっていたということを示している。

明治期になり、湯屋に対して断続的な法規制がくり返し公布された。そして、一八七九(明治十二)年に、はじめて包括的な法規制として、東京で「湯屋取締規則」が定められ、これに倣って湯屋に関する法規制が府県によって定められるようになった。明治初期の法規制からみる湯屋に対する注意は、江戸期からの関心を受け継いでいたといえる。とくに、明治初期は、都市計画のなかで防火対策が講じられており、湯屋への法規制もそれに準じるものであった。火を扱う湯屋は、火災の際に火元となり得るために、火焚場などの設備に関する規定が詳細に定められていた。湯屋は警察の管轄下に置かれ、営業について細かに規制を受けた。

また、全国の湯屋への法規制のなかには、病者の入浴の拒否を定める条項があった。後述するが、医師や衛生家たちによって、入浴する場としての湯屋に対して衛生的観点から注意が向けられるようになるのは明治三十年以降のことであるが、早くから入浴者に対する法的制限を設けていた府県もあった。

湯屋取締規則などにみられるような注意や制限の背景には、湯屋が当時どのようにみなされていたのかということが関わっている。そこで次章において、衛生家を中心とした言説を取りあげ、湯屋と入浴に対する認識を明らかにする。

明治期の湯屋年表

全国公衆浴場業環境衛生同業組合連合会「公衆浴場史略年表稿本自明治元年至昭和四十三年」(全国公衆浴場業環境衛生同業組合連合会、一九七三年)、全国公衆浴場業環境衛生同業組合連合会『公衆浴場史』(全国公衆浴場業環境衛生同業組合連合会、一九七二年)より、一八六八(明治元)年から一九〇七(明治四十)年までについて抜粋、加筆作成。

一八六八（明治元）年	六月十五日	明治政府、築地明石町の外人居留地内の銭湯を男女入込禁止と定め、浴場ならびに二階に目隠をつけさせる。
		この頃の湯銭は天保銭一銭（八文）。
一八六九（明治二）年	二月十九日	東京府で男女入込湯の禁止、また隔日または湯槽の仕切営業が定められる。
	二月二十二日	東京府で薬湯混浴の禁止が定められる。
	五月	政府、風俗習慣改善として銭湯に注目する。
一八七〇（明治三）年	六月五日	東京府、重ねて混浴の禁止、湯屋の入り口、二階格子等に暖簾簾垂を掲げ往来から見通防止することを厳達する。
	六月九日	東京府、男女両槽の完全分離をしない湯屋には営業停止の厳達。横浜、大阪も東京と同様の措置をとる。ただし場末には実施されない。
		この頃東京市街に銭湯が増加し、一町に二軒程度になる。東京では湯屋名は概ね町名をつけ、大阪では佳名をつける。
一八七一（明治四）年	十二月	愛犬家の官吏が銭湯で愛犬と入浴して上司より譴責される。
一八七二（明治五）年	三月二十八日	東京府令、市中風俗取締として男女混浴と裸体往来等を禁止する。
	八月十五日	東京市内で再生温泉の混浴を禁止する。
	十月	東京府達、違式詿違条例に混浴禁止を加える。
		東京府、入浴する際の適温（華氏八〇〜九〇度）を示して熱湯を禁じる。
		不潔（湯屋内での小便など）行為を処罰する。
		この頃の湯銭は大人一銭五厘、中人一銭、小児五厘。

一八七二（明治五）年		東京市内の町名整理のため、町営浴場を私営とするも採算とれず、一三〇〇件が八〇〇軒に激減。
一八七三（明治六）年		浅草馬道の菊湯の流し場で小便をした浴客三人に、一日止め置き罰金各七五銭の処罰が下る。
	三月七日	大阪で銭湯の適温を励行してほしいとの要望が出される。
	七月	東京府、銭湯の適温は八〇～九〇度との達。
	十月十三日	東京府令、湯屋で「畜犬」と飼主との同浴を厳禁、邏卒番人に現行告知する。
	十一月	東京府令、再生温泉は効能なく、病気によっては害になると効果を否定する。
		東京府浴場は布達の適温のものが一軒もない。また「八〇～九〇度」を温度ではなく一日あるいは一年の入浴回数と誤る者もある。
一八七四（明治七）年	七月二十日	東京府、銭湯の男女入口と湯槽の境界を厳達する。
	九月二十六日	東京府、銭湯の男女客入口を別にして、湯槽は男女の境界を設けて営業するよう厳達する。
一八七五（明治八）年	九月十六日	松本順の調製による薬湯が蠣殻町二丁目越前邸内に設置される。
	九月	政府、全国に混浴禁止令を布達する。
	十月	日本橋蠣殻町の再生温泉綾瀬川の入浴料は一人一銭五厘、二階座敷四銭、貸切三〇銭、下座敷三銭、貸切二五銭、矢場一箱一銭。当時の一般銭湯の入浴料は八厘。

一八七六（明治九）年　五月　日本橋蠣殻町三丁目橋本湯は床屋を併設。浴客の散髪、石鹸、流し付き八銭、髭剃、髪に油、流し付き二銭五厘。

六月一日　東京市内の湯屋、夜八時限りの営業とすることが湯屋組合の相談により決定される。

七月二十六日　東京市内の温泉、薬湯の混浴を容認の達。

福澤諭吉、三田に湯屋を設け、揚銭一ヶ月一〇円五〇銭で貸す。当時の湯銭は一人五厘。

一八七七（明治十）年　五月二日　横浜で男女混浴が禁止される。

神田連雀町の鶴沢紋左衛門、柘榴口を改め、浴槽を板流しと平坦に改造し、温泉風呂または改良風呂と呼ぶ。湯銭八厘を三銭としても繁盛。

東京市内の一般銭湯の入浴料は大人一銭三厘～八厘。

一八七八（明治十一）年　二月二十六日　湯屋の木拾いを禁止する。

五月十六日　願書類は内務省警視局へ差出す旨、布達。

浴場で流し場の廃湯をろ過して上湯槽へ送る仕掛けを禁止する。「湯屋万歳暦」によると、すでに文政（一八一八～一八二九年頃）のころに一時同様の仕掛けがみられる。

柘榴口に一種の仕掛けを施した廃湯の循環使用を禁止する。

東京市、大小区制を廃止し十五区六郡とする。

一八七九（明治十二）年　五月十二日　新規開業について、当分の間年行事の加印を不要とする。

六月　東京府統計表によると、人口九五万七一二一人、市内銭湯一〇五一軒。

十月三日　東京府、湯屋取締規則を制定する。

柘榴口が漸次廃され温泉風呂式となり、屋上に湯気抜が設置される。

東京の湯銭は大人一銭、子供五厘。

一八八〇（明治十三）年　二月十一日　京都府、舎密局より寒暖計を府内の湯屋に下附し、温度を華氏九四～一〇四度、入浴時間二八～三三分程度と定めて掲示させる。下京区第六組河原町四条上ル誕生湯は誤って二八～三二、三時と掲示。
四月二十二日　京都府下で薪木高値のため湯銭を七厘に上げたところ浴客が急減する。
十月三十日　東京府甲第五七〇号、営業税雑種税賦課規則が改正される。
十二月十二日　警視局第二課は湯屋取締を呼出し、防火のため日限を定めて煙出の掃除をするよう注意。

一八八一（明治十四）年　四月二十六日　火焚所の粗造なものは改造修繕の上、警視庁の検査を受けることが定められる。

四月八日　仙台警察署、仙台市内の湯屋年行司を召換して混浴禁止を説諭。

東京風俗営業、湯屋九〇八件に減少（十二年は一〇三〇軒）。

下谷の湯屋競争で一銭三厘を一銭二厘とする湯屋、さらに八厘に引き下げする湯屋も出現する。

秋田県湯屋税が、上り高三〇〇円以上五円、一〇〇円以上三円、五〇円以上一円、二五円以上五〇銭、同未満二五銭と定められる。


一八八二（明治十五）年　二月十五日　東京電燈会社設立免許。

大阪府内の湯屋、九七三（大阪四区二一〇、堺五三）軒。

この頃から二階風呂（男湯の二階休憩利用）がなくなる。

一八八三（明治十六）年　二月十七日　東京市内の銭湯を政談演説会場に利用することを禁止する。

二月二十六日　風呂屋演説の禁止。

四月十九日　警視庁、火焚所検査日を定めて届出させる。

六月十六日　本所深川両区の湯屋は協議の上、防疫のため一銭値下げして貧困者の入浴の便を考慮する。

秋田県の湯屋数、七八軒。

この頃までに湯屋の二階利用が廃止される。

一八八四（明治十七）年　二月　ロンドン万国博覧会に柘榴口模型が出陳される。

五月十五日　湯屋取締規則を一部改正（甲一二号、木拾ひ人の禁止）。

一八八五（明治十八）年　四月十六日　湯屋免許取得前の建築が禁止される。

六月二十八日　東京市内再生温泉、海水浴のため銭湯浴客が減少し、湯銭値下について協議される。

一八八五（明治十八）年　七月二十二日　警視庁、湯屋取締規則を改正、十月末日まで本則により男女両浴槽を分けるよう改造することが定められる。

十一月一日　東京市内の銭湯の改造が遅れ、休業が相次いだため浴客が困る。

一八八五（明治十八）年　十一月二日　東京府下の湯屋六七一軒のうち、新規則による本検査証を取得したのは四七二軒、仮証を取得したのは一六九軒。

この頃、湯屋二階は揚弓、銘酒屋、新聞縦覧所として利用される。

参謀本部測量課陸地測量部、測量記号を改定。はじめて温泉マークが定まり、民間地区の看板に利用される。当時、湯煙三本は温泉、二本は冷泉と区別されていた。

一八八六（明治十九）年　一月七日　夜十一～十二時まで営業を行なう湯屋に対して、日本橋京橋区の同業者が規則厳行を請願する。

七月五日　東京電燈会社（現東京電力）が一般電燈営業を開始する。

七月二十七日　警視庁、湯屋間の距離に基づく営業制限を決議する（直径二町以上、二町半以上、三町以上、一町以上と暫定）。

八月十六日　警視庁令、湯屋営業者許否の標準について規定する。（距離制限により、改築、再築の場合には移転または不許可）

一八八七（明治二十）年　警視庁、釜の改良、煙突の長さを三〇尺と定める。

東京市内の湯銭は大人二銭、中人一銭五厘、小児五厘。

大阪市内の湯銭は二銭。

一八八八（明治二十一）年　三月五日　東京府内の浴場改良を目的として銀座二丁目に湯屋改良請負会社が創立（資本二五万円）。次いで十一月、東京火災保険会社に合併。

一八八九（明治二十二）年　五月一日　東京市制が施行。

五月　大阪電燈会社創立。

一八九〇（明治二十三）年　一月十七日　警視庁令、湯屋取締規則を改正。

三月　銭湯表口に「白湯」の標札を掲示することが定められる。

三月　湯屋増加のため湯屋組合規約を改正（改良風呂の規準等）。

五月二十七日　二十三年一月警視庁令第一号の湯屋取締規則の一部を改正。

七月五日　東京上水道計画が決定される。
この頃京都白川の風呂屋は温湯、蒸風呂の設備であった。

一八九一（明治二十四）年　四月十六日　湯屋取締規則から組合取締を設ける項を削除。

一八九二（明治二十五）年　六月　東京市内で薪騰貴のため湯銭を値上げする。大人二〜一銭五厘にするも翌年一月に元に戻す。
十二月三十一日　警察令第一号の湯屋取締規則による構造改修期限を迎える。この後明治二十七年まで転廃業が相次ぐ。
大阪市内の湯屋は二九三軒、堺市内は一二三軒。

一八九三（明治二十六）年　一月七日　東京市内の湯銭は大人一銭三厘、小人一銭。

一八九四（明治二十七）年　三月　警視庁令により明治二十九年度まで浴場を石または煉瓦の不燃物に改築することが定められていたが、転廃業五〇〇軒、改築したのは十数軒のみ。
東京市内の湯銭は一〜一銭五厘（平均一銭二厘五毛、本所、深川のみ一銭）。

一八九五（明治二十八）年　九月　警視庁、昨年二月の火焚場、燃料置場のみを不燃焼に限定し、それを届出制とする。このため銭湯は漸増。

一八九六（明治二十九）年　この頃までは四谷に江戸時代の柘榴口が存続していたことが確認される。
東京市の湯銭は二銭。

一八九八（明治三十一）年　五月　広島県令が煙突取締規則を制定する。

十月一日　東京市役所が開庁する。

一八九九（明治三十二）年　六月　京都府訓令、湯屋営業取締規則取扱手続きを定める。

一九〇〇（明治三十三）年　五月二十四日　内務省令第二五号、十二歳以上男女混浴を厳禁（七月一日施行）、適用猶予は一年以内。

六月　神奈川県令第三六号、湯屋営業取締規則第二条により、横浜、横須賀両市の隣接直径一町以内、その他は二町以内の距離制限が定められる。

九月　秋田県、再び混浴を禁止する。

十二月二十八日　警視庁令第四八号、東京府湯屋取締規則改正により、市部直径二町以上、郡部同二町半以上の距離制限が定められる。

秋田県内の湯屋は一四七軒。

一九〇二（明治三十五）年　札幌区内の湯屋業者、二十数名が共同積立て講を発足する。

一九〇四（明治三十七）年　大阪市内の湯屋は四七九軒。

一九〇五（明治三十八）年　三月　東京市の湯銭は大人三銭、中人二銭五厘、小児一銭。

六月二十日　広島県令、煙突取締規則を改正。

大阪市の湯屋は四〇〇軒、湯銭は二銭五厘。

一九〇六（明治三十九）年　東京の湯銭は三銭。

一九〇七（明治四十）年　八月　東京墨東方面で大洪水。墨東の湯銭は二銭、浅草は三銭のところ、浅草では五銭に値上げする浴場があるものの混雑した。

十一月　東京浴場組合創立、十五区四郡（南葛飾、北豊島、豊多摩、荏原）約一〇〇〇軒、組合長は小沢弘清。

神奈川県、湯屋距離制限撤廃のため各市町で湯屋が乱立。しかし入浴料金値下げが生じ、転廃業者も出て、二年半後には距離制限が復活。小石川白山御殿馬町に労働者のための共同浴場が開設される。入浴料金は二銭であった（その後の状況は不明）。

註

（1）唐の義浄が翻訳し、法隆寺に伝来したといわれる経典。http://www.emuseum.jp/detail/101018/000/000?mode=detail&d_lang=ja&s_lang=ja&class=2&title=&c_e=&region=&era=&century=&cptype=&owner=&pos=33&num=8（二〇一六年八月十日取得）
（2）江夏弘『お風呂考現学』ＴＯＴＯ出版、一九九七年、一七頁。
（3）全国公衆浴場業環境衛生同業組合連合会『公衆浴場史』全国公衆浴場業環境衛生同業組合連合会、一九七二年、二四～二五頁。
（4）江夏、前掲註2、五三頁。
（5）全国公衆浴場業環境衛生同業組合連合会、前掲註3、五八～六〇頁。
（6）大場修『物語　ものの建築史　風呂のはなし』鹿島出版会、一九八六年、五二頁。
（7）今西一『近代日本の差別と性文化――文明開化と民衆世界』雄山閣出版、一九九八年、立川健治「外からみた我々の身体（1）――かつての裸体と混浴」『富山大学人文学部紀要』第二四号（一九九六年）、七七～九八頁、鈴木理恵「幕末・明治初期の裸体習俗と欧米人」『日本歴史』第五四三号（一九九三年）、六二～七八頁。
（8）立川、前掲註7、七七～九八頁。
（9）今西、前掲註7など。
（10）江夏、前掲註2、鈴木、前掲註7、戸沢行夫「湯屋株と町共同体――江戸の地域と商業」『亜細亜大学経済学紀要』第二五巻第一号（二〇〇〇年）、七一～九六頁。
（11）三浦浄心、中丸和伯校注『江戸史料叢書　慶長見聞集』新人物往来社、一九六九年、一六〇頁。

(12)戸沢、前傾註10、九二〜九五頁。
(13)恵良速『風呂——其構造と施工法』工業図書株式会社、一九三五年、二頁。
(14)「都之記」上巻、京都府総合資料館蔵。
(15)岩生成一監修『京都御役所向大概覚書(上巻)』清文堂、一九七三年、二九一頁。
(16)また、もともと湯屋と風呂屋はその構造が異なる「湯屋」と「風呂屋」の呼称の違いについては、以下の文献も参照されたい。武田勝蔵『風呂と湯の話』塙書房、一九六七年、一〇〜一一頁。
仏教伝来により伝わった風呂は蒸気浴であり、その構造は床下に釜を置きそこから出る蒸気を浴室内に導いて使用するものだった。
(17)喜田川守貞「守貞謾稿　巻之二十五」(朝倉治彦・柏川修一編『守貞謾稿　第四巻』東京堂出版、一九九二年)、三九頁。
(18)明治期以降、浴場に関わる法規制を定めた府県は、営業目的の浴場を「湯屋」としていた。
(19)当時、「浴槽」は「湯槽」と呼ばれていたが、ここでは「浴槽」と統一して論じる。
(20)江夏、前掲註2、六六頁。
(21)恵良、前掲註13、六頁。
(22)武田、前掲註16、一〇六〜一〇七頁。
(23)恵良、前掲註13、六頁。
(24)京都市社会課『京都市社會課叢書第一三編　京都の湯屋』一九二四年、三四頁(近現代資料刊行会編『日本近代都市社会調査資料集成(4)京都市・府社会調査報告書Ⅰ(11)大正13年(1)』近現代資料刊行会、二〇〇一年)所収。
(25)喜田川、前掲註17、四二頁。
(26)喜田川、前掲註17、四二頁。
(27)渡辺信一郎『江戸の女たちの湯浴み——川柳にみる沐浴文化』新潮選書、一九九六年、二四九〜二五九頁。
(28)喜田川、前掲註17、四二〜四五頁。
(29)男女同じ浴槽の湯屋は、女湯の日を月八回、標準として定めることが申し渡された。風紀を正すために、湯屋を利用する女性にとっては不便もあるが了承することが求められた。中井信彦「寛政の混浴禁止令をめぐって——近世都市史の一断章」『史学』第四四巻第三号(一九七二年)、一一六〜一一七頁。
(30)中井、前掲註29、一一五〜一二九頁。

（31）中井、前掲註29、一二八〜一二九頁。

（32）戸沢、前掲註10、五〜六頁。

（33）戸沢、前掲註10、五頁。

（34）戸沢、前掲註10、五〜六頁。

（35）戸沢、前掲註10、六頁。

（36）神保五彌校注『浮世風呂・戯場粋言幕の外・大千世界楽屋探』岩波書店、一九八九年、四五一頁。

（37）J・R・ブラック（ねずまさし・小池晴子訳）『ヤング・ジャパン　横浜と江戸（1）』平凡社、一九七〇年、三頁。

（38）日本では『ペリー艦隊日本遠征記』、『ペルリ日本遠征記』などと訳されている。

（39）アメリカ議会上院文書（United States Congressional Documents）所収。

（40）ホークスは、ペリーが次の人々の記録を使用したことを明らかにするよう望んだとし、前書きで、以下のように彼らの名前を挙げている（M・C・ペリー、F・L・ホークス編纂（宮崎壽子監訳）『ペリー提督日本遠征記（下）』角川文庫、一五〜一六頁）。

> 艦隊参謀長アダムス中佐、旗艦付副官コンティ氏、ベント氏、主計長ハリス氏、ペリー氏（提督の秘書官）、ベイヤード・テイラー氏およびジョーンズ牧師の日誌、アボット艦長、ブキャナン艦長およびアダムス艦長の報告書、副長のボイル氏、ケリー氏およびグラッソン氏の報告書、オランダ語通訳ポートマン氏および画家W・ハイネ氏、E・ブラウン氏の職務である。水路学の部門においては、提督はとくに海軍大尉W・L・モーリー氏およびS・ベント氏の、正確で精力的な業績を認めている。

（41）ペリーは自身の帰途に、イギリスに滞在していた作家のホーソンに報告書の編集を打診したが実現しなかった。（オフィス宮崎『ペリー艦隊日本遠征記（上）』万来社、二〇〇九年、五頁。）

（42）ペルリ（土屋喬雄・玉城肇訳）『日本遠征記（四）』岩波書店、三〇頁。
なお、原著の該当箇所は以下である（https://archive.org/stream/narrativeofexped0156perr#page/n553/mode/2up 二〇一六年八月十日取得）。

The people have all the characteristic courtesy and reserved but pleasing manners of the Japanese. A scene at one of the public baths, where the sexes mingled indiscriminately, unconscious of their nudity, was not calculated to impress the Americans with a very favorable opinion of the morals of the inhabitants. This may not be a universal practice throughout Japan, and indeed is said by the Japanese near us not to be; but the Japanese people of the inferior ranks are undoubtedly, notwithstanding their moral superiority to most oriental nations, a lewd people. A part from the bathing scenes, there was enough in the popular literature, with obscene pictorial illustrations, to prove a licentiousness of taste and practice among a certain class of the population that was not only disgustingly intrusive, but disgracefully indicative of foul corruption.

また、宮崎壽子は次のように翻訳している。（M・C・ペリー、F・L・ホークス、前掲註40、三〇四～三〇六頁。）

住民はいずれも日本人特有の礼儀正しさと、控えめだが愛想をそなえている。裸でも気にせず男女混浴をしている公衆浴場を目のあたりにすると、アメリカ人には住民の道徳性について、さほど良い印象は持てないだろう。これは日本全体に見られる習慣ではないかもしれないし、実際われわれが親しくしていた日本人もそうではないと言っていた。しかし、日本の下層階級の人々は、たいていの東洋諸国民より道徳心が高いにもかかわらず、淫らであるのは間違いない。入浴の光景を別にしても、猥褻な挿し絵付きの大衆文学には、民衆のある階級の趣味や習慣が不道徳であることを十分に証明するものがあった。その淫猥さはうんざりするほど露骨であるばかりでなく、汚れた堕落の恥ずべき指標だった。

(43) 今西、前掲註7、一三八～一四七頁。

(44) S・ウィリアムズ（洞富雄訳）『新異国叢書（8）ペリー日本遠征随行記』雄松堂出版、一九七八年、三〇三頁。

(45) 今西、前掲註7、一三九頁。

(46) インターネット上のアーカイヴで公開されているものにはハイネが描いた公衆浴場の絵は掲載されていない。（https://archive.org/stream/narrativeofexped0156perr#page/n553/mode/2up 二〇一六年八月十日取得）。

(47) S・ウィリアムズ、前掲註44、三〇三～三〇四頁。

(48) M・C・ペリー、F・L・ホークス、前掲註40、三〇四頁。

(49) M・C・ペリー、F・L・ホークス、前掲註40、三〇七頁。

(50) ハイネの『世界周航日本への旅』を訳した中井晶夫は同書の解説のなかで以下のように述べている。

本書の内容を見ると、条約交渉の部分は、『ペルリ提督日本遠征記』を略述したようなものであり、また日本の歴史・民族・風俗などは、ハイネがシーボルト、ティチングなど先人の日本研究書を参照してまとめ上げた作品で、誤りも目立ち、見るべきものは少ない。しかし、本書の価値は、二十六歳の青年ハイネが、好奇心に満ち進取の気性に富んだ日本人と親しく交わり、また東洋の島国の美しい自然に接したときの感激を、率直かつ感受性ゆたかに語っている部分にある。

(52) T・ハリス（坂田精一訳）『ハリス日本滞在記（中）』岩波書店、一九五三〜一九五四年、九五頁。
(53) 今西、前掲註7。
(54) ウィリアムズ、前掲註44。
(55) 立川、前掲註7、七七〜九八頁。
(56) 立川、前掲註7、八二頁。
(57) 立川、前掲註7、七八〜八二頁。
(58) T・ハリス、前掲註52、二六二頁。
(59) オールコック（山口光朔訳）『大君の都（上）』岩波書店、一九六二年、一四九頁。
(60) 立川、前掲註7、八二頁。
(61) 立川、前掲註7、七七〜九八頁。
(62) 立川、前掲註7、七七〜九八頁。
(63) オールコック、前掲註59、一四九頁。
(64) 立川、前掲註7、八四頁。
(65) E・スエンソン（長島要一訳）『江戸幕末滞在記』新人物往来社、一九八九年、五二頁。
(65) 中野明『裸はいつから恥ずかしくなったか——日本人の羞恥心』新潮選書、二〇一〇年、七一〜七三頁、一二七頁。
(67) E・S・モース（石川欣一訳）『日本その日その日（1）』平凡社、一九七〇年、八九頁。
(68) オールコック（山口光朔訳）『大君の都（中）』岩波書店、一九六二年、一七一頁。
(69) 立川、前掲註7、九〇頁。

(70) ブラック、前掲註37、九八頁。
(71) ブラック、前掲註37、一五七～一五八頁。
(72) A・アンベール（高橋邦太郎訳）『新日本異国叢書（14）幕末日本図絵（下）』雄松堂出版、一九七九年、一一一頁。
(73) トク・ベルツ（菅沼竜太郎訳）『ベルツの日記（上）』岩波文庫、一九七九年、
(74) 中野、前掲註66、一二七頁。
(75) 中野、前掲註66、一二九頁。
(76) 中野、前掲註66、一三〇～一三一頁。
(77) 今西は「『裸体』を嫌悪する文明の〈まなざし〉は、すでに指摘したように、『逆に我々の身体を性的なものとして言説化し、新たな性的欲望を産出』する〈まなざし〉ともなる。そして女性の『裸体』を『性器』としてのみとらえる、ポルノグラフィの〈まなざし〉をつくっていくともいえる。」と述べる。（今西、前掲註7、一七五頁）
また、上野は下着で身体を隠すことにより、隠された部分が意味を持つと指摘する。性器を隠すことで、性器がタブー視され価値を持つようになった。このことは混浴や裸体露出の禁止の延長にあると推測される。（上野千鶴子『スカートの下の劇場』河出文庫、一九八九年。）
(78) 東京では一八七一年に裸体露出を禁止する旨の布達が出された。
(79) 小野善朗『〈清潔〉の近代――「衛生唱歌」から「抗菌グッズ」へ』講談社選書メチエ、一九九七年、五八頁。
(80) 江戸期の湯屋では、毎日早朝に人家付近に捨てられた木材や木屑を拾い集め燃料として利用するのが常であったらしい。木屑の収集が困難になると近隣地域から運搬される薪の購入に頼ることになった。また、江戸では火事が頻繁に起こったが、その焼け跡の片づけを条件に、焼け跡の木材は湯屋に無料で引き渡された。ほかにも邸宅の植木の枝なども、湯屋に利用されることが近年まで続く地域もあった。全国公衆浴場業環境衛生同業組合連合会、前掲註3、一三七頁。
(81) 東京警視本署『東京警視本署布達全書』一八七八年、五六頁。
(82) 湯屋内の紛失物について言及されているのは、それらが多かったためだろう。実際に明治初期の新聞は公衆浴場内で起きた盗難事件についての記事を多く残している。『讀賣新聞』一八七五（明治八）年二月五日発行、『讀賣新聞』一八七六（明治九）年一月十七日発行、『讀賣新聞』一八七九（明治十二）年一月十一日発行。
(83) 今西、前掲註7、一三八～一四七頁。
(84) 戸沢、前掲註10、八七頁。

（85）藤森照信『明治の東京計画』岩波現代文庫、岩波書店、二〇〇四年、五七～五九頁。
（86）藤森、前掲註85、六〇～六一頁。
（87）単に不燃物にすればいいというものではなく、石造の場合は厚さ八寸以上、土蔵は壁厚さ柱外三寸以上などと細かく定められていた。
（88）鈴木淳『町火消たちの近代――東京の消防史』吉川弘文館、一九九九年、一三六～一三七頁。
（89）恵良、前掲註13、六～七頁。
（90）警視庁『警視庁令類纂　第六冊』一八九八年、六七九～六八五丁。
（91）構成及び内容は、一章（第一条から第十八条）が総則、二章（第十九条全十二項）が構造制限、三章（第二十条、第二十一条）が組合について、四章（第二十二条）罰則について定める規定となっていた。
（92）警視庁、前掲註90、六八二～六八三丁。
（93）汚水を流す経路を設けることは、一八八五年の熊本の「湯屋取締規則」、一八八六年の富山の「湯屋営業取締規則」、一八八八年の福岡の「湯屋営業取締規則」などにおいても定められている。
（94）京都府『京都府布令書』京都府、一八八六年三月二十二日発行。
（95）喜田川は『守貞謾稿』のなかに湯屋の燃料に関する記録を残している。大阪の湯屋では薪を使うことが主であり、それに対し、江戸の湯屋では薪も使用したが、古材朽木がある場合は湯屋の下男がそれを引き取った。このような下男は湯屋近辺を回って木材を集めたり、芥溜場や川岸などで木材を拾ったりすることもあった。このような習慣は「文政以来」のことであると記されている。喜田川は、このことを「湯屋の木拾い」ということを記述している。喜田川は、江戸の「湯屋の木拾い」に非常に注目して記しているが、大阪と京都については木拾い人、またはそれに該当するような存在についてはまったく記していない。このことから、おそらく、京阪には木拾いといわれる習慣がなかったと推測される。そして江戸後期から江戸と大阪・京都の違いはっきりしていたのではないかと考えられる。喜田川、前掲註17、四九頁。
（96）京都市社会課、前掲註24、三三頁。
（97）また、江戸期からあまり変わらなかった点として、湯屋営業の仕組み（湯屋株）、男女混浴などが挙げられている。男女混浴は、一八七一（明治四）年頃まで続いたとある。京都市社会課、前掲註24、三四頁。
（98）一九二四年の京都市社会課の記録には「風呂屋と云へば家に蒸風呂を据えて営業してゐるものを風呂屋と云ひ」という記述があり、ここでの「風呂屋」も蒸風呂営業のことだと思われる。蒸風呂は一九〇七（明治四十）年頃までわずかに存在していたようだが、一九一七（大正六）年頃にはなくなっていたようである。京都市社会課、前掲註24、三一頁。

(99) 京都市社会課、前掲註24、三二頁。

(100) 岩手県警察部「湯屋取締規則」『現行岩手県警察要規（下）』岩手県警察部、一八九三年。

(101) 富山県警察本部『富山県警察規則類纂』富山日報社、一八八九年、四九四頁。

(102) 山形県警察本部「湯屋営業取締規則」『山形県警察法規（地）』山形県警察本部、一八八九年、三四〜三五頁。

(103) 一九二〇年、東京の「湯屋取締規則」は「浴場及浴場営業取締規則」に改定された。この規則は、全二十三条から成る。この改定により、入浴者に対する規定が東京において新設された。この規則の第二十三条は、入浴者に対して言及しており、その内容は入浴者の禁止行為を定めている。すなわち、「浴場営業者ノ制止ヲ肯セス入浴ヲ為スコト」、「不潔其ノ他他人ノ迷惑トナルヘキ行為ヲ為スコト」「放歌、高吟其ノ他喧騒ニ渉ル行為ヲ為スコト」である。入浴者が浴場内でしてはならないと禁止された行為は、営業者から止められたにもかかわらず入浴すること、「不潔」行為、放歌、高吟、喧騒など他人の迷惑となる行為であった。これらの規定は、一九三一（昭和六）年に第二十三条の第二項が「浴槽、流場其ノ他ノ場所ニ於テ不潔ニ渉ル行為ヲ為シ又ハ為サシムルコト」と改定されたことを除いて、一九四二（昭和十七）年まで大きく変えられることはなかった。また、入浴者に対する禁止行為が定められたのみならず、東京府下の浴場に対し、はじめて特定の条件に該当する者の入浴が拒否されることとなった。第十八条では、営業者が遵守すべきことが全十二項にわたって定められ、そのうち特定の者の入浴を禁じているのは、八項と九項である。まず第十八条の七項において「正當ノ事由アルニ非サレハ入浴ヲ拒絶セシメサルコト」、九項において「人ノ嫌忌スヘキ疾病者ヲ入浴セシメサルコト但シ疾病ノ治療ヲ目的トスル藥湯又ハ鑛泉ニシテ其ノ効能疾病者ニ適スルトキハ此ノ限ニ在ラス」と定められたうえで、八項において、「看護人ナキ老幼其ノ危險ト認ムル者ヲ入浴セシメサルコト」と入浴を拒否すべき対象者を挙げている。

浴場から排除されたのは、看護人のいない老人幼児など単独での入浴が危険であると認められる者、そして「人の嫌忌する疾病者」である。川端美季「公衆浴場の法的規制における欠格条項の変遷」『コア・エシックス』第四号（二〇〇八年）、四〇八〜四〇九頁。

(104) 大日方純夫『日本近代国家の成立と警察』校倉書房、一九九二年、二五〜二六頁。

(105) 東京警視庁は一八七四年に創設された後、一八七七（明治十）年一月十一日に内務省警視局へ主管事務を移管され、一時廃止された。その理由として以下の二点が挙げられる。一つは国政が安定せず、農民や士族による騒乱事件が相次いで発生し、地方の警察はこれらに対処できる状態ではなく、警視庁に頼らざるを得なかった。そのため、東京警視庁が他の府県警察に対して圧力を加える恐れがあるとみなされていた。もう一つは、予算の問題である。政府は一般の租税を減らし、国民生活の安定をはかろうとする基本政策を示した。各省において、経費削減の政策をとっているのにも関わらず、警視庁のみが膨大な予算を持ち独立警察を維持することは政府の施策に反するとみなされたのである。一八八一（明治十四）年十月十四日に警視庁は再び設置された。京都府警察史編集委員会『京都府警察史編集委員会京都府警察史』第二巻　京都府警察本部、一九七五年、三五一頁。

(106) 一八七四年一月二十七日に東京警視庁職制並諸規則仮定が制定されていた。京都府警察史編集委員会、前掲註105、三四七頁。大日方純夫『明治前期警視庁・大阪府・京都府警察統計Ⅰ』柏書房、一九八五年、二九頁。

(107) 大日方、前掲註104、一八五頁。

(108) 東京都編『東京市史稿　市街篇50』東京都、一九六一年、四七四〜四七六頁。

(109) 大日方、前掲註104、一七〇〜一七四頁。

(110) 罪をおかした者は「贖金《あがないきん》」が追徴される。贖金を納められないものは笞刑や拘留に処せられた。「違式詿違条例」施行について、大日方が新潟と青森の例を、今西が浜松の事例を取りあげている。

(111) 警視庁「警視庁史稿」一八九三年。一七〜二二頁。（内務省警保局『庁府県警察沿革史』原書房、一九七三年）復刻。

(112) 京都府警察史編集委員会、前掲註105、二二一〜二二二頁。

(113) 府県ごとに定められた「違式詿違条例」は、その後「違警罪」となり、一九〇八（明治四十一）年には刑法と分離され「警察犯処罰令」に、そして戦後には軽犯罪法へと継承された。

(114) 『讀賣新聞』一八七六年一月二十二日発行。

(115) 小野、前掲註79、小林丈広『近代日本と公衆衛生――都市社会史の試み』雄山閣出版、二〇〇一年。

第二章　清潔にする場としての浴場——衛生的側面の導入

前章では、江戸期の湯屋の構造、法規制を中心に概観し、幕末から明治期にかけて訪日した欧米人の言説を取りあげた。そして明治期以降の湯屋をめぐる変化のうち取締規則の制定及び改定を中心に検討した。そのうえで、明治期の湯屋は警察の管理下に置かれており、取締規則では防火の観点での注意を促し、また病者の利用を禁じるように定められていたことを明らかにした。では、こうした法規制が制定された背景にある湯屋への認識はどのように変容したのだろうか。

本章では、江戸期及び明治期の医師や官僚を中心とする人々の入浴及び湯屋に対する言説を通して、彼らの認識の変容について検討する。江戸期については、先行研究を参照しながら当時出版されていた養生書を中心に入浴に関する認識を探り、明治期以降においては、当時の書籍及び雑誌を中心に入浴がどのような意味で語られていたのか分析する。その際、とくに衛生家と呼ばれる医師、衛生行政に携わる官僚などの衛生に関する専門家たちの言説に注目したい。彼らは欧米で学んだ近代的衛生思想を日本に取り入れ、日本の衛生習慣と衛生環境の改善をめざしていた。明治期に衛生家により組織された『大日本私立衛生會雑誌』をはじめとして、雑誌や書籍における入浴や浴場に関する記述を通じて当時の浴場と衛生との関係についての見解を整理し、衛生と入浴及び浴場とがどのようにして結びついていったのかをみていくこととする。そして、明治期の衛生家たちが入浴に関し何を語り、それらの言説がどのように展開されていったのかを検討する。

第一節　江戸期の養生書にみる湯屋及び入浴

江戸期の湯屋と入浴は、当時の医師によってどのように認識されていたのか、まずは先行研究を参照しながら当時の養生書を中心に確認しておきたい。

江戸期には出版文化が隆盛し、一般庶民にとって読書は身近なものであった。そのなかでは養生書もよく読まれていた。養生書とは身体と精神の安定を図り、病から身を守ることを説くものである。瀧澤利行は「養生」の概念は中国大陸、台湾、日本に特有のものであるが、その起源を確定することは難しいと述べる。(1)瀧澤が提示し、(2)また鈴木則子が指摘しているように、(3)江戸期の養生書において入浴及び湯屋を扱っているものは数少ない。

江戸期の養生書の記述については、前述の鈴木の論文と明治・大正期の医学者である藤浪剛一（図2―1）の研究を参照しながら、そこで取りあげられている文献にあたり検討した。藤浪について述べておくと、彼は医学者かつ日本で最初の放射線科医でありラジウム療法研究なども行なった人物である。加えて温泉研究や当時の医学史にも多く功績を残し、代表的な著作に一九三一（昭和六）年の『東西沐浴史話』（図2―2）、一九四二（昭和十八）年の『日本衛生史』がある。この『東西沐浴史話』の「養生書に載せられた沐浴観」という節で、藤浪は「沐浴が本然的に必要であり、健康上からも眞面目に遣らねばならぬことから、その知識を満すべき沐浴訓が要求せられた。この沐浴訓は、多くの養生訓に加はつて、数多き書籍が坊間に流布してゐる」[4]として、数多くの養生書の入浴の記述を取りあげている。では江戸期の養生書における入浴の認識についてみていこう。

江戸初期の医師である曲直瀬玄朔（図2―3）の養生書『延寿撮要』に「沐浴」の項がある。[5]「沐浴」とは「沐」が「カミアラウ」、「浴」が「ユアブル」の意味である。[6]「沐浴」の項では、「頻に髪あらふへかず形瘦體重なる也」、「頻にゆあふる事なかれ血凝気散するなり」、「汗出て冷水にて浴する事なかれ」などと記述されている。[7]つまり曲直瀬は、頻繁に髪を洗い湯を浴びることを禁じている。なぜなら、頻繁に湯を浴びることは血液の循環を損ない気を消耗させてしまうとされていたからであった。また、一六九五（元禄八）年の『通仙延寿心法』の「湯風呂に入るの愼み」の節は、「繁く湯風呂に入れば、身の皮薄くなり、へうき虚し血少なくなり、毛の穴開いて、風寒入り易し」という記述からはじまる。ここでは、入浴は消耗しない程度に行なうことが良いと説かれている。[8]

一七一四（正徳四）年には、江戸期の養生書のなかで最も体系的な内容だとされる貝原益軒（図2―4）の『養

図 2–1　藤浪剛一（出典：国民新聞編『温泉日本』啓成社、1930 年）

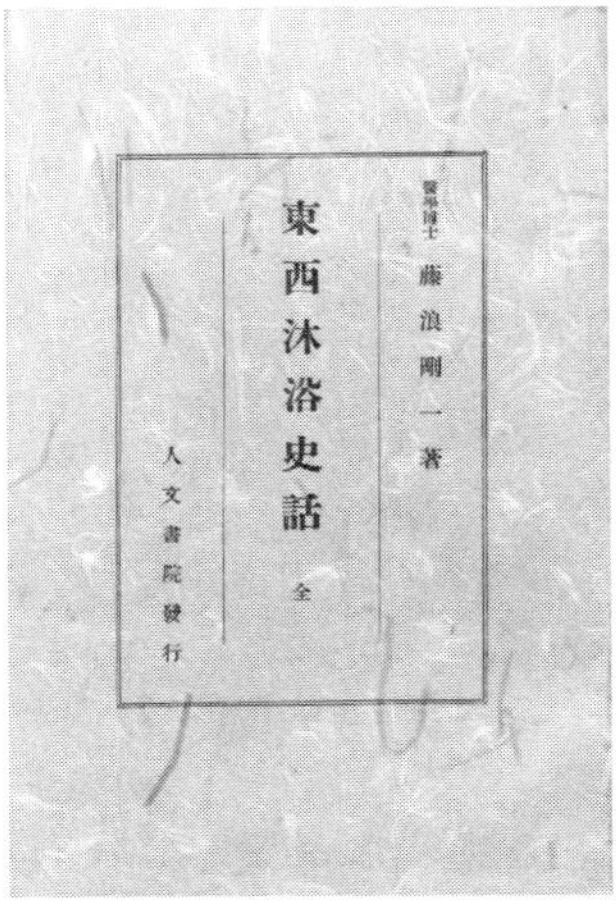

図 2–2　藤浪剛一『東西沐浴史話』人文書院、1931 年

生訓』が出版された[9]。『養生訓』は広い階層にわたる読者を獲得し、『養生訓』の出版以降、類似の養生書が刊行されるようになったといわれている。『養生訓』のなかに「洗浴」という項目がある。ここでは「湯浴はしばしばすべからず。温気過て肌開け、汗出て気へる」という記述からはじまる。湯浴みはしばしばしてはいけない、なぜなら肌（毛穴）を開かせ汗が出て「気」が減るからであると述べている。そして「熱湯に浴するは害あり。冷熱はみづから試みて、沐浴すべし。熱湯に浴するべからず。気上りてへる」、「湯熱きは、身を温め過し、汗を発し、気を上せへらす。大に害有」とある。つまり、益軒は頻繁に入浴すること、熱い湯に入ることは汗を出させ気を消耗し、身体に「害」をもたらすことだとくり返し述べているのである。そこで、「あつからず温湯を、少盥に入れて、別の温湯を、肩背より少しづつそそぎ、早くやむれば、気よくめぐり」と、熱すぎない湯を少しずつ浴び早く止める入浴方法を勧めている[10]。

以上からわかるように、益軒が重視するのは体内の「気」の流れである。頻繁に入浴することや熱い湯につかることはこの「気」を消耗させるものだと益軒はくり返し述べていた。このような体内の気の流れを重視する

図 2–3　曲直瀬玄朔（出典：藤浪剛一『医家先哲肖像集』刀江書院、1936 年）

図 2–4　貝原益軒（出典：同前）

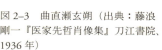

のは当時めずらしいことではなかった。益軒の『養生訓』が出版されたのとほぼ同時期の一七一五（正徳五）年の芝田祐祥の『人養問答』では、「風呂は大温甚し（中略）気を散ず」とあり、[11]気の流れを注視している。その一〇〇年後の一八一二（文化九）年の本井子承の『長命衛生論』においても「湯風呂も（中略）程よくして浴ば、気血順環して宜く毒にはあらじ」とあり、[12]気の循環について触れている。養生書において入浴は、身体の気の流れから語られるものであり、熱い湯に頻繁に入浴することは気の流れを乱すために奨励されることではなかった。

一八六四年の松本良順の『養生法』は、日本人による最初の欧米医学に基づく養生論として知られている。[13]『養生法』のなかでは「浴湯」という項がある。ここでは熱い湯に入ることが良くないとされ、また垢を取り除くことが勧められた。それは、垢がたまると肌の「気孔」を塞ぎ「病」を引き起こすとされたからであった。[14]

鈴木は、江戸期の養生書が頻繁な入浴と熱い湯に入ることを諫めているのは、当時の人々の入浴頻度が高かったということの証左であるとしている。熱い湯を浴びる、頻繁に入浴するといった入浴習慣が普及した理由として、中世以来の仏教的入浴観の普及を鈴木は挙げている。仏教では、発汗が養生と密接に関わっているとみなされていた。実際、寺院の施浴で行なわれていたのは蒸し風呂であった。蒸し風呂に入浴し、毛穴が開いて汗とともに全身から悪いものが排出されていくという身体感覚は、当時の人々にとって説得力があったと鈴木は述べる。[15]加えて、江戸期には「疝気《せんき》」という病があった。この病は疼痛をともなうものだが、その痛みは「冷え」によって激しくなりやすいと思われていたようである。そのような「冷え」に対する恐れから熱い湯が好まれたと鈴木は考察している。[16]この毛穴が開くことで身体に何がしかの影響や変化を与えるといったイメージは、日本に限ったことではなく、欧米にもあるイメージであった。この点については次章で述べる。

さらに、江戸期の人が頻繁に入浴していたのは、そのことが「道徳的潔白さ」と結びつけられていたからだと鈴木は指摘している。[17]一八〇二（享和二）年の山東京伝による『賢愚湊銭湯神話』で、年末の湯屋で積み重ねなっていた体の垢を落とすことは「心の内の欲垢」を洗い流すということであると描かれる。[18]心の垢とは色欲や金銭欲のことである。つまり、垢が落とされた「清潔な」身体は、欲や煩悩が落ちた「清潔な」心を表しており、それは都市社会における規範となっていくと鈴木は指摘する。[19] 加えて、式亭三馬の『浮世風呂』のなかで女性同士で「虱たかり」、「腋臭ぷんぷん」などと揶揄しあう様子を、[20]「不潔な体は実際はどうあれ、格好の揶揄の対象」であり、「清潔な身体が社会的同一性を保証するかのようでもある」と鈴木は述べている。[22]

江戸期の入浴は、養生書において身体の気の流れが重視されたことにとどまらず、一般の人々にとって道徳的規範という意味をも持っていたことが考えられよう。この道徳的規範は、後にみていく伝染病を予防する清潔さや第三章で後述する清潔さに付与された「道徳性」とは異なるものであった。

第二節　明治初期から後期における入浴の関心——江戸期からの連続性

明治期以降、医師らは入浴に対してどのような言及をしていくようになるのだろうか。江戸期の入浴への言及が、身体に適した入浴方法を説くものを中心としていたのに対し、明治初期の入浴についての言及の多くは、引き続き身体にとってどのような入浴方法が適しているのかについて説くもの、医療としての入浴を紹介するものであった。そしてもうひとつの特徴として挙げられるのは、江戸期に注意されていた湯の熱さが、具体的な温度をあげて注意されるようになったことである。前章で取りあげたように、明治期の湯屋に対する取締規則には、湯の温度を設定するものがあった。当時の医師たちは湯の温度に対して数多くの言及を残していた。まずはその代表的な言説をみていこう。

一八七一（明治四）年の石黒忠悳（図2―5）による『医事鈔』が挙げられる。[22] 石黒は一八七一（明治四）年から陸軍医を勤め、一八九〇（明治二十三）年には陸軍軍医総監を務めた人物である。このなかで石黒は治療として湯を浴びることを「浴法」と記し、その種類に「手浴、脚湯、上肢浴、坐浴、全身浴、硫黄浴」を挙げている。[23] とくに石黒は、それぞれの病気の症状にもとづいて、治療として行なう浴法の適温が異なっているため、注意しなければならないとした。たとえば、「冷浴」は「華氏五十九度摂氏十五度ニ下ル可ラズ」、「微温」は「華氏八十六度摂氏三十度ヲ正位」、「温湯」は「華氏九十五度摂氏三十五度ヲ正シトス」と説明された。[24] つまり、ここから、江戸期の養生書の注意を引き継ぎつつも、それまでとは異なり、入浴に適した湯の温度が具体的、科学的に示されるようになったことがわかる。

また、一八七三（明治六）年に松寿主人による『開知日用便覧　初編』（図2―6）が出版された。ここでは「浴湯《ゆあみ》」として、入浴が取りあげられている。このなかでも「寒暖計を以て試み、六十度に過る事なくすへし」と記述され、熱い湯に入ることが注意されており、（華氏）六〇度を過ぎてはならないと具体的な温度が示されている。加えて、体に垢をためないようにすることが病を避けるために重要だとも記述された。[25] この点も、江戸期の養生書の主張を受け継ぐものである。

図 2–5　石黒忠悳（出典：石黒忠悳『懐舊九十年』博文館、1936 年）

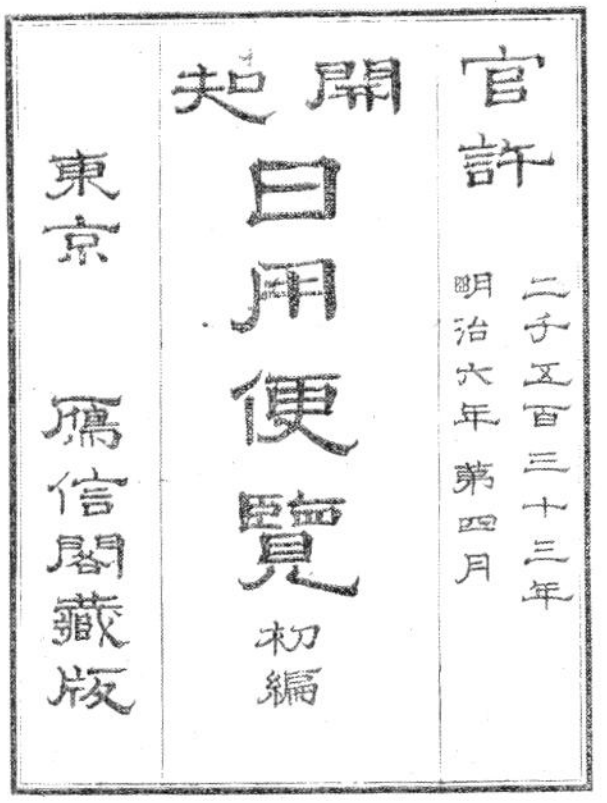

図 2–6 『開知日用便覧　初編』雁信閣、1873 年。

一八七四（明治七）年には、ジョージ・H・ホープの〝Till the doctor comes〟が、楢林建三郎[26]によって『医師ノ来ル迄』として翻訳された。これは、病に対する救急処置及び普段の心がけについて書かれたものであり、入浴方法についても記述されている。管見の限り海外の入浴に関する記述が翻訳されたものとしてこれは相当早いものであると思われる。入浴は「諸浴法」という項目で説明された[27]。「諸浴法」において、「内外諸病ノ取扱ヒヲ説キ示スニ付キテハ、浴《ユアミ》ノ仕方モ亦欠クベカラザルコトナリ」として、病の扱いを説明するにあたって入浴方法を抜きにできないとされた。そのうえで以下のように記述されている（句読点は筆者による）。

総テ浴ハ身體《カラダ》ヲ清潔《キヨラカ》ニスル為メノモノニシテ、清潔ナルハ身體ノ健康《タツシヤ》ヲ保チ且ハ、無病息災ヲ神ニ祈ル次テノコトナリ。身體清潔ナレバ、只諸病ヲ防グノミナラズ、精神《ココロ》モ亦爽快《サハヤカ》ニメ己シ一身ノミナラズ、家族傍人ニモ大ニ為メノ良キコトナリ。

ここでは、入浴することが身体の清潔のために良いことであり、身体の清潔は病を防ぐためだけではなく、家族にとっても良いことだと説かれている。家族への言及は、後述するように明治三十年以降、衛生家などの主張に多くみられるようになるものである。楢林によるホープの訳書は、それらに先駆けるものと位置づけられるだろう。

また一八七六（明治九）年の「大阪師範学校規則」において入浴に関する記述がある。大阪師範学校は、文部省直轄の師範学校であり、入学する生徒に対して事細かな規則が定められていた。そのひとつに入浴規則がある（図2―7）。入浴規則のなかで「熱度高キ湯ニ浴ス可カラス」という条文があり[28]、熱い湯で入浴することが禁じられていたことがわかる。一八八三（明治十四）年、神内由己編訳の『医家袖宝』では治療としての入浴方法である「寒水浴」と「海水浴」が紹介された。寒水浴だけでなく海水浴に関しても「摂氏十五度乃至十二度」が適しているとされ、注意されていたのは温度であった。[29]
一八九三（明治二十六）年には、北川立平・白松徹による『医宝十表』が著された。[30]「薬浴」という項目のなかで、大人の身体と小児の身体に適した水の量、湯の温度、入浴時間が記された。そして、浴法としての入浴方法の種類が紹介された。[31]
一八九七（明治三十）年には、清洲覚太郎が編集した『応用衛生学一斑』のなかで、「沐浴」についても論じられた。沐浴は「皮膚ヲ清潔ナラシメ健康上最モ必要ナルモノナリ」として、「皮膚ヲ清潔ニスルコト」、「温ノ放失ヲ催進スルコト」、「皮膚ニ對スル温度ノ劇變ニ堪ユヘキ性ヲ増進スル」ことがその効能として挙げられた。[32]そして、低い温度の湯に入るのを習慣とすることが最も衛生的に効果があるとされている。
また特定の病に適した入浴方法を紹介するだけではなく、特定の病に対する注意事項のひとつとして入浴の禁止などが提示されていた。そのひとつが脚気である。[33]一八八七（明治二十）年の今村亮による『脚気摘要』では、入浴は、「浮腫麻痺攣急心動鎮靜ナラサレハ禁ス可シ」として、浮腫や麻痺がある場合や動悸が鎮静でない場合

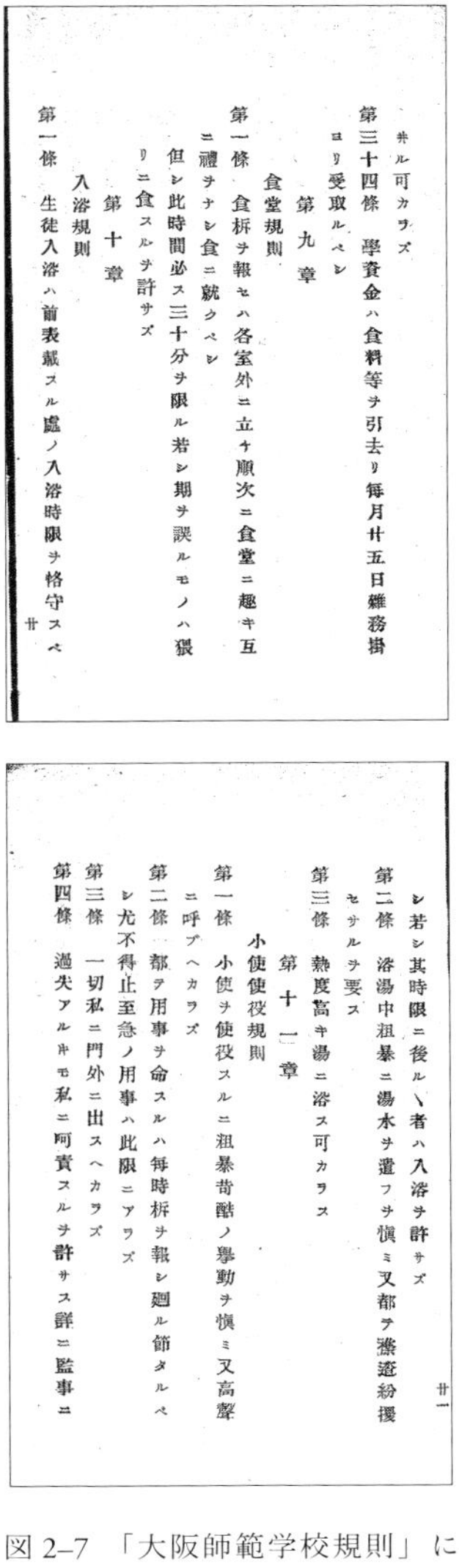
井ル可カラズ
第三十四條　學資金ハ食料等ヲ引去リ毎月廿五日雜務掛ヨリ受取ルベシ
第九章
食堂規則
第一條　食柝ヲ報セハ各室外ニ立テ順次ニ食堂ニ趣キ互ニ禮ヲナシ食ニ就クベシ
但シ此時間必ス三十分ヲ限ル若シ期ヲ誤ルモノハ猥リニ食スルヲ許サズ
第十章
入浴規則
第一條　生徒入浴ハ前表載スル處ノ入浴時限ヲ格守スベ
廿

シ若シ其時限ニ後ルヽ者ハ入浴ヲ許サズ
第二條　浴湯中粗暴ニ湯水ヲ遣フヲ愼ミ又都テ濺瀲紛擾セサルヲ要ス
第三條　熱度高キ湯ニ浴ス可カラス
第十一章
小使使役規則
第一條　小使ヲ使役スルニ粗暴苛酷ノ擧動ヲ愼ミ又高聲ニ呼ブヘカラズ
第二條　都テ用事ヲ命スルハ毎時柝ヲ報シ廻ル節タルベシ尤不得止至急ノ用事ハ此限ニアラズ
第三條　一切私ニ門外ニ出スヘカラズ
第四條　過失アルトモ私ニ呵責スルヲ許サス詳ニ監事ニ
廿一

図 2–7　「大阪師範学校規則」における「入浴規則」（出典：大阪師範学校「大阪師範学校規則」1876 年）

の入浴は禁じられた。[34]また、一八九七（明治三十）年の三浦守治の『脚気治療法』において、「進行期ノ脚気患者ヲシテ熱キ湯ニ入浴セシムルハ大ニ不可ナリ」として、脚気患者が熱い湯に入ることについて注意が促されている。すなわち、脚気患者が熱い湯に入浴することにより血液の温度が上がり、心臓及び呼吸に影響するので控えるようにと説明された。[35]

明治初期においては、入浴を医療の一環としてみなす言説が多く、また日常の入浴に関する記述は、江戸期の関心を引き継いで熱い湯に注意を促すものであった。とくに入浴全般に関して温度に対する言及が多くみられるようになったといえる。伊藤ちぢ代は、近世の「養生」は近代に「健康」へと変わったが、その違いは、ある状態への判定基準が「養生」の場合が主観的であることに対し、「健康」の場合は客観的であることを指摘している。[36]また瀧澤は、心身のあり方は「近世」と「近代」のある時点まで連続的であったと指摘する。[37]熱い湯に入浴することは、江戸期の養生書においてもくり返し注意されていることである。明治期になり、熱い湯に入ることに対する注意は、江戸期から引き続き注意される対象であったとみなすこともできる。ただし、明治期における記述は入浴する際の温度を細かく設定し、客観的な指標を示していた。温度を示しての入浴への注意はこの当時進んだ西洋近代医学の受容と江戸期から連続する注意という二つの側面の融合と捉えることもできるだろう。

第三節　『大日本私立衛生會雑誌』の創刊

明治期半ばからは、欧米の「衛生」的観点から入浴及び浴場をみようとする記述が『大日本私立衛生會雑誌』（図2―8）などで多くみられるようになる。『大日本私立衛生會雑誌』は一八八三（明治十六）年に組織された大日本私立衛生会の機関紙である。次節以降、同誌を中心に衛生的観点から浴場や入浴の記述を検討するが、本節では、まず大日本私立衛生会の発足及び『大日本私立衛生會雑誌』の創刊に関する背景とその概要をみておこう。

明治初期に、幾度も猛威をふるったコレラの流行は地方行政機構を強化することになった。行政はコレラなどの急性伝染病に対する検疫や隔離を徹底的に行ない、制度を整えた。一八八〇（明治十三）年には「伝染病予防規則」が、一八九七（明治三十）年には、「伝染病予防法」が制定された。

こうした法規制だけではなく、急性伝染病を防ぐために一般民衆の意識を変えることが求められるようになった。いい換えれば、一般民衆を強制的にではなく、自発的に伝染病を予防する衛生的行動に向かわせる必要があった。そこで、衛生の知識を普及させ、衛生行政を円滑に進めることを目的に、一般民衆になかなか根付かない「衛生」に関する知識と思想を啓蒙するために発足したのが「大日本私立衛生會」である。

大日本私立衛生会の会頭は佐野常民、副会頭は長與専齋、幹事には松本順、三宅秀、石黒忠悳などが名を連ねた。大日本私立衛生会の活動内容は、雑誌及び報告の発行、総会員による総会の開催、在京会員による常会の開催、「衛生談話会」・「通俗衛生講和会」・「通俗衛生談話会」の開催、痘苗の製造・全国頒布、「伝染病研究所」の運営[38]であった。『大日本私立衛生會雑誌』は、演説、論説、質疑応答などが掲載されるほか、中外彙報、寄書などで構成されていた。多くの医師や衛生家が『大日本私立衛生會雑誌』に寄稿し、伝染病対策を論じ、欧米の近代的衛生思想を紹介するなど、大日本私立衛生会は当時の衛生運動を牽引していった。

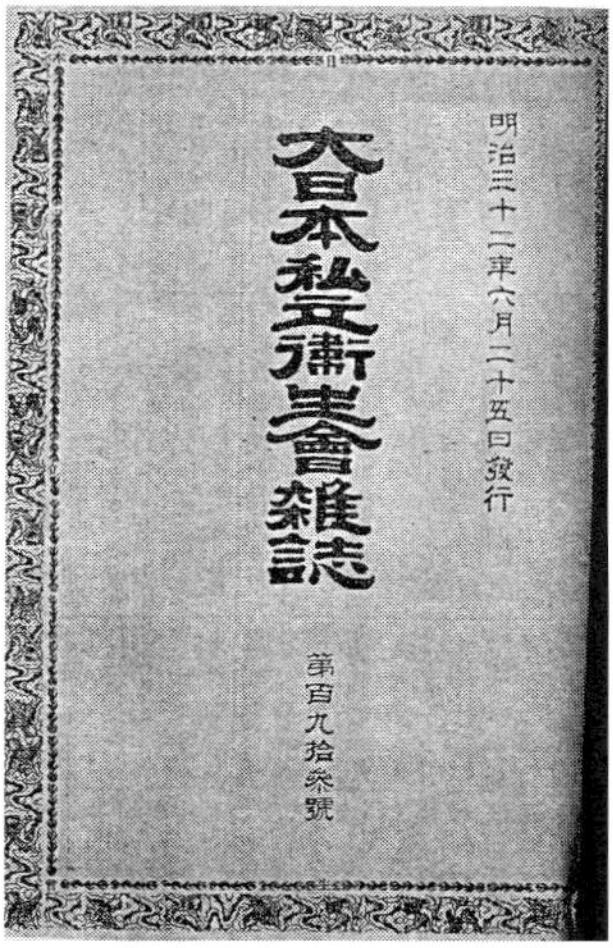

図 2–8　『大日本私立衛生會雑誌』

『大日本私立衛生會雑誌』は一九二三（大正十二）年一月以降、『公衆衛生』と誌名を変更した。一八八三年六月に刊行された一号から一九二三年十一月に誌名が変更される四六〇号までをみる限り、入浴、浴場に関する記述は多くない。しかし、同誌を中心に検討するのには理由がある。大日本私立衛生会の活動から明治期の健康に関する文化的状況を分析した瀧澤は、普及が目指された西欧的「衛生」は、近世的な節制や鍛錬を基礎とする「養生」に近いものとして捉えられていたと指摘している。(39)そのような意味で、『大日本私立衛生會雑誌』は、近世の「養生」から欧米の近代的な「衛生」へと、入浴の意味づけが移行する過程をみるに適した雑誌であると考えられるからである。

第四節　入浴の衛生上の意義——「入浴好きな日本人」の登場

『大日本私立衛生會雑誌』で、最初に入浴について取りあげられたのは、一八八四(明治十七)年、第一四号のなかの柴田承桂(40)による「第二總會海外衛生上景況ノ報道(前號ノ續)」においてである。この記事では、一八八三年にベルリンで開催された衛生博覧会の陳列物品のなかに「衣服及ヒ皮膚保護沐浴」という項目があったと紹介されている。(41)

また、『大日本私立衛生會雑誌』に限らず官僚や新聞記者らが渡欧の記録として入浴などについて言及したものをみておきたい。一八八七(明治二十)年に、『郵便報知新聞』社員である西濟答案、吉田熹六がヨーロッパ・アメリカ訪問を記録した『欧州之風俗　社会進化』が出版された。このなかで「湯屋の有様の事」、「初旅の西洋浴室」という章があり、イギリスやフランスの「湯屋」、浴室について事細かに紹介された。(42)

一八八八(明治二十一)年に、福地復一(43)により『衛生新論』が著された。(44)『衛生新論』の出版の理由は次のように説明されている。近年、学術の進展にともない「衛生」の領域においても新説が登場しているが、日本においてはまだこれらの新説を編纂した衛生書がなく、また従来のものは欧米の事例に依拠しており、日本の習慣に合うものではなかった。そこで新しい学説を取り入れ、日本に適した事例を挙げつつ本書を編纂することになった、と。[45]『衞生新論』では、「澡浴論」という章で、入浴について記述されている。[46] ここでは、身体の清潔に注意しなければ皮膚の気孔がつまり、皮膚病になる恐れがあると説かれた後に、「西洋各國ニ於テハ沐浴ヲナス便益甚少ク貴人富家ヲ除クノ外農夫職工等ノ如キハ温湯ニ浴シテ渾身ヲ洗浄スルハ月ニ一回或ハ隔月一回ニ過ギス然ルニ我邦人ハ各地至ル處ニ公浴場ノ設ケアリテ能ク身体ヲ清潔ニシ〔後略〕」と、欧米の上流階級を除く人々の入浴の回数が少ないことを述べたうえで、日本では「公浴場」[47]が至るところにあり、身体を「清潔」にしていると述べた。そのうえで、次のように続けられた。「衣服其他ノ清潔ニ注意スルトキハ決シテ西洋人ノ稱スルガ如ク東洋人種ハ不潔ナリトノ嘲笑ヲ受クルコトナカルベシ」と。この記述は、当時の日本人が欧米人から「東洋人種」は不潔であるといわれたことがあったことを示唆している。福地は皮膚病などの病気を防ぐために入浴を奨め、「西洋各国」の紹介にとどまらず、欧米と日本を比較した。「東洋人種」は不潔であるといわれた背景があったからこそ、日本の入浴習慣を欧米と比較し、「清潔」であると述べたのではないかと推測される。

また、日本に紹介されたのは西ヨーロッパやアメリカに関する記録だけではなかった。明治期から昭和初期に外交官を務めた川上俊彦は、ロシアに関する業務に多く従事した。川上は、一八九二（明治二十五）年にウラジオストックの浴場と海水浴場を紹介した。[48] このなかではウラジオストックの浴場は蒸気浴であり、また非常に汚れていると記述されている。

こうした記録から、明治二十年代から海外にも公衆浴場があるということと、その公衆浴場がどのようなものであるのか、海外の入浴習慣に関する情報が紹介されるようになったことがわかるだろう。

明治三十年代に入って、入浴に関して新たな側面から欧米と日本を比較する言説が現れるようになる。それまでは、欧米の知識を紹介することが中心だったが、入浴に関する記述がさらに新たな視点を提示するようになるのである。一八九七（明治三十）年、『大日本私立衞生會雑誌』第一七二号の「中外彙報」に無署名による「沐浴の沿革及其衛生の必要」という記事が寄せられた。

我那は古来沐浴の美風がありて下等社会と雖も概ね毎月数回入浴せざるなし、之に反して欧州諸国にては下等社会は勿論上流社会にても日常入浴することは稀なり、されども入浴の衛生上必要なるは争ふべからざる所なるを以て近来公衆衛生の発達と共に浴場の設置せらるるもの多し、近着の欧文雑誌を閲するに、彼地沐浴の沿革を叙し衛生上入浴の最も緊要なることを記せるものあり[49]

この記事は『大日本私立衛生會雑誌』において、入浴が衛生的に良い習慣であると明言した最初の記述である。注目すべきは、当時の「欧州諸国」ではどんな階級の人も入浴することは稀であると述べている点、「欧州諸国」では入浴が衛生上必要であると述べている点である。この記事は、欧文雑誌に触れて、日本の入浴習慣をヨーロッパと比べて「美風」[50]であると認識して記述されている。ここでいう「衛生」とは、伝染病の予防という意味であったと思われる。この記事は次のように続く。[51]

其體外に滲出する所のものは常に皮膚面に附着して有害成分を有し、動もすれば傳染病毒感染の媒介となることあり。故に此有害成分を脱却せんと欲せば温湯に浴するの外他に其手段あるべからず

「體外に滲出する所のもの」は有害成分を持っており、常に皮膚に付着して伝染病感染の媒介となることがあると説明されている。この有害成分を取り除こうとすれば温かい湯に入るほかなく、温かい湯は血液の循環を助け、神経機能を活発にする効力もあると述べられた。加えて、「健康を増進せんが為に沐浴する者は多量にして且清潔なる温湯に浴し石鹸を用ひて十分身体に摩擦を加ふるを要す」と述べられ、身体を温めるだけではなく、

皮膚を石鹼で洗い清潔にする必要があると説いている。[52] この記述の背景には、当時、身体を石鹼で洗うことがイギリスやフランスなどのヨーロッパ諸国やアメリカで勧められていたことがあるだろう。[53]

入浴を好む「日本人」が「清潔」であるという記述は、その後も『大日本私立衞生會雑誌』のなかで何度か現れる。一九〇二（明治三十五）年の亀井重麿による「入浴装置の改良を望む」という記事では、「日本人は世界中最も多く入浴を好む」、そして「其身体を清潔ならしむると云ふの点に於いては異議なし」と述べられている。[54]

また、一九一一（明治四十四）年に、福田琴月が『家庭百科全書――衛生と衣食住』のなかで、「我國では古來沐浴を度々する美風があつて、どんな下等社會でも毎月數回は入浴するが、歐米諸國では、下等社會は勿論、上流社會でも本邦人のやうに度々入浴するのは稀である」と記述し、日本と欧米を比較している。[55]

少し後のことになるが、一九一六（大正五）年の『大日本私立衞生會雑誌』四〇二号の「餘白録」に「世界で我國民位入浴を好むものはほかにありませんでせう。入浴によつて身體の清潔を保つといふことは衞生上から見て大層良いことです」とある。[56] これは、欧米人と比べ日本人の方が清潔であるという認識が大正期にも継続していたことがわかる記述である。

以上から確認されるのは、明治後期から大正期にかけて、ヨーロッパから入浴は衛生上良いことであるという認識がもたらされ、入浴習慣を古くから持つ「日本人」は「清潔好き」であるという言説が、大日本私立衛生会を構成していた衛生家たちの間で現れるようになったことである。また、ほぼ同時期に入浴する場である湯屋には別の注意が喚起されていくようになる。それについては本章の最後の節でみていきたい。次節では、入浴に関する衛生的社会的認識が医学・衛生領域以外でどのように表出していたのか、また日本人が入浴好きという言説がどの領域まで浸透していたのかを探るために、家庭衛生を事例に入浴の言説をみていこう。

第五節　家庭衛生における入浴

家庭における衛生論・衛生問題として入浴について言及するものが明治期半ば頃から現れる。一八八八（明治二十一）年に刊行された山本與一郎(57)の『家庭衛生論』の緒言には以下のような記述がある(58)（句読点は筆者による）。

> 抑も一人衛生を守れは、一家の衛生となり一家の衛生は施て一國の衛生となるべし。夫れ母たるものは主夫《をつと》及び小兒《こども》の衣食を始めとし、家内万般《いろいろ》のことに注意《きをつけ》する役目なれば必ず衛生は心得ざるべからず。これを心得て後善良なる母と云ふを得べし。世の母たるものをして完全なる衛生法を覺らしめれば社會《よのなか》を益すること蓋し大なるべし

ここではまず一人の衛生が一家の衛生につながり、それがやがて一国の衛生となること、つまり衛生が個人から国家へとつながっているということが示されている。そのうえで、一家すなわち家庭における「母」は夫と子供の様々な点に注意しなくてはならないが、そのなかで衛生というものは欠かせないものであるとし、衛生を心得てはじめて「善良なる母」といえると明言している。この本では、第三編の「小兒一歳より三歳迄養生の事」に「第七章　小兒入浴の話　附大人入浴の注」という目次があり、産湯に対する注意事項が記述されている(59)。

> 日本にても西洋にても、小兒生るれば産婆は直ちに全身浴（俗に産湯と云ふ）をなさしめて身體に附着《つき》たる汚穢《きたな》きものを洗らい落して清潔になし安臥《やすま》せるを始めとし、其後毎日或は各日に全身浴をなさしむるなり。〔中略〕小兒を入浴せしむる湯の温度は冷《ぬる》きも熱きも共に害あり。凡そ寒暖計の三十六七度を以て定度となすべし。而《そ》して入浴の時間は長きに過き、或は短きに失するも、これ亦共に悪し。前頭部《ひたへ》に発汗《あせ》するを以て

程度《よきほど》となすべし

ここでは、産湯の衛生的な意味づけが説明され、医師らの記述と同様に、適した温度とその時間について論じられている。(60)

また一八九〇（明治二十三）年に、飯島半十郎(61)によって編集された『家事經濟書』（図2―9）のなかでも、入浴について記述されている。(62)『家事經濟書』は、衛生に関する文献ではなく家事に関する方法について重点的に論じたものであり、「我邦先輩の説」と「欧米学士の説」の折衷を試みたもの、すなわち日本と欧米の折衷をはかろうとしていたものである。このなかに「入浴」という章があり、次のような記述がある。

身躰をして清潔ならしむるのみにあらす、能く体中の蒸気を發せしむるなり、苟くも身体に垢つきたるをそのまゝになしたく時は、毛孔をふさぎ〔中略〕、体中に滞りて、終に悪寒發熱等の症を發せしむる〔中略〕我邦人は常に熱湯に浴するの悪弊あり(63)

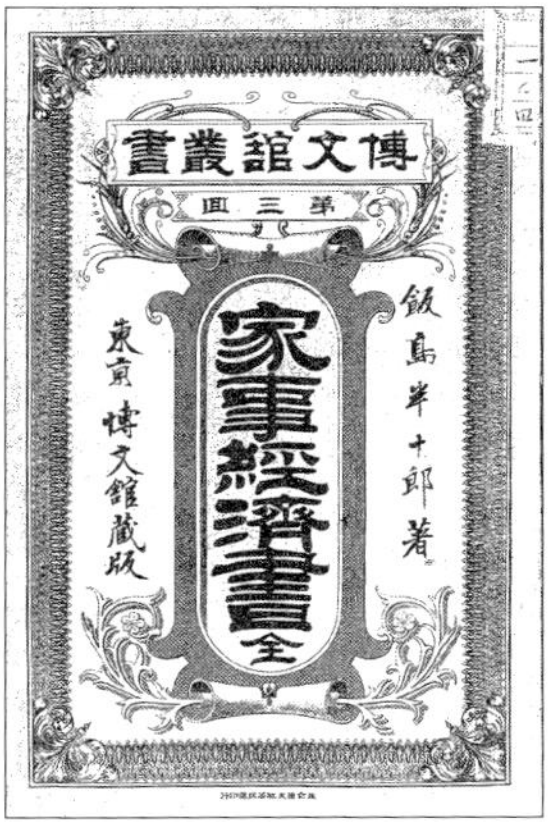

図 2–9　飯島半十郎『家事經濟書』博文館、1890 年。

ここにおいても具体的な温度を示しての熱い湯への入浴の注意がなされていた。

これらの記述は家政の領域と医学・衛生領域の認識が通じていることの証左であり、入浴が身体の清潔のため、衛生的に必要であることを前提として記述されている。そして家庭内の「母」はその衛生的管理を担当するものとして位置づけられていた。家政に関する文献においては『家事經濟書』のような入浴の記述が明治三十年以降さらに増えていく。[64]

一九〇三（明治三十六）年に、羽仁もと子による『家庭小話』が出版された。[65] 羽仁は大正期を中心に女子教育に尽力したことで知られている。彼女は教員を経て報知新聞社で記者となり、雑誌「家庭之友」（後に「婦人之友」と改称）を創刊し、また自由学園を創立した。『家庭小話』では「東西育児法の比較」に「沐浴」の項目がある。[66]

> 日本人は毎日々々湯に入りますが、西洋人の大人は容易に風呂に入りません。然れども幼い子には始終浴みをさせる様です。朝起きますと、冷水で身躰を拭いてやる事は、先お定まりで、夏は申すまでもなく、寝る前には屹度お湯を遣はせ、更に日の中に冷水浴をさせる家もあります（此事は子供の健康の度合にも依る事ですが）冬になると毎日浴をさせる所と一日置位の所とある様です。

羽仁はこの本で英国、ドイツ、フランス、アメリカ、また日本に居住する「西洋婦人」の事例を紹介している。「沐浴」の項目では、具体的な海外の国名や地域については明記されていない。ただ、「西洋人」の大人は滅多に入浴しないが、子供にはほぼ一年中湯浴みをさせるという記述は、飯島のものと同様に、同時期の医学・衛生領域における欧米と日本の入浴を比較する記述と共通している。

また、一九一五（大正四）年の日本女子家政学院編『家庭の栞』の「第五編　家庭衛生」のなかに「沐浴《ゆあみ》」という項目がある。[67]

> 沐浴は、日本人の特に勝れたる良習慣にして、身体を清潔にし爽快なる温度を取り、又大いに身體を強健にするものなり、微小の疵は沐浴によりて容易に之を治するを得べく、殊に沐浴はペスト豫防のもっとも重要なる地位を占むるものなり、されど過ぎたるは猶ほ及ばざるが如く、一日に數回沐浴するときは、ために頭

痛を起し或は逆上し、肺、心臓の弱き人の如きは之が爲に屢々大患を起すことあり、注意すべき事なり、又餘り高温に浴するは却て皮膚を軟弱ならしむ殊に小児は常に我等の入る湯に比べて何度か微温きを度とすべし

ここでも「沐浴」は「日本人」の「良習慣」だと位置付けられ、ペストなどの伝染病予防として効果があるものとされている。ただし、一日に数回入浴する場合や、高温で入浴する場合について注意がうながされた。加えて小児が入浴する際には、その温度は大人に対するものよりもぬるくするようにとの記述がなされていた。

小児の入浴に関しても、前述の山本のような、生まれたばかりの初生児の入浴に着目するものもあった。そのひとつが一九〇五〔明治三十八〕年の緒方正清による『通俗家庭衛生妊娠の巻』がある。このなかで緒方は出産後の初生児に対して、以下のように述べた。[68]

小兒が臍帯を結紮したならば、直に温浴させるのであるが、この温浴なるものは、身躰に附着したところの脂肪等を拭ひ去るためなので、勿論その必要がある。〔中略〕またその温度が高過ぎても、低過ぎても、何れも害のあるものであるから〔後略〕

緒方はここで「産湯」という言葉は用いてはいないが、初生児の入浴の目的を明確に記述している。また、その際、温度が高すぎても低すぎても害があると、その温度に注意を向けている。初生児の入浴における温度の注意は、大正期になってからも続いた。

一九二五〔大正十四〕年の井上秀子による『最新家事提要』の第七章「乳児及び幼児の保護」のなかに「入浴」の節がある。[69] 井上秀子は日本女子大学大学長を務め、女子教育に大きく関わった人物でもある。『最新家事提要』

は、当時における最新の家政学の知識と経験が「女子」にとりわけ必要であると説かれるものであり、産湯を含めた小児の入浴について欧米と比較しながら次のように書かれている(70)。

小兒の皮膚の清潔は主として温浴により行はれるもので出生即時に産湯を施し、以後毎日一回温湯に浴せしむるがよい。歐州の學者の説では、其の湯の温度は華氏九十九度位を適度とし漸次其の温度を減じ、六ヶ月の終には九十度、一年の終には八十五度とし、第七年の終には始めて冷水浴を行ふことができるとして居る。我が國では古来温浴を用ふるも身體の衰弱を來す事なく却つて強健爽快の威を生ずといはれて居る。日本の家屋は暖房の装置がなき故、歐州人の如き低温度の浴湯を小児に行ふ時は浴後感冒に罹るの恐があるから欧州の例に反し、小兒をして漸次高温の湯に慣れしめなくてはならぬ。

ここでは小児の皮膚の清潔の基軸に「温浴」が置かれ、産湯とその後の温浴について望ましい温度が「歐州の學者の説」を引きながら紹介されている。加えて、日本と欧米を比較し紹介するだけではなく、その違いから日本での小児の入浴は欧米とは異なる方法が必要だと説く。この記述は単に欧米の紹介にとどまらず、欧米と日本とを比較したうえで日本ではどのようにしたらいいかということが記されている。井上は、欧米に倣いながらも、日本に合わせたものを提案している。

明治期から大正期における家庭衛生の領域での入浴に関する記述は、身体の清潔への留意、小児・初生児の入浴に対する注意、そして前提となる入浴そのものの衛生上の位置づけを示唆する点に大きく分けられる。熱い湯で入浴することについて具体的に温度を示して注意する点は、前節で取りあげたような明治期から大正期にかけての医学及び衛生における入浴に関する言説と共通するものであった。

本節でみてきた記述からは、自らの身体だけではなく、その家族とりわけ子供の衛生や健康への留意がみられるが、明治後期から大正期にかけては、成人自らのひとりの身体だけではなく、その子供も含め規範的に衛生観念が、とりわけ女子教育のなかで強化されていった可能性がある。

また、羽仁や井上の記述にもみられるような小児の入浴については、欧米の事例の紹介にとどまらず、欧米と日本とが比較され、さらに日本ではまた独自な方法をとることが提案されている。これは第三章でみる公衆浴場運動（Public Bath Movement）の導入と、その後の日本での公設浴場の展開にもつながる点である。

第六節　病気伝播の媒体としての浴場

前節まで、海外の入浴習慣と日本のそれとの比較のなかで、日本の入浴習慣への意味づけがなされてきたことをみてきた。それと同時に、日本の入浴する場である湯屋が見直されるようになる。

ただし、海外との比較をせずに湯屋を問題視する記述は、すでにあった。一八八九（明治二十二）年、江守敬寿編『衛生要談』のなかで浴場に関する記述がある。[71] ここでは、自宅に浴室がある場合と、「湯屋」に行く場合について記述されており、湯屋に行く場合は、「大概午前の間を宜しとす」とされた。その理由は「浴湯漸々不潔になるからだとされた。[72]

明治期以降、湯屋の問題点の指摘と、湯屋のあり方に対する警戒は欧米を参考にしながら行なわれていった。『大日本私立衞生會雑誌』では、入浴は衛生上良いことであるという記事と同時期に、浴場は病気が伝染しうる場であると記事に掲載されるようになる。一八九八（明治三十一）年、第一八四号の「質疑応答」で「理髪所又は浴場に於て病毒を傳染することあり之れを豫防する簡便にする方法」について、会員の内山直三から質問がよせられた。これに対し、回答者の淺川範彦は、「浴場は西洋風に改良すれば病気傳播の憂少なし」と述べた。続けて、そこで伝染しうる病とは「肺結核、癩病等」であり、とくに肺結核については浴場の床に咯痰しないように、痰容器を設けるべきだと回答した。[73] 実際に一九一二（大正元）年の『警官実務必携』[74]には、注意すべき湯屋営業者として、「浴場内適當ノ場所ニ唾壺ヲ設置」しない者、「唾壺内ニ少量ノ消毒剤液若クハ水ヲ入レ」ていない者、「唾壺内ノ痰唾ヲ適法ノ消毒ヲ為サスシテ投棄スル者」が挙げられている。[75]

以上からわかるのは、単に入浴そのものがよいというだけの記述から、入浴する場が問題視されていく記述へ変わっていったということである。そして、病気の伝染を防ぐためには「西洋風に改良」することが良いとされた。ただし「西洋風」の浴場がどのようなものなのかは詳しく述べられていない。

前述したように、[76] 一九〇二年に、「入浴装置の改良を望む」という寄書が会員の亀井重麿から寄せられた。亀井は私立攻玉社で土木技術を学んだ人物で、横浜水道や横浜築港、東京市水道、大阪市水道事業に従事した人物である。亀井はこの記事で、日本の「入浴の装置」が「不完全」で「不潔」であるために、「種々の伝染病を伝播」する場合があると指摘する。[77] ここで問題とされている「入浴の装置」は「洗湯営業者の浴槽」、すなわち湯屋の浴槽である。なぜ湯屋の浴槽が問題にされたのかについて、亀井は次のように述べている。[78]

> 終始同一なる湯中に幾百人も入るものなれば〔中略〕午後に至れば湯色全く溷濁し、漸々不潔の度を高め遂に一種の異臭を放つに至る〔中略〕不潔なる湯中に沐浴するは身体を清浄ならしむるにあらずして寧ろ不潔ならしむるの傾向あり

すなわち亀井は、ひとつの浴槽を多人数で共有することを問題視しており、入浴する湯が不潔な場合はそれにつかる身体もまた不潔になるとみなしていた。亀井は続けて、入浴装置をどのように改良すべきかについて次のように述べている。[79]

彼の欧米諸市に行はるる如く一個の浴槽にて一人づつ沐浴せしむるの装置数十室を置きて浴客の更迭する毎に其槽を洗滌し新たなる湯を注入し入浴せしむる

この記事で亀井は、欧米諸市ではひとつの浴槽に一人ずつ入る仕組みをとっており、そのような浴室が数十室あると述べている。この記事がいうひとつの浴槽に一人ずつ入り、一人の「浴客の更迭する毎に其槽を洗滌」する仕組みのある具体的な浴場は第三章で取りあげるイギリスやドイツの労働者のための設備である個室シャワーに構造が極めて近い。亀井が水道事業に深く関わったことからイギリスの影響を受けていたことは想定される。けれども記事のなかで、欧米都市の具体的な名称は挙げられていない。いずれにせよ亀井は、欧米には日本のものとは異なる非常に清潔な入浴装置があると考えていた。

明治三十年代は、日本で浴場の水が汚いとみなされ始めた時期であった。一八九九（明治三十二）年の『大日本私立衛生會雑誌』第一九三号で、医学士の野田忠廣による論説「水と衛生」（図2―10）が掲載された。この記事では、水が生活に非常に重要なものである点、水の衛生上良い点と害を及ぼす点、水をどのように使用すればいいかという点について論じられた。とくに水が害を及ぼす点では、水がコレラや赤痢や腸チフスなどの伝染病流行の主因であると説明され、水質調査を行なうことと、水を飲用でなくても煮沸して使用することが主張された。[80] 水によってもたら

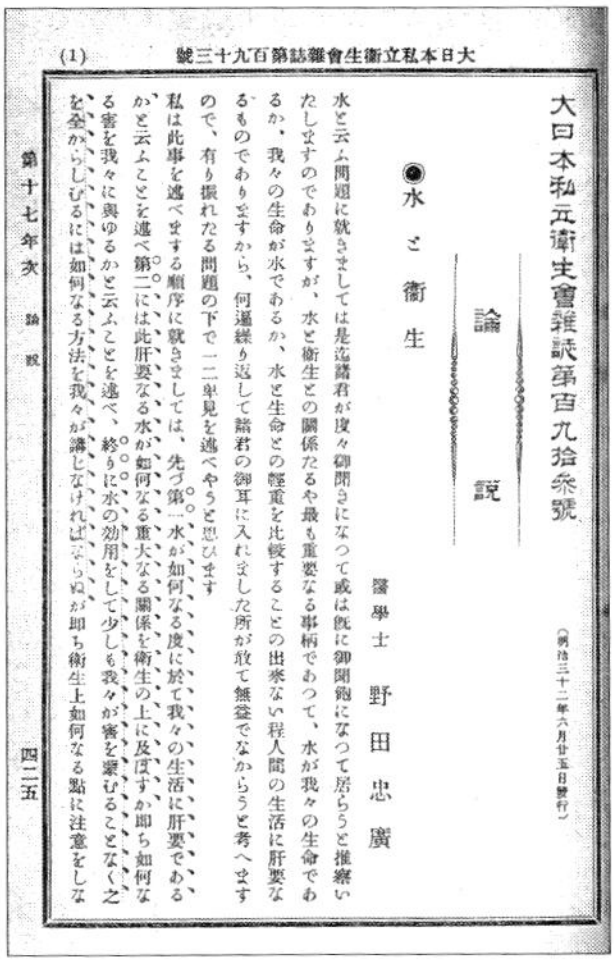
大日本私立衛生會雜誌第百九十三號　(1)

大日本私立衛生會雜誌第百九拾參號

（明治三十二年六月廿五日發行）

論説

◉水と衛生

醫學士　野田忠廣

水と云ふ問題に就きましては是迄諸君が度々御聞きになつて或は既に御聞飽になつて居らうと推察いたしますのでありますが、水と衛生との關係たるや最も重要なる事柄であつて、水が我々の生命であるか、我々の生命が水であるか、水と生命との輕重を比較することの出來ない程人間の生活に肝要なるものでありますから、何遍繰り返して諸君の御耳に入れました所が敢て無益でなからうと考へますので、有り振れたる問題の下で一二卑見を述べやうと思ひます

私は此事を述べまする順序に就きましては、先づ第一水が如何なる度に於て我々の生活に肝要であるかと云ふことを述べ第二には此肝要なる水が如何なる重大なる關係を衛生の上に及ぼすか即ち如何なる害を我々に與ゆるかと云ふことを述べ、終りに水の効用をして少しも我々が害を蒙むることなく之を全からしむるには如何なる方法を我々が講じなければならぬか即ち衛生上如何なる點に注意をしな

第十七年次　論説　四二五

図2–10　野田忠廣「水と衛生」（『大日本私立衛生會雑誌』第193号）

される「傳染及ビ蔓延ノ機會」のなかには、飲食品などとともに「沐浴」も挙げられている。一九一二（明治四十五）年の笹島八洲太郎が記した『防疫取扱心得』において、「浴場及浴槽ハ患者用ト健康者用ト混同スベカラズ」として、伝染病患者と健康者の浴場と浴槽を分けて使用するべきだとされた。このことは、浴場が何らかの伝染病の媒介する場だとみなされていたことを示唆している。

水に対する警戒が強まるなかで、浴場の湯は水質検査の対象となった。浴場の湯に対する検査報告は、『日本衛生學會雜誌』や『大日本私立衛生會雜誌』などの雑誌に掲載されるようになる。報告のなかでは水質検査を行なった者が、いかに浴場の湯が汚れているかを強調する傾向があったことがみてとれる。たとえば一九〇三（明治三十六）年には、村井純之助により「東京市の浴場試験成績」という記事が『中外薬報』に掲載された。[81] 村井は、東京市の一〇軒の浴場（浅草区向柳原町、本郷区森川町、本郷台町、下谷区新坂本町、浅草区向柳原町、牛込区細工町、日本橋区通油長、本郷区、湯島三組町、神田区仲猿楽町、神田区小川町）を取りあげ、これらの浴場に対して調査を行なった。村井は一〇軒すべての浴場に対して、同じ日、同じ期間で調査しているわけではなく、ある浴場については三日間、ある浴場は一日のみと期間にばらつきがあり、十分に調査しているとはいい難い。村井は調査結果を、「一定の試験成績を得ること難し」としながら、「汚穢の甚だしからざるは豫想外となりとす」、「必竟東京府下浴場に於ては屢々清水を加へ」、「不潔水を排除するに由るものにして衛生上害なきものと云ふべし」と見解を述べている。

やがて、浴場の水質調査は、湯の細菌数などをより詳細に調査するようになる。一九一四（大正三）年十二月と、一九一五（大正四）年三月に第一回、第二回の報告に分けられ、東京医科大学衛生学教室の河石久造により「東京市ノ公衆浴場ノ衛生學的検査ニ就テ」（図2―11）という報告が掲載された。[83] この検査は、河石が一九一〇（明治四十三）年に東京市の公衆浴場を対象に行なったものである。[84] 検査報告をするにあたつて、河石は欧米諸国で当時行なわれていた浴場での細菌数に関する研究を挙げている。焦点となったのは、浴場が伝染病の流行する場なのかどうか、浴場の湯が細菌に汚染されているのかどうかという点であった。河石は、東京市内の公衆浴場における、湯の汚染度、細菌数、湯の温度、浴温と病原菌との関係を調査した。そして、第一回で報告された検査では、東京市の公衆浴場の五軒を調査対象として、湯の汚染度、細菌数、湯の温度を検査した。(85) ここでは、とくに湯の汚染度について紹介したい。(86)

五軒の浴場に対して、一九一〇年六月から一九一一年五月までのうち三日間が検査日として設定され、一日あたり朝・昼・夜の三回の湯の汚染度に関する検査が行なわれた。(87) これは男湯、女湯、上がり湯それぞれについて検査されたが、いずれの浴場ももっとも湯が汚れるのは夜という結果になった。またこの検査結果ではどのような細菌が多くいるのかについても調査された。ここで挙げられているのは、菌の「形態」であり、細菌数のみを検出するものであった。(88)

第二回の報告では、「東京市公衆浴場浴温ハ諸般ノ病原菌ニ對シ毫モ生存ニ影響スルコトナキヤ」として、東京市内の公衆浴場の湯の温度と病原菌との関係について論じられた。東京市の公衆浴場の病原菌に関して次の点が検査された。(89) すなわち殺菌した水、(90) 殺菌した「浴水」(91)、殺菌していない浴水（病原菌ではないが種々の菌を含む浴水）に病原菌を浮遊させ、浴温に温めた際に、病原菌が増殖するかどうかという点である。浴温は、当時、公衆浴場の湯の温度は摂氏四四度から四六度のものが多かったため、摂氏四五度に設定された。検査された一〇の病原菌は「(一) 腸窒扶斯菌」、「(二)「パラチフス」菌A及B型」、「(三) 赤痢菌　志賀氏菌、駒込A及B型並ニフレキス子ル菌」、「(四) 實扶的里亞菌」、「(五) 緑膿

東京市ノ公衆浴場ノ衛生學的檢査ニ就テ（第一回報告）

東京醫科大學衛生學教室ニテ
河石久造

余ハ横手教授指導ニヨリ明治四十三年三月以來東京市ノ公衆浴場ニ就テ聊研究セル處アリシガ其大體ヲ終ヘタルヲ以テ第一回ノ報告トシテ爰ニ之ヲ公ニスベシ

泰西ノ浴場ハエーデル氏コスリック氏ヘッセー氏ケルケル、ウアイクレー兩氏パキンスキ氏マルグストッフ氏マイエル氏及ヒルズーム氏等ニ依テ研究セラレ稍ヽ明トナリタルモ多クハ Schwimmbad ノ研究ニシテ直ニ本邦ノ浴場ニ引用スル價尠シ只獨リエーデル氏ハ該浴場ニ一致スベキ Wannenbad ニ就テモ精細ナル研究ヲナセリ卽チ入浴前六百三十五ノ菌芽ヲ有セシ浴水ニ於テ一人ノ入浴後ニハ三千五百ニ達シ一人ノ自體ヨリ浴水中ニ發ス菌芽數ハ實ニ平均三十八億六千萬個ニ達スト云フ又形態ヲ檢査シタルニ種々ノ色素ヲ作リシカモ阿膠ヲ溶解シ或ハ否ラザル種々ノ細菌多ク常ニ球菌ノ數著シク優勢ナリ其他「ペニチリユム」「ムコール」屬「サルチナ」「ローザヘーフェ」竝ニ普通大腸菌ヲ證明セリ然レドモ游泳浴ヨリ分離シタル菌芽ハ何レモ毒性ナカリシト云フ

浴場ニ於テ傳染病ノ流行ヲ來シタル例トシテハスタッチユ氏ノ報告ナリトス、卽チ氏ハ一千八百八十年ポーセンニ於テ市ノ經營シタル Solbad ニ入浴シタル六歳乃至十四歳ノ小學女生徒二百三十六名ノモノ急性陰門腟炎ニ罹リタルコトアリ而シテ其分泌液中ニハ明ニ淋球菌ヲ證明シ得タリ曰クコレ恐ラク入浴前既ニ本病ニ罹リタル少女アリテ或ハ陰部ノ互ニ觸接ニヨリ或ハ使用シタル浴槽ノ消潔法行屆カザルニヨリ或ハ手拭ノ共同使用ニ原因セルモノナラント

以上ハ歐洲ニ於ケル「リテラツール」ノ大體ニシテ尚索メ得ザリシモノモ多數アルハ論ヲ俟タザルコトニ屬ス而シテ本

(23)
論說（河石）東京市ノ公衆浴場ノ衛生學的檢査ニ就テ　第十巻　二五一

図 2–11　河石久造「東京市ノ公衆浴場ノ衛生學的檢査ニ就テ」

桿菌」、「(六)化膿性葡萄状球菌」、「(七)化膿性連鎖状球菌」、「(八)肺炎球菌」、「(九)虎列刺菌」、「(一〇)淋毒球菌」である。[92]

この検査の結果は、「(一)腸窒扶斯菌」については、「菌芽」が五時間後に殺菌水では五・七七‰に、殺菌浴水では一八九・四一‰に減少し、殺菌していない浴水においては〇・一二%に減少し、未殺菌浴水がもっとも菌が残っているという結果であった。[93] パラチフス菌A型の検査もまた腸チフス菌と同様で、殺菌浴水において最も減少し、未殺菌浴水において最も残っているという結果であった。パラチフスB型は、A型に比べ四倍の菌の抵抗力があった。赤痢菌と志賀氏菌は、殺菌浴水では五時間後に〇・〇三‰にまで減るが、殺菌していない浴水においてはほとんど残っているという結果であった。實扶的里亞菌については、殺菌水より殺菌された浴水の方で菌の抵抗力が強いという結果が示されている。河石は、最後に、「殺菌水」、「殺菌浴水」、「未殺菌浴水」のそれぞれの湯水における菌を抵抗力の弱いものから列記し、殺菌水において時間の経過とともに生活菌が減少するという結果を示している。

村井は、浴場の湯水は汚れているとして、その対策を述べたが、河石は検査結果を提示したのみにとどまり、浴場設備についての言及や入浴に際する注意はしていない。このような浴場の水質検査を受けて具体的に入浴の際における注意を述べる記述が現れるようになった。

たとえば、一九一八(大正七)年に刊行された、衛生家の松下禎二による『衛生百話』がある。[94] このなかに「湯屋を改良せよ」という章があり、そこで湯の細菌数の調査が紹介された。その調査では、井水、誰も入浴していない湯、一人が入浴した湯、一〇人が入浴した湯、二〇人が入浴した湯における細菌数を比較している。結果は井水がもっとも少なく、湯については入浴した人数が増えるほどに細菌数も増えている。そして、その細菌は、「化膿璉菌」、「化膿球菌」、「痲球菌」、「肺炎璉菌」、「結核桿菌」、「破傷風桿菌」、「普通大腸桿菌」などであった。この調査が紹介されたのは、これらの細菌が体内に侵入し病気を引き起こすと考えられていたからである。

『衛生百話』の著者である松下は、これらの細菌を防ぐために、浴槽は陶器か金属製にすること、入浴の後に上がり湯を行なうこと、入浴者はなるべく一番風呂に入ること、手ぬぐいは湯屋では借りず自分のものを用いること、備え付けの洗面桶を使用するのではなく自らのものを携帯し使用することを提案した。[95]

浴場の湯の汚れは、さらに激しく強調されるようになっていった。一九一九（大正八）年の『大日本私立衛生會雑誌』第四三八号では、無署名の「銭湯と尿の比較分析」という調査報告が掲載された。これは大阪市内の湯屋について調査したものである。湯屋の湯と尿とを比較する理由は、次のように説明された。[96]

市内に於ける湯屋の数を調べ候に東西南北の四区を通じて五百二十八なる数字を現はし候、之を人口百五十に対し、営業時間午前六時より午後十二時迄十八時間として一時間百二十五人を抱擁す可き割合に相成候、仮に隔日入浴と見ても尚一時間六十三人、芋の子同然たる状態に陥るは当然なる可く、宜なる哉衛生課に於て夜分十二時の湯を汲取り来り、是と普通人の排泄せる小便との比較分析を試みたる。

この記事は一軒の湯屋につき入浴客が多数いることを踏まえ、閉店時間における湯の分析を行なったものである。調査内容は、色、クロール、硫酸、燐酸、アンモニア、浮遊物の七項目を分析するものであった。色以外は、数値を比較している。調査結果は、色以外のあらゆる項目において、湯屋の湯が尿よりもはるかに高い数値を示すものであった。湯の硫酸の数値は尿の約八倍、アンモニアの数値にいたっては尿の約二〇〇倍という結果が示されている。

日本の都市における湯屋の湯の汚染度に関する調査は大正期に幾度も行なわれた。これらの調査は湯が汚い、汚染されているということを指摘しているが、細菌数を調べておらず、また対策を具体的に述べるものは少ない。

また、一九二三（大正十二）年に刊行された『國民衛生』には、大阪市立衛生試験所の技師である原田四郎と岡本芳太郎による「公衆浴水の衛生學的調査」が第一一号に掲載された。[97]ここにおいても「吾吾は沐浴に依りて身體を常に清淨に保ち得るのみならず、沐浴は一時皮膚の血液循環を増進し、又從て入浴中及び入浴後に於ける新陳代謝作用を旺盛にして〔中略〕疲勞を回復せしむるが如し」と、入浴の意義から述べられている。[98]加えて、浴場の検査を行なう理由として、「由來我が國民は沐浴に親む習慣多く、從て吾々の日常生活に密接なる關係を有する公衆浴場の衛生學的調査を行ふの必要も亦自ら明白なり」と、日本国民が入浴に親しみ、日常生活のなかで公衆浴場が切り離せないものであると説明されている。[99]加えて、村井や河石などの公衆浴場などの集団で入浴する浴水に対してこれまで行なわれてきた検査を考察し紹介している。[100]

原田・岡本による検査は、大阪市と大阪市に接触する町村の公衆浴場に対して行なわれた。すべての浴場が検査対象となったわけではなく、市内においては、「比較的富裕なる人士の住居する地域」、「遊廓地内の難波新地」、「商業の殷盛なる市街」、「貧困者の多き場末」、「小工業の多き方面」に分けられ、それぞれの浴場組合に相談したうえで、潔癖にも不潔にも偏っていない中庸であると思われる五軒の浴場が選定された。[101]接続する町村においては、六軒の浴場が選ばれた。市内の浴場については、三回調査を行ない、市外は一回、午前十時と午後九時に浴水を採取して分析された。[102]

検査の内容は、次の五点である。第一に浴水がどのような「汚染状態」であるか、第二に汚染の程度が河水・下水・海水浴場と比較してどうなのか、第三に浴水に含まれる細菌の病原性の有無について、第四に公衆浴場の浴水が家庭内の風呂の浴水に比較してときの汚染度はどうなのか、第五に浴水が汚染される原因についてである。[103]

浴水の「汚染状態」については、先に挙げた六つの地域を対象に、午前十時と午後九時に浴水の汚染度が計られた。汚染度の試験項目は、「色度」、「濁度」、「アンモニア」、「細菌」などであった。細民地域・市接続町村、商業地・工業地、遊廓地、富裕地域の順に汚染度が高いことが検査結果で示された。細民地域・市接続町村の浴水は富裕地域、遊廓地に比較して数倍の汚染度であるという結果であったが、これは住民の多くが「一般労働に従事する」ことが関係しているだけでなく、個人の入浴回数が少ないことも影響していると述べられている。加えて、「特に多人数の家族に於ては入浴料の負擔は軽視すべからざる」として、人数の多い家族にとって入浴回数の少なさと入浴料の負担とが関係していることの懸念が論じられた[104]。入浴回数の少なさと入浴料の負担は第三章でも扱うが、大正期に労働者をめぐる入浴問題として注目された点であった。

この検査がこれまでと異なっているのは、公衆浴場の湯水だけではなく、使用する水そのものの水質調査を行なっているという点である。大阪市の浴場は上水を使用しているため、上水と浴水の成分を比較することで関係性を明らかにすることが試みられた。調査対象となったのは大阪市上水、淀川河水、市内枝川下水、堺海水浴場水などである。汚染度の試験項目は浴場の浴水の調査と同様である。調査の結果は、上水が最も汚染度の値が低く大阪市内を流れる枝川下水がすべての調査項目において最も高い値であった。浴水は、アンモニアが枝川河水の次に高い値、大腸菌発生にともなうガス発生量は最も高い値を示していた[105]。原田・岡本は、この結果から、「浴水の汚染さるゝ道程を考慮すれば當然の事項ならんも亦看過するを得ざる一事實」であると結論づけている[106]。

原田・岡本は、先行の浴場の湯水の調査を検討したうえで、自分達の調査を行なった。そのため、調査する地域がどのような地域であるのかを明確にして検討を行なっている。この調査では、細民地域の浴場の浴水の汚染度が高いことが数字をもって示され、問題視されることとなった。原田・岡本は、「陋屋密集する細民地域は、人口の割合に浴場数の不足することなきか。是等の地域に市設浴場を設置し、比較的低廉に入浴せしめ、住民の健康の増進を計るは、社會政策上考慮すべきことと信ず」と、「細民」が暮らす地域を対象に市設の浴場を設置することを勧めている[107]。原田・岡本の報告は、従来の調査とは異なり、利用者像を明らかにしたうえで調査を行ない、問題点を明らかにしようとしていたといえる。このような観点は、次章で詳細に取りあげる社会事業としての公設浴場が設置されていく動向と非常に近いものであるだろう。

第七節　浴場の改良から「公設浴場」へ——小括

江戸期の日本で、養生書において入浴について重視されていたのは気の流れであり、熱い湯を浴びることは望ましくないとされていた。明治期に入っても、引き続き熱い湯への注意は促されていた。明治期半ばからは、欧米の影響のもと、入浴は「衛生」の枠組みのなかで論じられるようになっていった。衛生家たちは欧米に引き付け日本の入浴習慣を見直し、「日本人は入浴好きである」、「入浴を好む日本人は清潔好きだ」という認識を提示するようになった。入浴により病を防ぐことができると考えられ、伝染病を防ぐことが清潔であると認識されるようになった。またほぼ同時期に、衛生的な意味において、浴場が病気の伝播しうる場だとして注意が促されるようになった。伝染病の媒体となりうる、つまり衛生上汚れているとされた湯屋の湯は、衛生家たちにより調査されるようになり、細菌数を計ることでその汚染度が可視化され、汚れが強調されるようになった。これらの調査にあたった衛生家たちは汚れを強調する傾向にあったが、病気や細菌から身を守るために浴場の設備を変えることを提案するようにもなった。加えて、住民の違いや地域によって、浴場の浴水の汚染度の比較が行なわれた。この調査において問題視されたのは、「細民」が居住する地域である。この地域の浴場の汚染度が極めて高いことが問題とされたが、それだけではなく人口が密集し、浴場数が足りていないことが指摘された。そして、衛生家たちはこうした地域に「公設浴場」を設置することを勧めている。公設浴場の設置は、大正期を中心に行政によって進められていくのだが、衛生の専門家によって支持されていたことは注目すべき点であろう。

一九一九（大正八）年の『大日本私立衛生會雑誌』の地方通信に「東京市公設浴場」として次のような記事が掲載された。[108]

東京市民の臺所から吐出される塵埃は日々二十万費を下らない、市では之が利用法に就て研究中であつたが、今回經費百万圖を投じて深川平久町の埋立地に大規模撰横の塵埃焼却爐を据付け其火熱を利用して勞働者の爲に公設浴場を數ヶ所に建設することになり

この記事では、塵芥焼却の熱を利用して公設浴場を建設することを計画しているとされているが、注目したいのは、「勞働者の爲に」と記述されている点である。先に述べた「細民」は日雇い労働で生計をたてていることが多く、「勞働者」と「細民」は重なっていると考えてよい。では、こうした「勞働者」、「細民」を対象に、どのような過程を経て公設浴場が設置されていくのか、詳しくは次章でみていこう。

註

(1) 瀧澤利行『健康文化論』大修館書店、一九九八年、一八頁。
(2) 瀧澤、前掲註1、二四頁。
(3) 鈴木則子「江戸の銭湯にみる養生と清潔」吉田忠・深瀬泰旦編『東と西の医療文化』思文閣出版、二〇〇一年、二〇一頁。
(4) 藤浪剛一『東西沐浴史話』人文書院、一九三一年、一六五頁。
(5) 藤浪によると、これ以前にも曲直瀬道三による『雖知苦菴養生物語』があるが、藤浪はこれを「沐浴を良しと漠然」と述べたに過ぎないと指摘している。藤浪、前掲註4、一六五頁。
(6) 曲直瀬玄朔「延寿撮要」大塚敬節・矢数道明編『近世漢方医学書集成　第六巻』名著出版、一九七九年、四三八頁。
(7) 曲直瀬、前掲註6、四三八〜四三九頁。
(8) 著者未詳「通仙延寿心法」三宅秀・大沢謙二編『日本衛生文庫　第六号』日本図書センター、一九七九年、九〇〜九一頁。
(9) 貝原益軒「養生訓」石川謙校訂『養生訓・和俗童子訓』朝倉書店、一九六一年、九〜一九一頁。
(10) 貝原、前掲註9、一一一〜一一五頁。
(11) 芝田祐祥「人養問答」三宅秀・大沢謙二編『日本衛生文庫　第五号』日本図書センター、一九七九年、七二〜七三頁。
(12) 本井子承「長命衛生論」三宅秀・大沢謙二編『日本衛生文庫　第二号』日本図書センター、一九七九年、三九〇〜三九一頁。

(13) 鈴木、前掲註3、二〇三頁。
(14) アメリカ及びヨーロッパでは、一八三〇年代はじめに、皮膚には呼吸機能があるという考え方が注目を集めるようになる。十九世紀の生理学者たちは身体の毛穴を湯できれいにしておく習慣が、健康そして生命維持に重要だと説いた。
(15) 鈴木、前掲註3、二〇三頁。
(16) 鈴木、前掲註3、二〇七頁。
(17) 鈴木、前掲註3、二〇七頁。
(18) 山東京伝「賢愚湊銭湯新話」神保五彌校注『浮世風呂・戯場粋言幕の外・大千世界楽屋探』岩波書店、一九八九年、四四八〜四四九頁。
(19) 鈴木、前掲註3、二〇九頁。
(20) 神保五彌校注『浮世風呂』角川書店、一九六八年、一六八頁。
(21) 鈴木、前掲註3、二一〇〜二一一頁。
(22) 石黒忠悳『医事鈔』東京府書籍館、一八七一年、一二〜一四頁。
(23) 入浴方法を分類する記述は、この後もみられる。たとえば一八九一（明治二十三）年に出版された中原恭弥による『医家宝典』の「人工浴」という章のなかで、治療としての入浴方法が説明されている。最初に、「浴湯トハ全身或ハ身体ノ一部ヲ洗浴スル〔中略〕其効用ヲ概論スレハ身体ノ皮膚ニ附着セル汚垢ヲ洗除シ以テ皮膚ノ新陳代謝機能ヲ催進シ疾病ヲ治療スルニアリ」として、入浴の意義とその効能が説かれたうえで、「寒浴（摂氏十八度七五以下）」、「冷浴（摂氏十八度七五―二十七度五部）」、「微温浴（摂氏二十度七五分―三十三度七五）」、「温浴（摂氏三十三度七五―四十度）」、「熱浴（摂氏四十度―四十三度七五）」と温度による入浴の区分がなされ、それぞれに適した入浴時間、治療効果のある病気が列挙された。そして、温度による入浴の区分だけではなく、「熱水灌注法」、「土耳其浴」などの入浴方法も紹介された。中原恭弥編『医家宝典』下巻、細謹舎、一八九一年、一九四〜一九九頁。
(24) 石黒、前掲註22、一三頁。
(25) 松寿主人編『開知日用便覧　初編』雁信閣、一八七三年、一三〜一四頁。
(26) 楢林建三郎は、江戸後期に種痘を成功させた楢林宋建の三男であり、明治期に英語学に尽力した人物である。
(27) G・H・ホープ（楢林建三郎訳）『医師ノ来ル迄』大成館、一八七四年、一五〜一七頁。
(28) 「大阪師範学校規則」において、入浴に関する条項は三条ある。ほかには、生徒は入浴時間を「恪守」することと、浴場のなかで粗暴に湯水を用いることを慎み、「紛擾」しないことが定められていた。大阪師範学校『大阪師範学校規則』大阪師範学校、一八七六年、二〇〜二一頁。

(29) 本書では海水浴については論じないが、日本の海水浴の導入については次の文献を参照されたい。畔柳昭雄『海水浴と日本人』中央公論新社、二〇一〇年。

(30)『医宝十表』は陸軍軍医を務めた足立寛の支援により出版された。北川立平・白松徹『医宝十表』足立寛、一八九三年、一六三〜一六六頁。

(31) 北川・白松、前掲註30。

(32) 入浴する際の温度によって、皮膚に対する作用が異なるとされている。一〇度から二〇度は「寒水浴」、二〇度から二八度は「冷水浴」、二八度から三五度は「微温浴」、三八度から四〇度は「温浴」、四〇度から四五度は「熱浴」と説明された。清洲覚太郎編『応用衛生学一斑』一八九七年、七一頁。

(33) このほかに、コレラの治療法のひとつとして入浴方法が挙げられることもあった。

(34) 今村亮『脚気摘要』敬業館、一八八七年、一四頁。

(35) 具体的に脚気を患っている三人の事例が紹介されている。三浦守治『脚気治療法』南江堂、一八九七年、七八頁。

(36) 伊藤ちぢ代「衛生行政と健康に関する法制度」『日本大学大学院総合社会情報研究科紀要』第六号(二〇〇五年)、四四〇頁。

(37) 瀧澤利行「明治期健康思想と社会・国家意識」『日本医史学雑誌』第五九巻第一号(二〇一三年)、三五頁。

(38)「伝染病研究所」の運営は、一八九二(明治二十五)年以降行なわれた活動である。

(39) 瀧澤、前掲註1、六三頁。

(40) 柴田承桂は薬学者であり、一八七四(明治七)年から一八七八(明治十一)年にかけて、東京医学校製薬学科の初代教授を務めた。一八七〇(明治三)年にドイツに留学し、ベルリン大学でホフマンに有機化学を学び、ミュンヘン大学でペッテンコーフェルに衛生学を学んだ。一八七八年に東京医学校を退いた後は、内務省御用掛となり、衛生行政の創設に貢献した。

(41)「衣服及ヒ皮膚保護沐浴」の内容について、この記事では言及されていない。また、一八九四(明治二十七)年の『大日本私立衛生會雑誌』一三六号に、「列國デモクラヒー會議」という記事が掲載された。この「會議部門」に「浴場衛生」があったと紹介されたが、その内容についても述べられていない。無記名「列國デモクラヒー會議」『大日本私立衛生會雑誌』第一三六号(一八九四年)、二二頁。

(42) 西滸答案・吉田熹六『欧州之風俗　社会進化』一八八七年、一二七〜一三一、三一八〜三二二頁。

(43) 福地復一は、一八九四（明治二十七）年から一八九七（明治三十）年まで東京美術学校図案科の教師を務めた人物であり、一九〇〇（明治三十三）年のパリ万博、一九〇四（明治三十六）年のセントルイス万博に、農商務省嘱託の立場で意匠図案調査のために赴いた。
(44) 福地復一『衞生新論』薬研堀活版所、一八八八年、一五〇～一六三頁。
(45) 福地、前掲註44、一～二頁。
(46) 福地、前掲註44、一五〇頁。
(47) ここでは「公浴場」の定義はとくに説明されていないが、おそらく湯屋つまり公衆浴場のことであると推測される。
(48) 川上俊彦『浦潮斯徳』大倉保五郎、一八九二年、六四頁。
(49) 無記名「沐浴の沿革其衛生の必要」『大日本私立衞生會雜誌』一七二号（一八九七年）、七一六頁。
(50) 十九世紀のフランスでは温かい湯に入ることが病気を予防するとされ、そのための施設として公衆浴場があげられた。皮膚を清潔にすることが身体内に潜む力を活発にするとされた。一八九〇年代になると伝染病は細菌説の影響を受けた。腸チフス、結核、コレラ、ジフテリア、ペストなどの病原菌が汚れた皮膚に潜んでいるとされ、不潔な個人は潜在的に病気を運ぶとみなされるようになった。G・ヴィガレロ（見市雅俊監訳）『清潔になる〈私〉――身体管理の文化誌』同文館出版、一九九四年、二三二～二三三頁。
(51) 無記名、前掲註49、七一六～七一七頁。
(52) 無記名、前掲註49、七一六～七一七頁。
(53) V・スミス（鈴木実佳訳）『清潔の歴史――美・健康・衛生』東洋書林、二〇一〇年。
(54) 亀井重麿「入浴装置の改良を望む」『大日本私立衞生會雜誌』第二三四号（一九〇二年）、七五九頁。日本人らしさに清潔を挙げるものとしては、一九〇七（明治四十）年の芳賀矢一による『国民性十論』（冨山房）もある。このなかで、日本人の一〇の特性のひとつとして「清浄潔白」が挙げられていた。
(55) 福田琴月『家庭百科全書　衛生と衣食住』博文館、一九一一年、二三四頁。
(56) 無記名、「餘白録」『大日本私立衞生會雜誌』四〇二号（一九一六年）、五五二頁。
(57) 山本與一郎の詳しい経歴は不明であるが、この著作の中表紙に「醫士」とあることから医業を営んでいたと想定される。瀧澤利行『近代日本健康思想の成立』大空社、一九九三年、二九三頁。
(58) 山本與一郎『家庭衞生論』瀧澤利行編『近代日本養生論・衛生論集成』第一五巻、大空社、一九九三年。

（59）山本、前掲註58、七四〜八六頁。

（60）明治初期から、小児に関する入浴の記述はみられるものではあった。一八七三（明治六）年の石黒忠悳の『長生法』に、「小児養生の事」という項目があり、「生児は微温浴にて洗い清め」という記述がある。石黒忠悳『長生法』有喜書屋、一八七三年。また、一八七六（明治九）年には、パイ・ヘンリー・チャバス（P. H. Chavasse）の著作を沢田俊三が翻訳した「育児小言（智巴士氏）初篇」のなかに「洗浴」という項目が記されている。ここでは小児の入浴について説明された。生まれたばかりの小児を冷水及び熱い湯で入浴させることは病を生じさせる可能性があり、入浴は微温湯を用いることを勧めている。また、一八八六（明治十九）年に鳥谷部政人によって著された「医療捷径」では、「沐浴《ゆあみ》法」が記載されている。このなかで小児は「毎朝洗滌を良とす」とされ、「幼孩」にとっては華氏九六〜九七度が適しているとされた。明治半ば以降、小児の入浴に関する記述が増加するようになる。たとえば一八九一年の足立寛による『育児談』では「小児ノ入浴」について、入浴を頻繁にせず適度にすることが小児の成長にとってよいと説かれた。その際に「西洋ノ法ニ随ヘハ一歳未満ノ小兒ハ日々一回ツヽ入浴」、「三歳ニ至ルマテハ一週間ニ二回ニシテ爾後一週間一回」であるとされている。しかし、日本においてはそうではないので、決して一日に二回以上入浴してはならないとされた。足立寛『育児談』日本赤十字社、一八九一年、一一〜一六頁。

　一八九四（明治二十七）年に出版された進藤玄敬の『育児必携乳の友』のなかで、「嬰児の衛生法」の章で「入浴及衣服等の事」について記された。このなかで授乳以外でも、入浴や衣服に関する衛生法も重要であると承知していることが、母親にとって大事であると説明されたうえで、「嬰児」の入浴の際に注意することが項目立てて記述された。入浴への注意は回数、入浴させる時間、入浴の方法などであった。進藤玄敬『育児必携乳の友』博文館、一八九四年、一五〇〜一六〇頁。

（61）飯島半十郎は、明治中期において幼児教育を牽引した人物であり、一八七五（明治八）年に文部省報告課の御雇として勤めた。飯島は、文部省の教科書編纂にも関わっていたといわれる。『家事経済書』は、欧米の家事方法と日本の儒教的な考え方を折衷させようとする意図があったとされる。小林恵子「飯島半十郎の生涯と思想（その一）——『幼稚園初歩』の著者」『幼児の教育』第七六巻第九号（一九七七年）、四〇〜四三頁、小林恵子「飯島半十郎の生涯と思想（その二）——『幼稚園初歩』の著者」『幼児の教育』第七六巻第一一号（一九七七年）、一〇〜一二頁。

（62）飯島半十郎『家事經濟書』博文館、一八九〇年、四八〜五一頁。

（63）飯島、前掲註62、四八〜四九頁。

（64）家政に関する文献で入浴に対する記述があるものには、次のようなものもある。田中義能『家庭教育学』同文館、一九一二年、一六五〜一六九頁。

(65)羽仁もと子『家庭小話』内外出版会、一九〇三年。
(66)羽仁、前掲註65、六〜七頁。
(67)日本女子家政学院編『家庭の栞』日本女子家政学院、一九一五年、四二〜四三頁。
(68)緒方正清『通俗家庭衛生妊娠の巻』岡島書店、一九〇五年、一一一〜一一二頁。
(69)井上秀子『最新家事提要』文光社、一九二五年、三〇九〜三一〇頁。
(70)井上、前掲註69、三〇九頁。
(71)まず、身体を洗浄する、つまり入浴する目的が「身を清潔にし體を健康にせんが爲め」、「労疲を醫し外貌を装ふが爲め」と記述され、入浴する適正な時間、温度、回数が述べられている。江守敬寿『衛生要談』江守敬寿、一八八九年、一六五〜一九六頁。
(72)江守、前掲註71、一六五〜一九六頁。
(73)内山直三・淺川範彦「理髪所又は浴場に於て病毒を傳染することあり之れを予防する簡便なる方法」『大日本私立衛生會雑誌』第一八四号(一八九八年)、四九七頁。
(74)『警官実務必携』は、警察官の警察行政に関するそれぞれの部局に関し当てはまる行為がある場合に注意を促すことが列挙されているものである。
(75)攻法学会編『警官実務必携』東京出版社、一九一二年、三〇頁。
(76)私立攻玉社と亀井重磨の経歴についてはつぎの文献を参照されたい。長谷川博「明治期の攻玉社——亀井重磨を中心として」『第九回日本土木史研究発表会論文集』一九八九年、七九〜八八頁。https://www.jstage.jst.go.jp/article/journalhs1981/9/0/9_0_79/_pdf(二〇一六年八月十日取得。)
(77)「田虫・疥癬等の皮膚病は多く此の浴場を媒介として傳染すること最も多きは累々醫家の說く處なり」として、浴場が皮膚病の伝染しうる場であることが指摘されている。亀井、前掲註54、七五九頁。
(78)亀井、前掲註54、七五九頁。
(79)亀井、前掲註54、七五九頁。
(80)野田忠廣「水と衞生」『大日本私立衞生會雑誌』一九三号(一八九九年)、四二五〜四四八頁。
(81)村井純之助「東京市の浴場試験成績」『中外薬報』第六四号(一九〇三年)、三〜四頁。
(82)村井、前掲註81、四頁。
(83)河石久造「東京市ノ公衆浴場ノ衞生學的檢査ニ就テ(第一回報告)」『日本衞生學會雑誌』第一〇巻第三号(一九一四年)、二三

〜七〇頁、河石久造「東京市ノ公衆浴場ノ衛生學的檢査ニ就テ（第二回報告）」『日本衛生學會雜誌』第一〇巻第四号（一九一五年）、一二九〜八〇頁。

(84) 河石久造「東京市ノ公衆浴場ノ衛生學的檢査ニ就テ（第一回報告）」『日本衛生學會雜誌』第一〇巻第三号（一九一四年）、一二三頁。

(85) これらはすべて本郷区の浴場であった。河石、前掲註84、一二五頁。

(86) 浴温については、「日本人ハ専ラ熱キ湯ヲ好ミ〔中略〕東京市の公衆浴場ノ浴温ハ幾度ナリヤヲ知ランと試ミタルナリ」として調査されており、夏季・冬季の温度について検査された。河石、前掲註84、六四〜七〇頁。

(87) 五軒の浴場で検査される日時はそれぞれ異なっていた。たとえば、ある浴場に対しては、一九一〇年六月二十七日、同年七月二十一日、同年八月四日が検査日であり、別の浴場については同年十一月十七日、同年十二月四日、同年十二月二十一日が検査日であった。また検査時間も、朝・昼・夜と分け、おおよそ同じ時間ではあったが、厳密に同じ時間だったわけではなかった。ある日は午前五時三十分、午後三時、午後十時、ある日は午前五時三十分、午後四時、午後十時十分が検査時間であった。河石、前掲註84、一二五〜一三一頁。

(88) ただし、この検査においては、「大腸菌」に焦点があてられている。河石、前掲註84、五九〜六四頁。

(89) 河石久造「東京市ノ公衆浴場ノ衛生學的檢査ニ就テ（第二回報告）」『日本衛生學會雜誌』第一〇巻第四号（一九一五年）、一二九〜八〇頁。

(90) 殺菌水は水道水が用いられた。河石、前掲註89、三〇頁。

(91) 殺菌浴水は「公衆浴場ノ夜湯卽チ捨湯ヲ汲ミ取リ各試験管ニ一〇・〇立方仙迷ヅ、之ヲ分チ式ノ如クコッホ氏ノ装置ニテ三日間間歇殺菌ヲ行」ったものが用いられた。河石、前掲註89、三〇頁。

(92) 河石、前掲註89、三〇頁。

(93) 河石、前掲註89、七七頁。

(94) 松下禎二『衛生百話』博文館、一九一八年。

(95) 松下、前掲註94、九四〜九五頁。

(96) 無記名「錢湯と尿の比較分析」『大日本私立衛生會雜誌』第四三八号（一九一九年）、五五〇頁。

(97) 原田四郎・岡本芳太郎「公衆浴水の衛生學的調査」『國民衛生』第一一号（一九二三年）、三〇〜四四頁。

(98) 原田・岡本、前掲註97、三〇頁。

(99) 原田・岡本、前掲註97、三〇頁。
(100) 原田・岡本、前掲註97、三一〜三二頁。
(101) 原田・岡本、前掲註97、三二〜三六頁。
(102) 原田・岡本、前掲註97、三三頁。
(103) 原田・岡本、前掲註97、三一頁。
(104) また、入浴人数と浴水の汚染度についても検査された。家庭の風呂に入浴者を六人まで、一人ずつ加えていくたびに浴水を採取し、検査するという方法がとられた。入浴者が増えるごとに浴水の汚染度は増加するという結果であった。そして、浴水の使用量についても調査が行なわれた。市内の五つの地域の浴場を一軒ずつ取りあげ、一年間の上水使用量と一日の平均使用量が調べられた。結果は、圧倒的に細民地域が少ないというものであった。「浴場水を多量に使用するは、水量と燃料に於て營業者の負擔を重からしむるも、公衆衞生上の見地より見れば決して之を惜む可からざるものなり」と述べられている。原田・岡本、前掲註97、三八〜四二頁。
(105) 原田・岡本、前掲註97、四三頁。
(106) 原田・岡本、前掲註97、四四頁。
(107) 原田・岡本、前掲註97、三八頁。
(108) 無記名「東京市公設浴場」『大日本私立衞生會雜誌』第四三九号（一九一九年）。

第三章　社会事業としての公衆浴場——日本における公設浴場の成立

前章では、明治三十年代から、日本の医師や衛生に関わる専門家、医学及び衛生学に関わる官僚たちによって欧米の衛生事情や施設、思想が紹介され、江戸期において日本の衛生思想の位置づけが養生的文脈から欧米的な公衆衛生的文脈へと移行したことを明らかにした。こうした変化のなかで、日本の浴場をより衛生的なものへと改良すべきだとする主張が、衛生家を中心に現れ始めた。そして、浴場に対するまなざしの変容とともに入浴をしない／できないとされる人たちへのまなざしも変わっていった。具体的には、たとえば裕福でない労働者や「貧民」などが頻繁に入浴することが難しいとみなされた。衛生政策に関わる官僚を中心に彼らが入浴する環境の整備が必要だという主張がなされ、実際に入浴環境を保障するための公衆浴場がつくられていくようになったのである。

同時期、社会事業行政のプレゼンスが高まり始める。内務省衛生局長は長與專齋、後藤新平を経て、一八九九（明治三十二）年に窪田静太郎が就任する。窪田は衛生事務が社会事業の重要な部分を占めていると指摘し、国民の健康を増進するために衛生事業を社会政策と並行して進めるべきだと主張していた。(1) また窪田に限らず、社会事業に関わる社会事業家たちは欧米の社会事業に強い関心をもち、日本への導入を図ろうとした。公設浴場の設置は、そのような社会事業の日本への導入の一環としてあった。社会事業家たちは、公設浴場の設置に際して、欧米のように機能させるために欧米の公衆浴場を盛んに参照した。彼らが参照した公衆浴場設置にかかわる理念は、ヨーロッパ、アメリカにおける公衆浴場運動（Public Bath Movement）のなかで提出されてきたものであった。

本章では、欧米の「公衆浴場運動」とその理念について検討し、当時欧米を視察していた衛生家や社会事業家がどのように海外の公衆浴場を捉えていたのか、どのように日本に導入していこうとしていたのか、その過程を明らかにする。

第一節　海外の「公衆浴場運動」と公設浴場

ヨーロッパでは、もともと入浴の習慣があり都市において公衆浴場が盛んに営業されていたが、歴史のなかで一度入浴習慣が途絶えている。そこでまず公衆浴場運動以前に入浴がどう捉えられていたのかを整理し、どのような背景から公衆浴場運動に至ったのかをみていきたい。

第一項　入浴の認識と清潔規範

中世までに入浴は身づくろいの一つとなっていた。公衆浴場は身づくろいの場であると同時にレジャー施設でもあった。(2) 十三世紀のパリでは桶風呂と蒸し風呂が商売としてギルドを構成していた。(3) 十四世紀のフランスの風呂屋は寝台や食事、酒などが用意され、多様なサービスを提供しており、日常的に利用されていた。(4) また中世のイギリスやドイツの浴場は売春宿としての側面も備えており、[5] さらに浴場では食事をしたり宴をしたりすることがめずらしくなかった。しかし、入浴や広く一般化された浴場は以降、廃れていったといわれている。十七世紀末のフランスにおいては医療用のものを除いてほとんどの浴場が消失した。

このような変化の背景にはペストや梅毒などの流行がある。ヴィガレロによると中世のペストの流行によって新たな身体のイメージが生じた。[6] その身体イメージは、皮膚という表層から空気・水が浸透し、吸収されるというものであった。皮膚から身体に水が浸入するというイメージは、人々に入浴についての注意を呼びおこした。もちろんそれだけではなく入浴には良い効果もあると考えられ、病気に悩む湯治客が温泉に集まったという場合もある。しかしほとんどの場合、入浴は身体の毛穴を開かせ、病気の原因が空気や水を通って身体内部に入り込む危険性を高める行為だとみなされた。また何かが身体に侵入してくるというイメージだけではなく、皮膚の毛穴が開くことによって、「身体内部の物質」が放出されるおそれがあり、入浴は身体を弱らせるものと考えられるようになった。こうした病気と身体、さらに身体を取り巻く水をめぐるイメージは医師だけではなく、一般の人々にも共有され、十六世紀から十七世紀にかけて入浴は「休息、安眠、保護服」をともなわなければならないと認識され、めったに行なわれない習慣となった。[7] 必要とされる準備を行ない慎重に入浴することができたのは王侯貴族に限られていただろう。彼らは入浴後、外出せず休養する時間をとってた。[8] 一方、イギリスでは、十五世紀初頭にロンドンで蒸し風呂を営業することが禁止され、一般市民は入浴の機会を失っていった。入浴に対する忌避感が強まり広がるなかで、風呂屋を否定し排除することが都市の規範を維持することにつながったとヴィガレロは指摘する。[9] 入浴の忌避は、当時の衛生的なイメージと深く結びつき、入浴機関である風呂屋もまた避けられるべき対象とみなされた可能性がある。加えて風呂屋の一部には売春を行なう場としての機能を持つものもあり、都市に浴場があることは都市規範への脅威として考えられたのではないだろうか。

浴場の衰退の原因の背景には、宗教改革などの政治情勢の変化による道徳改革の影響もあった。十五世紀末までに浴場は社会的混乱の場とみなされた。それに加えて十五世紀末に流行した梅毒の流行が、浴場が廃れ消滅するのを強く助長することとなった。[10] 浴場は病気を媒介する場とみなされてもいたからである。[11] ただし入浴習慣は途絶えたものの十六世紀には鉱泉が見直され、上流階級や裕福な人々は鉱泉を利用するようになった。これは「スパ」と呼ばれるもので、毒出しのため飲用されることが主だった。[12] こうした鉱泉は上流階級を中心に存続した。けれども十六世紀から十七世紀にかけて流行したペストによって入浴は身体を弱らせるものと考えられ、入浴する際は節度を保つよう注意された。

こうして、ヨーロッパでは頻繁な風呂屋の利用、日常的な入浴習慣はいったん途絶えることになる。では、代わりにどのような点が清潔の指標となったのだろうか。十六世紀末のフランスの宮廷社会では、真っ白な下着が清潔を守るものとして考えられるようになった。真っ白な下着の着用は宮廷や上流階級に限られていたが、行商人がリネンを売り歩き、英国の農村やフランスやドイツの農民もリネンを買うようになっていた。[13] つまり、肌を覆う肌着の清潔さが複数の階層で新たな清潔規範として定着していったのである。

しかし、一度途絶えた入浴習慣は見直されることになる。十八世紀頃から身体の洗浄が清潔を保つことであると上中流階級を中心に考えられるようになってきた。加えて身体の清潔さは十八世紀の貴族や中流階級の生活において、礼儀作法と結びついており、「上品」であることを示していた。[14] たとえば、フランスでは、貴族、とりわけ貴婦人の身嗜みに化粧やかつらの装着があったが、その裏では寄生虫の多さなどに彼らは悩まされていた。それを抑止するには、常に身づくろいし、定期的に家庭で沐浴をすることが必要であった。入浴し「清潔さ」を維持することは彼らにとっての身支度の欠くことできない一部になっていた。[15] 清潔さは身だしなみや礼儀作法と継続して強く結びついていたといえる。

同時期のイギリスでは冷水浴が民間療法として勧められ、上中流階級では沐浴室や小水泳場が建てられた。また冷水浴場に限らず温浴場もつくられた。ただし、身体全体を水につけるには技術の習得が必要だと考えられており、気軽に行なうというよりはあくまでその技術を習得して行なわれるものとして捉えられていた。[16]

加えて、一八三〇年代から中流階級の家庭において、身体衛生が教化されていった。たとえば肥満は生活水準に関わっていると考えられるようになり、毎日規則正しい運動を行なうことが指導された。イギリスの民間生理学者たちは運動を身体衛生にとどまらず「理性的娯楽」と述べ、運動場、図書館、美術館、浴場などを理性的娯楽施設として建設することを推進した。また、社会的に理想的とされた人物像は、活気にあふれ、筋肉質で、暖かい人柄で運動を好むというものであった。スミスは、「民間生理学、合理的な娯楽、衛生改革はすべて同じ衛生計画の一部」であると指摘している。[17]つまり娯楽としての運動が規範と結びつき、入浴することや浴場を利用することもまたそうした身体の規範となったと考えられる。

十九世紀からの入浴の認識の変化には細菌学の影響もあった。さらに、一八四〇年代からはチャドウィックに代表されるような、健康改革、公衆衛生改革が始まった。[18]この背景には、伝染病の流行がある。イギリスでは、一八三一年から一八六七年にかけて四度コレラが流行し、一八三七年から一八三八年にかけてはロンドンを中心

上——図3–1　1865年頃のロンドン、ランベスのロウワーフォロー街（出典：A・ワーナー、T・ウィリアムズ（松尾恭子訳）『写真で見るヴィクトリア朝ロンドンの都市と生活』原書房、2013年）。
下——図3–2　ヴィクトリア期の貧民街の都市住民（出典：同前）。

に発疹チフスが流行した。よく知られているように、発疹チフスが流行した際にチャドウィックは Fever Report を作成し、不衛生な環境と貧困および疾病との関わりについて指摘している。また一八四二年には著名な『大英帝国における労働人口集団の衛生状態に関する報告書』(*Report on the Sanitary Conditions of the Labouring population of Great Britain*)を上院に提出し、貧困層や労働者階級の汚れが社会問題の一つとして顕在化されていった[19](図3―1、3―2)。この時期の工業化にともなう都市の人口増加、伝染病の流行によって「汚れ」の概念が顕在化し、都市に暮らすぼろぼろの衣服を着た「動物的臭気」を纏う人々は「野蛮人」などと表象され[20]、上中流階級を中心に「清潔」への欲求が高まっていくのである。

第二項　公衆浴場運動の展開

十九世紀には、こうした「不潔な」「移民」、「労働者」、「貧民」[21]を「清潔」にするために、ヨーロッパの一部とアメリカで中流階級の医師、役人、宗教家などを中心に、公衆浴場を設置する活動である「公衆浴場運動」(Public Bath Movement)が行なわれるようになった。公衆浴場運動の担い手は、公衆浴場改良主義者(Public Bath reformers あるいは Bath reformers)と呼ばれた。

「公衆浴場運動」のなかで浴場が設けられていく過程については、グラスバーグ[22](D. Glassberg)、ウィリアムズ[23](M. Williams)、スミス[24](V. Smith)、アシエンバーグ(K. Ashenburg)が詳しく論じている。グラスバーグは、世紀転換期におけるアメリカの都市の急成長に伴うスラム化の解決策のひとつとしての公衆浴場運動を論じた。ウィリアムズは、一八四〇年から一九二〇年における身体の清潔化が進むなかでのアメリカの都市の公衆浴場運動を考察している。スミスは、宗教、医学、公衆衛生などに関わる清潔という概念の複合性に着目して、公衆浴場運動を論じている。アシエンバーグは、西ヨーロッパを中心とした不潔に関する歴史のなかで公衆浴場の設置を扱っている。以下、この運動の展開をイングランドから始め、ドイツ、フランス、そしてアメリカの順にみていくことにする。

イングランド　ウィリアムズによると、公衆浴場運動はイングランドで一八二〇年代に始まった[25]。その後、この運動は一八四〇年代に急激に勢いを増し、十九世紀後半にはヨーロッパ大陸に広まった。一八四〇年代に急激に勢いを増した背景には、当時の経済発展とそれに伴う人口増加、コレラの流行があった。工業化により都市に多くの人が流入したが、彼らの多くは貧しい状況におかれた。貧民は水が不足し、衛生状態の悪い地域に居住し、常に皮膚病に苦しめられていたうえに、栄養不良により体格も小さかった。そのため、伝染病が流行した際には多くの貧民が死亡した。これらの人々は体を洗う人々に比べ、強烈な臭気を発しており、「大いなる不潔者」[26]（the Great Unwashed）とも呼ばれていた[27]。

公衆浴場運動の目的のひとつは、こうした人々に入浴を勧め、伝染病を防止するというような公衆衛生的な向上を目指すものであった。そして公衆浴場運動は、この「大いなる不潔者」たちを単に公衆衛生的に清潔にすることだけではなく、清潔にすることを通して別の目的を達成しようとしていた。前節で述べたように、清潔さは身だしなみや礼儀作法と強く結びついていた。この時期には、「清潔は『道徳的純潔』の問題」として明確に捉えられるようになっており[28]、清潔さは秩序、規律、勤勉、摂生と結びついていた。一方で「不潔」は「悪徳」につながるとみなされていた。中流階級の人々からみると、貧民の暮らす環境は悪臭にあふれ、彼らの衣服も汚れており、「道徳的に疑わしい状態」であるともみなされていた。貧民たちが、身体を洗わず「不潔」な状態で過ごすことは、中流階級にとって伝染病が蔓延する可能性がある身体的な脅威だけではなく、自分たちの秩序を乱す道徳的な脅威であったのである[29]。

イングランドでは、公衆浴場運動の担い手の多くは中流階級であり議会を構成する人々であった。彼らの働きかけや、英国国教会改革派を中心に、行政は公衆浴場の設置に着手していくようになる。ではイングランドの公衆浴場の歴史をみていこう。

一八二八年、イングランドの最初の公衆浴場として、リヴァプール市に屋内の浴場が建てられた。[30] 一八四二年に、リヴァプール市は市営洗濯場を設置し、そこに浴場を附設した。一八四四年には、ロンドン市で清潔促進協会（Association for Promoting Cleanliness among the People）が設立され、スラムであるグラス・ハウス・ヤード（Glass-House Yard）に洗濯場が建設された。この時期、公衆浴場と洗濯場はともに「清潔さ」を保つための施設として同時に建てられた。公衆浴場運動を進める改良主義者は、イングランド全体で団結するようになり、加えて前述したように、「清潔」は「道徳的純潔」の問題と結び付けられて考えられるようになった。一八四五年までには、清潔党（Clean Party）と呼ばれる集団が活動を開始し、公衆浴場及び洗濯場の設立協会（Association for the Establishment of Public Baths and Washhouses）を創設した。この団体の活動内容は、主に一八四六年及び一八四七年の国の法制度を監督することであった。[31]

一八四六年に「公衆浴場と洗濯場の設立推奨法」（An Act to Encourage the Establishment of Public Baths and Washhouses）が通過した。この法律によって、公衆浴場を建てるために市民に課税することが可能になり、[32] 一八九六年までに、イングランドでは二〇〇以上の自治体に公衆浴場が設けられた。[33] イングランドの公衆浴場はプールやホールを附設する大規模なものが多く、内部で上流階級・中流階級・労働者階級と浴室が分かれていた。これは公衆浴場運動を代表する典型的な浴場である。[34] しかし、このようなイングランドの浴場は建設されてからすぐに、貧民を「清潔」にするという目的を達成したわけではなかった。[35] というのも、貧しい人々のための公衆浴場は、夏には混雑したものの、冬には収支上で損失を出しており、また、病が流行する際には閉鎖せざるを得ない状態であった。その維持費も高く、運営は困難なものであった。こうした公衆浴場が本格的に軌道に乗るようになるのは、一八七〇年代になってからである。[36] 図3—3から3—5は一八九五年に、イングランドの公衆浴場改良主義

図 3–3　19 世紀末のロンドンのケニングトン・ロードのニューランベス公衆浴場及び洗濯場（出典：Tiltman, A. H. *Public Bath and Wash-houses*［printed by Harrison & Sons, St. Martin's Lane］1895.）

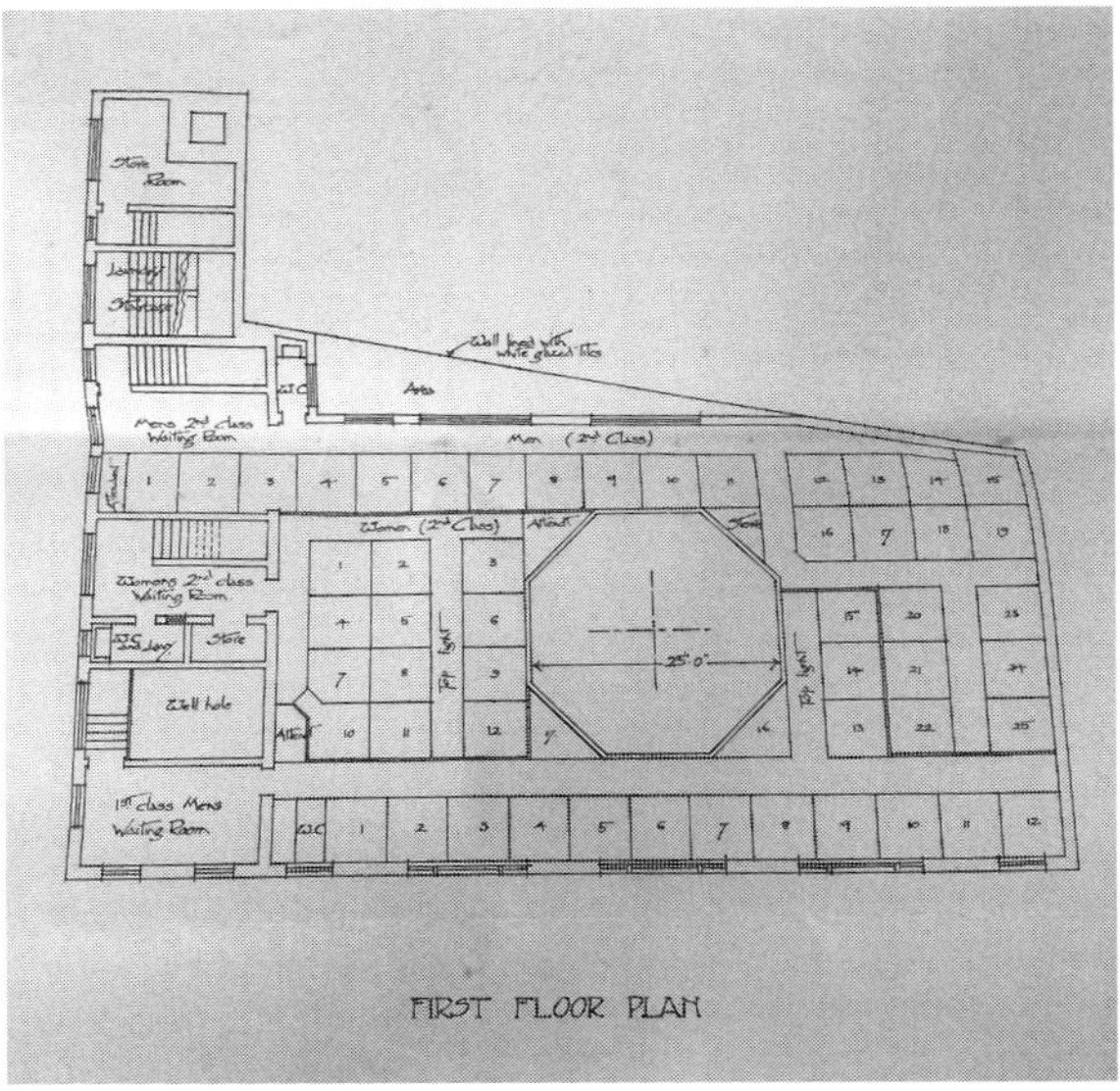

図 3–4　ニューランベス公衆浴場及び洗濯場の内面図（出典：同前）

図3–5　ニューランベス公衆浴場及び洗濯場の上流階級の浴室
（出典：同前）

者の一人だと想定されるA・ヘッセル・ティットマン（A. Hessell Titman）が著した『公衆浴場と洗濯場』（*Public Baths & Washhouses*）のなかにあるロンドンのケニングトン・ロードのニューランベス公衆浴場及び洗濯場である。[37] これは大規模な浴場であり、またこの内部の図面（図3―4）をみると、上流階級と労働者階級に分かれて浴室があったことがうかがえる。また上流階級の浴室（図3―5）は、非常に大きいものであり、右側に立っている人たちが水着を着用していることからプールのように利用されていたことがわかる（左側には白衣を着ている人が立っているのがみえるが、どのような人なのかは不明である）。

ドイツ・フランス　ドイツでは、一八〇〇年から一八五〇年にかけて、工業都市を中心に人口が大幅に増加していたことを背景に、一八五五年にハンブルクで最初の浴場が起業家によって建設され、同年、ベルリンでも設置された。ドイツに設置された公衆浴場は、貧民のみを利用対象とする施設ばかりではなかった。アシェンバーグは、ドイツで貧民浴場が「恩着せがましい」ものとして捉えられていたことを指摘している。[38] 注目すべきこととして、一八八五年にケルンにできた浴場は「男性用」、「女性用」、「労働者用」と分けられており、使用対象として中流階級と労働者階級と浴場内での分離が行なわれていた。[39] また、一八八三年のベルリン衛生博覧会でベルリン大学のオスカー・ラッセル（Oscar Lasser）が人民浴場（People's Bath）を発表した。これは一〇に仕切られた個室を男女五室ずつに分け、それぞれにシャワーが備えつけるものであった。[40] 前述のティットマンは一八九五年に、ベルリンでは入浴するための小さな個室が数多く設けられており、それぞれの個室はレイン・ドゥーシュ（Rain douches）といわれる天井に固定されたシャワーのようなものが備え付けられていたと記録している。[41] このような仕切りのある個別のシャワー室は二十世紀初頭のニューヨークでも設置されており、人民浴場（People's Bath）と称されている。[42]

フランスの公衆浴場もまた、イングランドとは異なる経過をたどった。フランスでは、カトリックが大半を占めており、水をそれほど使わないという従来の習慣があった。[43] それに加えて、パリではなかなか上水道の整備が進まないという状況であった。一八五〇年以前のパリの貧民は、夏にセーヌ川で水浴びすることがめずらしくなかった。[44] しかし、当時のセーヌ川は清潔といえるものではなかった。十九世紀半ばにあったパリの共同浴場は富裕層やブルジョワジーのためにつくられ、贅沢な内装で入場料は高価であった。当然ながら、これは労働者や貧困層が利用するものではなかった。そこで、フランスの社会改良主義者たちは公衆衛生の教育に尽力し、その過程で公衆浴場もつくられていくようになった。ただしパリでは浴場に附設された洗濯場の方が成功することとなった。人々は衣服を「清潔」にすることが重要であると考えており、身体を洗うよりも衣服を洗うことを重視したからだと考えられる。また、一九〇〇年代はじめにドイツからシャワーが輸入されて以降、フランスではシャワーの受容がすすみ、市営のシャワーが設けられるようになった。[45]

ドイツやフランスでは、イングランドのような大型の公衆浴場施設よりも、仕切りのある個室のシャワーの設置が進んだ。入浴習慣が途絶えた地域または国に入浴施設をつくるという意味では、これもまた公衆浴場運動のひとつのあり方だといえる。

図3–6　ニューヨーク、イースト川の浮き風呂（出典：The Jacob A. Riis Collection, Museum of the City of New York）

アメリカ　大西洋を超えたアメリカではどのように公衆浴場がつくられていったのだろうか。アメリカの公衆浴場運動はイングランドの公衆浴場運動から影響を受けており、公衆浴場の様式などもイングランドの公衆浴場のものと似ている。アメリカでは一八四〇年代に公衆浴場運動が始まった。この背景には一八三七年の恐慌と当時数多く流入していた移民により、急激に人口が増加しスラムが拡大していったことがある。(46) 都市の「貧民」は潜在的に病気を運ぶ媒体とみなされていたため、浴場が設置され「彼らの習慣と環境を一気に改善しようと」する動きがあった。(47) こうしたアメリカの公衆浴場運動もまた、すぐにうまくいったわけではなかった。十九世紀末、アメリカの都市の借家にはほとんど浴室がなく、借家で暮らす人々は給水栓などを利用して身体を洗っていたとされる。またニューヨーク州の借家委員会の調査によると、スラムに暮らす人々が皮膚病の伝染をおそれるために共同の浴室をあまり使用しないという報告がある。当時のスラムで暮らす人々は、一年に六回以上入浴するかどうか疑わしい状態であった。(48)

アメリカでは、このような状況に対応するべく、スラムで暮らす貧民のために入浴施設が設置されていく。そのひとつとしてつくられたのが「浮き風呂」（Floating Bath）である（図3—6）。

「浮き風呂」は、一八六〇年代からボストンの川のなかにつくられ、使用され始めた。「浮き風呂」はほかの都市でも使用され、たとえばニューヨーク市では貧民に無料で提供された。これは貧民の浴室不足の解決策のひとつであったものであると思われるが、夏限定のものであり、清潔の維持というよりも涼をとるために利用されていたようである。ただし、この「浮き風呂」は「浮かぶ下水管」と呼ばれるほどのもので、到底「清潔」といえるものではなかった。(49)なによりも期間限定でしか利用できないことが問題とされ、季節を通して利用可能の屋内浴場を建設することが望まれた。(50)屋内に浴場を設ける試みはくり返されたものの、当初はうまくいかなかった。技術的な問題がまずあったが、それに加えて、多くの人が公費を使用して建設するほどの重要性が公衆浴場にはないと思っていたからである。十九世紀半ばまでアメリカの公衆浴場は、個人の慈善基金などによってつくられていた。グラスバーグはその背景に、入浴が健康に有益ではあるが必要不可欠なものではないと当時信じられていたこと、公衆浴場を建てたところで貧民は利用しないとも考えられていたことを挙げている。(51)一八四九年に、ニューヨーク貧困状態改善協会（The New York Association for Improving the Condition of the Poor [AICP]）の浴場が設立されたが、当時の報道によれば支援が不十分であったこともあり、すぐに閉鎖されるに至った。しかし、十九世紀の終わりまでに、改良主義者たちは大都市における伝染病に対するおそれ、スラムの増加、移民たちの汚れた身体と異なる習慣を理由に、公衆浴場運動を推進していこうとしていた。加えて彼らは、アメリカの「進歩的な都市」を理念に掲げ、この問題を公的に解決しなければならないと訴えるようになった。(52)

一八九一年、ニューヨーク貧困状態改善協会、ニューヨーク地方社会派遣団（New York Mission Tract Society）、アメリカ聖公会都市派遣団（Protestant Episcopal City Mission）などの寄付によって、ニューヨークで屋内の浴場が設けられた。(53)これは、アメリカで最初に成功したとされる屋内の公衆浴場である。その後、一八九二年にニューヨーク州で公費で公設浴場を設ける法律である「都市・農村・町村における無料浴場設立法」（An Act to establish free public baths in cities, villages and towns）が制定された。(54)そして、一八九七年にバッファローで最初の公設浴場が開かれ、一九〇四年までに一三の公設浴場がニューヨーク州につくられた。[55]

第三項　公衆浴場運動における身体観と道徳観

イングランドから展開された公衆浴場運動の動力には、貧民や労働者の道徳性を向上させる浴場改良主義者たちの情熱があったといっても過言ではない。公衆浴場運動の目指した清潔さには、当時の身体観と道徳観が反映されている。それだけではなく、この清潔さは身体と精神が交錯するかたちで結びついており、新たな礼儀作法や都市規範の形成を促すものだった。

こうした身体の清潔と内面性の結びつきを最も表す言葉として、欧米の有名な格言である「清潔は敬神に次ぐ美徳」（“Cleanliness is next to Godliness.”）が思い浮かぶだろう。これはメソディズム創始者のジョン・ウェズレーによるものと認識されているが、[56] このような格言は古くからバビロニアやヘブライの格言としてあった。[57] 英語でこうした言葉がはじめて現れたのは、一六〇五年に刊行されたフランシス・ベーコンの著書『学問の進歩』（*The Advancement of Learning*）においてである。ベーコンは美容に関する節で「身体を清浄することは、神と社会とわれわれ自身とに対して当然払うべき敬意に発するとつねに考えられた」と述べた。[58] そして一七九一年にウェズレーが“Cleanliness is indeed next to Godliness.”と表したといわれる。[59] ベーコンがCleanlinessを美容と礼節に関連して論じていることからもわかるように、また前節で確認したようにCleanlinessすなわち清潔さは、身だしなみや礼儀作法といった社会的な意味で捉えられてきた。ここでのCleanlinessは、上流階級の身だしなみや礼儀といった社会的な意味が強く、きちんとした礼儀作法・清潔な衣服・清潔な手・ぱりっとした身なりといった表象は紳士らしさを示すものでもあった。

十九世紀には、都市の人口の増加と度重なる伝染病の流行により、都市で暮らす貧民の存在が顕在化した。スラムの極貧の人々は「洗っていないぼろ服や下着」を身に着けており、[60] 伝染病の媒体にもなるというイメージが高まり、スラムは「犯罪や非行の温床」[61] とみなされ社会的にも危険だという認識が広まった。清潔さは社会的な意味と科学的・生理学的な意味とで捉えられるようになったといえる。

イングランドを出発点として始まった公衆浴場運動は、こうしてヨーロッパ各国に様々なかたちで浸透し、そしてアメリカにはイングランドから直接的に伝わり拡大していった。この運動には、労働者・貧民階級の「不潔さ」を除去し伝染病を防ぐという衛生的な目的があった。そしてそれだけではなく、その裏側には、労働者・貧民階級の道徳性を向上させ、上中流階級の秩序を乱すというおそれを取り除く目的もあった。さらに言うならば、入浴し「清潔さ」を維持することはその社会の成員資格を得ることも意味していた。ほとんどの人々が入浴する機会を持つ社会は、清潔な、道徳性の高い社会であると捉えていたのである。ここまでみてきたように、汚れた貧民を衛生的にも道徳的にも向上させることを通じて、良質な社会を実現するという目的のもとに、欧米では公衆浴場の建設が進められていった。

こうした背景や理念をもつ公衆浴場はどのように日本に伝えられ、導入されていったのだろうか。次節以降で詳しくみていこう。

第二節　日本における **Public Bath** の移植

日本においては明治三十年代半ばから、医師や、衛生行政や社会事業行政に関わる官僚などの衛生家や社会事業家が、ヨーロッパやアメリカの入浴事情や公衆浴場に関心を持ち始めていた。彼らは欧米を視察し、各国の都市において行政が設けた公衆浴場とその目的を知ることになった。そして、日本においても欧米のように「貧民」に対する浴場を設けるべきだと提案していくようになる。実際に、行政資料のなかで公設浴場の理念や施設の詳細が言及されるようになる。前節で整理してきた公衆浴場運動の理念を、日本の衛生家や社会事業家はいかに受け止めたのだろうか。そこでまず、ヨーロッパやアメリカを視察した彼らの言説をみていこう。[62]

第一項　社会事業家の公設浴場への注目

社会事業的な観点から公衆浴場を取りあげた初期のものに、一九〇一（明治三十四）年に刊行された、京都市の大槻龍治助役の視察を京都参事会が編集した報告書『伯林市行政ノ既住及現在』がある。[63]これは一九〇〇（明治三十三）年にパリで開催された万国博覧会と当時の欧米諸国の都市（ドイツ・オーストリア・イタリア・ベルギー・オランダ・ロシア・イギリス・アメリカ）の行政を視察し、そのうちベルリンについてまとめたものである。このなかで公衆浴場は、市場、公園、屋内の塵芥処分や墓地などと並び「第十四章　浴場」と独立した章として紹介されている。[64]その具体的な内容に目を通すと、まず「公衆浴場」は「欧洲各都市」で均しく設立されており、公衆衛生に益するものと紹介されている。そして、この報告では入浴と浴場について次のように述べられている。古来、「欧洲人」は入浴をほとんどせず、とくに「勞働者」は健康を害していた。近年において入浴が衛生の観点から有益であることが知られるようになったが、入浴料がそれほど安くないため、「下等民種」に入浴習慣を広めることができなかった。そこで、「一般人民」にも安く入浴する機会を与えるために、市費などの公費で浴場を建設し、さらには工場や小学校などにも浴場を設けるようになった。[65]前節までみてきた内容とはやや理解が異なっており、古くから、欧米に入浴習慣がなかったかのように記述されているが、当時の欧米の人たちにとって入浴習慣がまだそれほど馴染みのないものとみなされていることがわかる。また労働者の健康について注意がうながされ、「下等民種」に入浴習慣を広めること、つまり彼らを入浴させることが肝要だと捉えられ、入浴施設が設けられたと記述されている。[66]

この報告は次のように続く。当時のベルリンでは五、六年の間に浴場が増加していた。ベルリン市設の浴場には「河水浴場トシテ水面上浮設シタルモノ」と「陸上ノ浴場」の二種類のものがあった。[67]河水浴場は「水面上浮設」とあることから、前節で挙げた「浮き風呂」(Floating Bath)と同様のものだと思われる。一八九二年に開場した陸上浴場は面積一二八〇平方メートルで「温冷各種ノ浴場」を有していたとあり、大きく立派な浴場であることがうかがえる。この紹介のなかで重要なのは、河水浴場は陸上浴場より入浴料を安くし、「貧者」には無料で入浴させるようにしたと報告されている点である。報告書には一八九八年に無料で入浴した人数が四八万二〇〇〇人余りであったことや、[68]無料の河水浴場の活用についての記述がある。こうした記述を通して、その関心が貧民対策としての浴場その入浴料金の安さにあることをうかがい知ることができる。

この報告は、欧米で普及しつつある「貧民」や「労働者」に対する浴場の紹介を通じて、欧米及び日本で公衆浴場の必要性が認識されていたこと、また日本においてもこうした人々を対象とする浴場を受容する素地が形成されていたことの証左として捉えられる。

加えて、公衆浴場を含む衛生事業をどのような枠組みのなかで行なっていくべきかという議論も起こっていた。明治後期から、都市の労働者の居住する地域について関心が集まり、都市化にともなうスラムの形成や貧民や労働者の健康問題などが問題視されるようになっていた。[70]内務省衛生局長の窪田静太郎は衛生に関する事業を慈善事業や社会政策のなかで行なっていくべきだと主張している。[71]また、一九〇三(明治三十六)年の『大日本私立衛生會雑誌』第二三九号には内務省衛生局保健課長の小原信三と愛知県技師の松崎宗信による論説「日本國民衛生に就いて」が掲載された。[72]

保健行政のことは伴ふて居る日本で今日やつて居るのが眞に振るはぬが兎に角浄水、下水、汚物、掃除、飲食物、衣服、〔中略〕湯屋等不完全の取締りではあるけれども兎に角今日にこんなことをやつて居る私はこの衛生と云ふものは社会問題並に慈善事業と伴ふて往かねばならぬと思ふのである。

この論説では「湯屋」の取締は、社会問題への対策として慈善事業とともに行なっていかなければならないと主張されている。この主張には、衛生と慈善事業からその後展開する社会事業を同時に進めようとする意図と、その実現のための装置として浴場を組みこもうとする意図がうかがえる。

欧米の公衆浴場運動の紹介及び公設浴場の導入について特筆すべきものに、一九一二（明治四十五）年に出版された生江孝之（図3—7）の『欧米視察——細民と救済』（図3—8）がある。[73] この著作は、彼の一九〇〇（明治三十三）年から一九〇三年の欧米視察、さらに一九〇八（明治四十一）年から一九〇九（明治四十二）年の渡欧の際に、各地の社会事業を視察した成果を著したものである。生江についてはこれまで社会事業史のなかで検討される際、児童保護の業績を中心に断片的に扱われてきたに過ぎない。公設浴場の展開についてみるうえで、この『欧米視察——細民と救済』ほど欧米の公衆浴場（Public Bath）の背景や思想についての詳らかな記述は確認できない。

『欧米視察——細民と救済』の詳しい内容については次節で取りあげる。ここではまず生江孝之の略歴から確認しておきたい。生江孝之は「日本で最初の専門概論書」といわれる『社会事業綱要』を著した社会事業学者であり、[74] 人道主義的姿勢から日本の社会事業の進展に努めたといわれている。

生江は、一八七六（慶応三）年に仙台の土樋に生まれ、一八八六（明治十九）年にキリスト教の洗礼を受けた。生江が洗礼を受けたのは、通っていた宮城中学校の英語教師であるメソヂスト教会宣教師のH・W・スワルツからキリスト教について教えを受け、強く影響を受けたからである。生江は自らの受洗式について「私の家では既にその前に家族一同が殆ど同時にビショップ・ハリスから洗礼を受けていたが、こういう例は私の一家だけかと思われる」[75]と述べている。生江が「こういう例」と表現した自身の入信経緯について付言すれば、明治初期には家長が入信してのち妻や子供が続くという事例がよくみられるものであった。それとは異なって、長男である生江孝之が先導し彼の父や母や姉や弟、妹といった家族全員が同時に入信したのは当時めずらしかっただろう[76]。

生江は中学卒業後に東京英和学校（青山学院の前身）に進み伝道師を志すが、経済的理由もあり退学した。すでにこの当時から社会事業に関心をもち、同窓生とともに「東京各地の貧民窟や浅草公園や観音堂附近等を踏査研究して歩」いていた[77]。退学後は、一八九〇（明治二十三）年にクリスチャン協会宣教師の通訳として東京や東北を巡回し、その翌年には南メソヂスト協会宣教師の通訳として山口に赴任した[78]。その後、一八九三（明治二十六）年に直接に伝道したいと思い、メソヂスト協会の命を受け、宣教師の通訳や開拓伝道のために北海道に渡り、上川（旭川市）で伝道のため力を尽くそうとしていた。この北海道で、後の社会事業政策において出獄人保護や監獄改良に努めた原胤昭や感化院教育に尽力した留岡幸助らと知り合い、その影響を受けて教誨師になった[79]。この原や留岡との関わりはその後、生江が社会事業の道に進むことに影響を及ぼした。生江も「私を導いてくれた人は原

図 3–7　生江孝之（出典：戦没紀念保育会編『回顧三十年』戦没紀念保育会、1935 年）

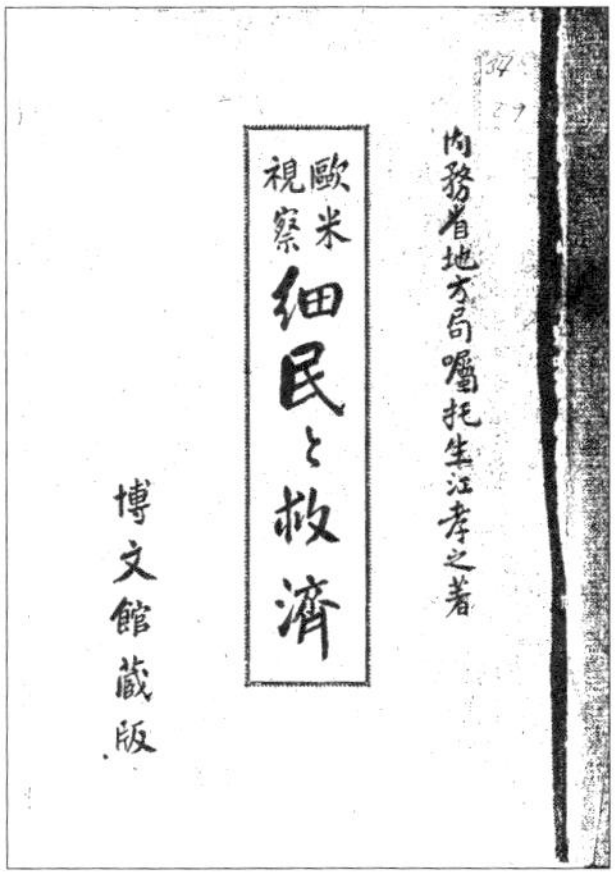

図 3–8　生江孝之『歐米視察――細民と救濟』（国立国会図書館ウェブサイト）

胤昭氏であった」[80]と述懐している。
生江は三十歳のときに青山学院大学神学部に入学した。大学の周辺には、北海道で知己となった原胤昭、留岡幸助のほか三好退蔵、内村鑑三らが住んでおり巡回祈禱会を開催していた。生江もこれに参加し、また救世軍の出獄者保護事業にも参加した。[81]
一九〇〇（明治三十三）年に青山学院大学を卒業した後、生江は青山教会副牧師となったが一年で職を辞し、欧米の社会事業研究のため、外遊することになった。[82]これが生江の第一回目の外遊であった。このときの主な目的は、教誨師だった背景もあって監獄改良と不良少年感化事業の研究であったようである。生江は一九〇二（明治三十五）年から一年間ボストン大学大学院に入学し、その後ヨーロッパの調査に向かっている。とくにイギリスのグラスゴーに興味をもち、[83]公営施設を調査している。晩年、グラスゴーの公営施設で印象に残ったものに、「公設浴場、洗濯場」を挙げている（アメリカには公設のそれらがなかったとも述べている）。このなかで生江は「外人はおしなべて入浴する習慣が乏しく、中流以上でなければ入浴は極めて稀で、一年に何回と云う程度である。従って低廉清潔な水泳場の様な公営浴場は、多数の混浴ではあるが好印象を受けた。また貧民街の人民にとっての苦痛である洗濯を緩和する公営洗濯場は、総て設備が整い、三時間内外で全部乾燥して持ち帰ることが出来るので、中流以下の者にとっては、適切にして又親切な施設であった」と述懐している。その後、一九〇四（明治三十七）年に帰国し（神戸着）、神戸での婦人奉公会の嘱託となり、授産救護や保育事業に関わったことから社会事業に本格的に取り組み始めた。[84]
生江の経歴を概略的にみてきた。生江自身がクリスチャンであり、生江周辺の人々もキリスト教徒が多く、慈善事業に取り組んでいた。日本の社会事業は当初は行政主導ではなく、民間で自発的ともいえるようなかたちで進み、その一翼を担ったのがキリスト教社会事業家と呼ばれる、キリスト教の立場から救貧事業、慈善事業、部落改善事業、社会事業に取り組んだ人々であった。[85]明治期以降の彼らの活動の具体的な成果として、市瀬は「石井十次の岡山孤児院、小橋勝之助の博愛社、本郷定次郎の暁星園、石井亮一の孤女院、日本基督教夫人矯風会の禁酒・廃娼運動、救世軍の労作館、原胤昭の東京出獄人保護所、留岡幸助の家庭学校、村松浅四郎の愛隣館、片山潜のキングスレー・ホール」などを挙げている。[86] 生江自身も、一九三二（昭和七）年に『日本基督教社会事業史』を著している。生江によると、キリスト教社会事業は精神方面に重きをおく社会事業ともいうべきものであった。ここではキリスト教に特化して説明したが、当時の慈善事業や社会事業には仏教も大きく関わっていた。

生江は晩年、こうしたキリスト教的社会事業だけでは不足だとする動きのひとつとして、一九〇八年に半官半民の中央慈善協会が設立されたと説明している。[87] 一九〇〇年前後にはすでに、民間の慈善団体は経営困難などの事情により、事業の拡張や他団体との合併、社団法人化などを図っており、また政府には民間の慈善団体を掌握しようとする動きがあった。

中央慈善協会は、大阪の慈善団体が開催した全国慈善大会で前身となる日本慈善同盟会が設立されたことをその設立の端緒とする。その発端は、一九〇三年五月の全国慈善大会で原胤昭が、各団体を監督することができて、内務省の力を借りるような「政府側の慈善協会」をするべきだと主張したことである。[88] その結果、全国組織である日本慈善同盟会が発足した。このときの創立委員には原胤昭、留岡幸助、窪田静太郎、小河滋次郎ら日本の社会事業を進めた面々が名を連ねている。大会の翌年から、大阪で慈善関係の講習会・演説会が行なわれるようになった。そのなかには、以前は慈善事業の対象とはみなされなかった当時の社会問題である失業者、軍人遺族などに関するものがあった。日本慈善同盟会が中央慈善協会につながるのは一九〇三年六月に、日本慈善同盟会の本部を東京に置き、東京在住の創立委員を選出し創立事務を委託することが大阪側の委員から提案され、東京側の委員もこれを請けたときからである。[89] この創立委員のほとんどが貧民研究会のメンバーであり、それは全国組織の主導権を彼らが握ったことを意味した。生江が貧民研究会を元にして中央慈善協会が発足したと後年述べているのは、[90] こうした背景があってのことだろう。

貧民研究会は内務官僚を中心に組織されたものであり、創立事務を東京の創立委員である貧民研究会のメンバーにまかせることは、内務官僚の指導統制の下で全国組織を編成することを意味していたと指摘される。[91] こうして会の名称が日本慈善同盟会から中央慈善協会に変更されることが決定された。ただし発会は日露戦争のため延期され、一九〇八年の感化救済事業講習会の開催に合わせ発会式が行なわれた。中央慈善協会は慈善事業に関する情報共有と活動に取り組む人々と行政とをつなげることを目的ともしていた。[92] 中央慈善協会の設立を通して、世紀転換期の日本においても、欧米と同様に労働者や貧困層が問題であると広く受け止められていたとみることができるだろう。

実は、十九世紀末から一九二〇年代にかけて、世界的に「貧困観」が大きく変化していた。よく知られているのが、社会福祉史などで論じられる「個人貧から社会貧」への移行である。「個人貧」、「社会貧」という言葉は、生江自身も使用しているものである。一九二三年の『社會事業綱要』[93]において、「個人貧」は「自動的個人貧」(「自ら招いて貧に陥つたもの、即ち放蕩、游惰、乱酒、浪費若くは或特殊の疾病等の結果に因るもの〔中略〕其の原因其の責任は主として自己に帰すべきもの」[94])・「他動的個人貧」(「遺伝的若くは後天的関係に依つて或特殊の障害を受けたる結果、身体若くは精神に異常を来して活動力を消耗したるが如きもの」[95])にわけられるとし、「社会貧」について以下のように考察した。[96]

社会貧は社会的関係に於て湧起したものである。〔中略〕社会同一境遇に置れたる民衆が、社会的同一原因に依て貧困に陥るのを云ふのである。

生江はこうした社会的に貧困状況に陥った多数・集団を「貧民」と呼び、その定義を「個人若は家族がその全収入を以てして保健的状態を保ち得るも、其の時代に於ける社会的身分的体面を維持能はざるものを云ふ」と位置付けた。そして問題解決のよりどころに関して次のように述べた。

既に社会的原因に基いて多数民が生活脅威を受けつゝありとせば、その責任は誰に帰すべきであらうか。即ち何人が責任を負ふて、之が解決に努力すべきであらうか。言ふまでもなく、夫は社会自身でなければならぬ。社会は其の一部に障害を生じたる場合に、社会として之が回復治療に努力すべきは当然の理である。

こう論じたうえで、フランスのレオン・ブルジョワ（Léon Bourgeóis）による社会連帯思想を引きながら、以下のように訴えた。[97]

最早昔日の篤志家の経営に成る慈善事業や、救貧法に依る救貧事業にのみこれを委すべきではなく、今や社会共同の責任として、弱者を擁護し向上せしむるの観念に到達せねばならぬのである。

こうした記述から明治期の、貧困に陥った人々に対する直接的な救済という、狭義の救済事業、慈善事業の枠組みではなく、社会全体で貧困層の自立を促すような、防貧的な仕組みを目指していたことがわかるだろう。

この時期の官僚たちを含む社会事業に携わる多くの人々の関心は、主に同時期の欧米列強と同様に生じている社会問題とその解決策にあった。彼らの視察目的も、日本が欧米の施策を単に後追いで導入するためというより、同時期の欧米でその施策が要請された背景、問題認識とその解決策を自国ではどのように活かすのか、と検討するためのものであったといえる。

生江は一九〇二年に内務省嘱託として地方局慈恵救済事業取扱を担当し[98]、官僚として社会事業の政策に中心的に関わった。生江自身は後年、一九〇九年の帰国から一九二三年の関東大震災の少し前までの自らの内務省嘱託期間を振り返り、当時の嘱託職員は留岡幸助、相田良雄、そして生江の三人であり、当時の社会事業のほとんどをこの三人で進めたと述べている。[99]

『歐米視察――細民と救濟』には先に述べたように、一九〇八年から一九〇九年の視察についても記述されている。生江自身にとって二度目となる一九〇八年からの渡欧は、彼自身が「私の生涯に一大転機を与えた」と述べるほどの大きな経験であったようだ。第一回目の外遊の目的は監獄改良と不良少年感化事業の研究のためであった。この一度目の外遊で、生江は欧米諸国のスラムを調査し広く貧困問題に関心を寄せることになったのである。[100]また一度目の外遊の帰国後に、神戸での婦人奉公会の保育事業に関わったことにより[101]、当時の日本の切迫した問題として都市スラムを改善する必要を感じていた可能性が高いだろう。第二回目の視察の目標は「積極的な民生及び社会施設の調査等」であった。[102]ロンドンのスラムのほかスコットランドにあるダンファーリン（カーネギーの出身地）、グラスゴー、ドイツ、デンマークを生江は視察した。このなかでダンファーリンに二軒の「公共浴場」があったと述べている。この地域では公費を要する事業だけではなく、カーネギーが必要と認め彼が寄付した事業も実現していた。生江は「これだけ住民の幸福と健康の増進をはかるために計画された模範の場所を見たことがない」と述べている。[103]生江によると、二度目の渡欧時は内務省が社会事業に積極的に乗り出しつつある時期であり[104]、井上友一書記官の肝煎りもあって、各国の社会施設と模範工場の調査、田園都市及び都市の美化運動の調査、そして一度目の調査から引き続き東部ロンドンにおける都市スラムの調査にあたることになった。[105]

第二項　生江孝之の『歐米視察――細民と救濟』

では生江の第一回目と二回目の渡欧について記した『歐米視察――細民と救濟』の具体的な内容をみていこう。

生江は自序でこの渡航目的を「彼地細民の状態並に之に対する救濟の方法を調査研鑽するが爲め」と述べ、帰国してから「内務省の囑託となり、主として此の方面に關與し、更に我邦の實状に就きて調査する所あり」と述べている(106)。そして次のように続けた(107)。

我邦と歐米とは、國勢民情に於て自ら其の趣を異にするものあるを以て、彼に要あるもの、必ずしも我に要あるに非ずと雖も、世界の大勢には抗すべくも非ずして、漸く弊害の生ぜんとせる傾向あるを認めずんばあらず。〔中略〕又救濟方法として、重きを積極的防貧的事業の叙述に置きたるもの、我邦將來の細民救濟上、採りて以て参考とすべきもの少なからざるを信ずるが爲めなり。

生江は、日本と欧米とでは様々な違いがあり、欧米では必要とされるが日本では必要とされないものもあるだろうが、齟齬が生じる傾向があることは認めなければならないと説明している。そのうえで、日本の「細民救済」においても参考とできるものがあるだろうと展望をのぞかせている。

『歐米視察――細民と救濟』は全三編(「第一編　泰西細民窟の状態」「第二編　各国救貧制度」「第三編　救済事業の趨勢」)からなり、各編の元に内容に添った章が置かれている。「第三編　救済事業の趨勢」では、病院などの救療事業、低利質屋の経営、住宅改良事業と並んで、第七章に「公設浴場と洗濯場」がある。生江は近代の浴場についてどのように述べているのだろうか。

近代に於て公益を主とする公設浴場を設置せる最初の都市は英國リヴアプール市にして、時は千八百九十二年である、それより千八百九十六年英國議會に於て、市町村内には公設浴場並に洗濯場を設置し得る法律を制定した。此の制定に基き最初に設置したのはバーミンガム市である(108)。

生江のこの記述については、今後検証が必要である。生江は続けてアメリカの紹介をし、ほぼ同時代にできた近代の欧米の公設浴場の概要をおさえている。そのうえでニューヨークとイギリスとスコットランドの公設浴場を紹介した（「一、紐育市の公設浴場」「二、英蘇に於ける浴場と洗濯場」）。そして「三、日本と浴場問題」として、日本にも入浴と浴場をめぐる問題があると指摘した。

この章では注目される点がいくつかある。そのひとつが「二、英蘇に於ける浴場と洗濯場」の末尾の文章である。生江はこの項目で、「歐米に於ける細民は一般に入浴の度数少なく、甚しきは數年若くは十數年に亘つて、漸く一回の入浴を爲す者がある」と入浴頻度の少なさについて触れ、公設浴場ができてからは多くが入浴することになったのを喜ぶべきことだとしている。[109]そして続けて、欧米の諺をひき次のように述べた。[110]

西諺に「清潔は神聖に隣す」とあるが、高潔なる精神を維持せんとすれば、先づ其の身體を清潔ならしめねばならぬ。故に身體の清潔を圖ることは、衛生の見地より觀て必要なるのみならず、道義の見地よりするも亦甚だ必要なることである。

生江が紹介した「清潔は神聖に隣す」は、前節で取りあげた“Cleanliness is next to Godliness.”の日本語訳だと考えられる。生江はこの諺をひきながら、身体の清潔が衛生的に有益なだけではなく、「道義」的な意味においても必要であると述べた。[111]これは、前節で取りあげてきたヨーロッパ及びアメリカにおける清潔という概念に内包された二重の意味を示唆している。生江が導入しようとしていたのは、公衆浴場（Public Bath）という施設だけではなく、入浴を通して得られると考えられていた清潔さの規範であった。

さらに生江は、海外の公衆浴場が設置されてきた背景や動向、そこでの「清潔さ」の意味を踏まえたうえで、日本にも「浴場問題」があると述べる。[112]その内容が「三、日本と浴場問題」である。冒頭で、「我國に於ては入浴を以て一種の娯樂と爲し、上中流階級の家庭は勿論、下級労働者に至る迄、入浴せざる者はない」としながらも、日本の浴場問題として生江が着目したのは、「労働者」と「細民」の入浴環境であった[113]。このような点に着目していた理由は、日本では入浴習慣が根付いていたものの、欧米と同じように都市部に流入してきた労働者階級があまり入浴できていないという問題があると考えていたからである。生江は継続的に都市のスラムへの関心を持っていた。一度目の外遊から帰国してから、さらに日本における貧困層の暮らしを注視していただろう。

　生江自身がこのなかで「入浴料の如きも、三錢以内を以て、歐米に於ける入浴料に比較すれば頗る低廉にして[114]」と認めているように、当時の日本の入浴料はほぼ三銭以内であり、ヨーロッパとアメリカに比べて日本の入浴料は安いとしていた。しかし、労働者と、とりわけその家族にとって入浴料は「必ずしも低廉といふことが出来ぬ」ものであって、労働者自身が度々入浴することができても、「家族に至つては入浴の度數甚だ少なき」と説明している[115]。生江は、問題視する対象を労働者だけではなく、その家族にまでも広げていた。さらに、労働者の家族が入浴できない理由を「清潔を重んずる我國に於て細民の家族が其収入に比し、入浴料の比較的高価なるが爲め」としている[116]。生江は日本では清潔を重んじることを前提として労働者の「家族」の「清潔」意識や彼らの道徳性を問題視しなかった。この点は欧米の労働者や貧民に対するまなざしと異なる。むしろ、収入に比べ入浴料が高価であるために「入浴を得ざるは遺憾のことである」と述べ、労働者の家族が経済的な理由で入浴できないことを問題視したのである[117]。これを踏まえて日本にも「細民窟内に、公益を主とする浴場設置の必要を認むる」と生江は続けた[118]。このように、すでに民間の公衆浴場が数多くあるはずの日本にも、公設浴場が必要であるというのが生江の主張であった。

　この主張に続けて、生江は「特殊部落」に触れ次のように記述した[119]。

特殊部落と稱する細民部落に於ては屢々斯かる趣旨の浴場がある。例せば奈良県の細民部落に於ては、一部落ごとに殆ど公設浴場の設置を融資、入札を以て之れが受負を爲さしめ、其収益の幾分を部落に於て徴収することになつて居る。其の入浴料は一回五厘乃至一錢の範圍を出でぬが、而かも尚ほ相當の利益あるは各部落共同様である。

つまり、特殊部落にはすでに生江がいう趣旨の公設浴場が設置されている場所もあった。それを踏まえて次のように続けた。[120]

東京、大阪其他の大都會に於ける普通細民窟に於て、公益を主とする公設若くは篤志家の企てになる浴場を設置することを得ば、細民に與ふる恩恵は決して僅少ではない。細民救濟を念とする者、又此の一事を顧みる要がある。

生江は、特殊部落の浴場の実態をおさえそれを評価し、東京や大阪などの大都市の「普通細民窟」にも、「細民救濟」のための公設浴場、または篤志家による浴場を設置するべきだと主張したのである。

生江が主張した「特殊部落」における浴場の設置は、欧米の公設浴場とは異なり、浴場の運営を特殊部落の人々に任せ、生活を保障するという意義があった。生江はイングランドやアメリカの公衆浴場運動のなかで、公衆浴場の利用者が移民、労働者、貧民であったことを踏まえつつ、日本では労働者と細民を単に清潔にするだけではなく、その生活保障、経済的な救済のために浴場を設けることを訴えていた。

一九二二（大正十一）年には、当時の内務省社会局長の田子一民が自身の著作『社會事業』のなかで「公設浴場」について述べている。[121] ここでも「我が國民は清潔を好む國民とせられて居る」という記述から始まり、入浴料が高いために十分な機会を得ていない「細民」や「勞働者」の多い地域を注視し次のように述べた。[122]

私は入浴を以て〔中略〕生活を清潔に保持する事業、即ち生活維持事業であると考へる。生活を維持することと自身、それさへ容易になし得ない人の爲に低廉の公設浴場を設けるのは最も必要である。

田子も生江同様に、細民や労働者階級に目を向け、その入浴料の高さを問題視している。加えて「公益浴場は〔中略〕全く生活維持の爲めであるから營利とすべきものではない」とまで述べており、生活に必須なものであるが故に営利目的ではない浴場をつくるべきだと訴えていた。

その後、生江の主張を土台にしながら、日本に欧米の公衆浴場運動（Public Bath Movement）が移植されたようにみえる。ただし、日本の公衆浴場運動は欧米の運動をそのまま受容したのではなく、独自の展開をみせた。

第三項　行政による公設浴場の報告——『公設浴場に関する調査』を中心に

前節まででは生江孝之の著作を中心に、欧米の公衆浴場運動がどのように受け止められ紹介されてきたのかを検討してきた。大正期には、欧米の動向と日本国内の動向の両方について、行政による記述がみられるようになる。大正期に「中産以下の加入者階級の生活利益を進むる上に役立ち得べき各種の公共事業」に資金を融資する逓信省簡易保険局積立金運用課は社会事業施設についていくつか調査報告を残している。公設浴場については一九二一（大正十）年に積立金運用課が調査し、その報告として刊行された『公設浴場に関する調査』がある。[123]この当時の積立金運用課課長は進藤誠一であったが、[124]具体的に誰が記述したのかは明記されていない。積立金運用課は大正九年から設置されており、前身は同省内の簡易生命保険積立金運用委員会であった。当時の社会政策学会[125]のメンバーであった金井延や桑田熊蔵が委員に名を連ねている。生江は一九一三（大正二）年から中央慈善協会の協会幹事であり、桑田は中央慈善協会のメンバーであった(126)ことから、この報告書に生江が関わっている可能性があると考えられる。

この報告では、ロンドン、スコットランド、ボストン、ニューヨークの公設浴場が紹介され、日本の一三の公設浴場及び公設浴場計画が挙げられている。こうした公設浴場の紹介のほか、浴場に関する取締規則について、浴場収支について、公設浴場の社会政策的必要性についてもまとめられている。この調査報告もまた、「我国人の潔癖は世界周知の事実にして其の入浴好は夙に国民性を為し」という記述から始まる。このほかにも「外国人が日本人の入浴好きを見て其の清潔癖を賛美し」、「日本人が清潔を美徳の一と数へ、毎日入浴するを其の義務と考へ」、「我国民が入浴度数多きことは到底外国人の比にあらず」という記述がある(127)。欧米とは異なり、日本においては入浴習慣が広く根付いていると認識していることがわかる。

海外の公設浴場については、以下のような記述がある。まずイングランドでは一八八六年に市町村に公設浴場と洗濯場を設置する法律ができたことが紹介された。これは前節で取りあげた『歐米視察——細民と救濟』の一八九六年に英国議会で市町村内に公設浴場と洗濯場を設置するよう法律が制定されたという記述と同様である(128)。また、スコットランドのグラスゴーでは、一八七八年に公設浴場が設置されていたことが紹介されており、これも生江の『歐米視察——細民と救濟』と同様の記述である。そしてアメリカでは一八九三年に中央労働局が労働者の生活状態を調査した結果、浴場が極めて少ないことが判明し、一九〇四年にアメリカの三四の都市が公設浴場を有するようになったという報告が紹介されている。生江もニューヨークの公設浴場について言及しており、一九〇八年の入浴人数(この報告書には一九〇八年と明記されていないが人数が同じである)やニューヨークの細民改善協会の浴場について紹介している点も同様の記述である(この報告書では、加えて、入浴した労働者のエピソードも記されている)。以上から、『公設浴場に関する調査』は生江の報告を参考にしている可能性は高い。

この調査報告においても、公設浴場を利用する対象として「貧民」と「労働者」が想定されていた。まず日本の公設浴場の現状として、部落の共同浴場が紹介され、そして報告のなかの「公設浴場の社会政策的必要」という項目では、以下の点が記述された。(一)「労働者と身体の慰安」、(二)「労働者の家族と湯銭」、(三)「貧民と公設浴場」、(四)「湯銭の高価」、(五)「衛生上より見たる公設浴場の必要」、(六)「浴場を通じての下級者教化」、(七)「洗濯場の附設」、(八)「理髪店の附設」の八点である。これらを説明する文章もまた、欧米の影響を受けていると思われるので、項目ごとに詳しくみていきたい。

(一)「労働者と身体の慰安」において、労働者のために公設浴場が必要であるのは、「労働者の唯一の慰安は〔中略〕終日の労苦を癒すべき入浴」、「入浴は労働に取り欠くべからざる慰安」であり、入浴は労働能率の回復に有益だと説明された[129]。つまり、労働者の疲れた身体を癒すためには入浴することが欠かせず、安定した労働力供給のためにも労働者を入浴させる公設浴場の設置が必要であるという主張が展開された[130]。当時、安定した労働力の供給は社会に欠かせず、それが大きな社会問題となっていた。すでに民間の公衆浴場があった日本において、公設浴場設立が労働力の回復につながることを第一に挙げる説明は、公設浴場の必要性について説得力をもつものだった。また(二)「労働者の家族と湯銭」では、先に生江が指摘したのと同様に、やはり労働者の家族と入浴料金の問題に焦点があてられた。(三)「貧民と公設浴場」では、前項と同じく貧民の入浴回数が非常に少ないことの理由として入浴料が高いことも挙げられている。ただし、入浴頻度が少ないのは彼らの無精によるものもあるので、設備の整った大きな公設浴場で安く「気持好く」彼らを入浴させることが必要であるとされた。(四)「湯銭の高価」は、これらの項目のうちで最も紙幅を割き説明された。このなかでもくり返して日本人は入浴を好み、労働者は毎日入浴したいと思っているにもかかわらず、入浴料が高額であるという理由などによって彼らの入浴回数は少なく留まっていると説明された。「社会的衛生」に加えて「労働能率」の点から考えても入浴料を低くすることが緊要の課題であると訴えている。(五)「衛生上より見たる公設浴場の必要」においては、「万事に於ける潔不潔は一に身体のそれに因つて来ると云ふを得べし、清潔を以て衛生の第一義と為すは万人の知る処なり」と説明され、不潔はコレラなどの病気が潜伏する巣窟だと訴えられた。そして、労働者の個人衛生だけではなく「社会的衛生」の点からも、整備された入浴施設を設ける必要があると主張された。(六)「浴場を通じての下級者教化」については、ヨーロッパやアメリカのように入浴を通して清潔習慣を得ることによって道徳性を向上させるというよりは、浴場に付加価値を設け、ある種の娯楽を伴わせることで下級者すなわち下層社会の民衆を教化することが説かれている。具体的には、浴場のような常に足がむかう施設を利用して講演会や音楽会などの催しを行ない、下層社会の民衆を教化するといったことが記述されている。一見、労働力を回復させ清潔な身体を維持させる浴場の目的とはそれほど関係ないようにみえる。ただしこの項目で、清潔という観念が軽視されていたわけではない。入浴は人々の保健及び慰安に効果があるだけではなく、入浴者の精神状態に影響を及ぼすとして、「清潔なる浴室を見ば自ら社会に対する感謝の情を生じ、又自己存在の任務を感ずるに至る」と説明されている。つまり、清潔な浴場を通して社会へ感謝し、「下級者」自身の任務を感じるようになるという記述である。これは、清潔な浴場を通して「下級者」は社会への感謝を覚え、社会の成員としての任務を自覚するようになる狙いが示唆されている。すなわち清潔な浴場を通じて、清潔さを「下級者」の自己に浸透させることが意図されているといえるだろう。(七)「洗濯場の附設」は、ヨーロッパの視察からの影響を強く受けている項目である。海外の浴場にはたいてい洗濯場が附設されており、「下層市民は多大な恩恵を被」っているとされた。また、洗濯は「相当の設備」がない場合において、ひどく周囲を汚し、「衛生上憂慮すべき」ものであるとされた。そして、日本では入浴する際に洗濯することが多く、浴場と洗濯場は同一の場所に設けるべきであるとされた。[131](八)「理髪店の附設」は、理髪は「衛生上必要」であり、保健とも密接な関係があるものであるとされた。とくに肉体労働者は、頻繁に散髪する必要があるが、その料金が高価であるため利用し難く、安価な理髪所が提供されるべきだと主張された。浴場に附設する理由としては、日本では古くから「髪床、風呂と併称し其の関係甚だ密接」な関係にあり、理髪の後に入浴することも慣習になっていると説明されている。[132]

この報告書は、海外の公設浴場の紹介と「公設浴場の社会政策的必要」の記述を通して、日本において公設浴場の施設が「緊要」であることを説くものである。行政は公設浴場の利用者として、「貧民」と「労働者」に焦点をあて、とくに「労働力」の回復に注目していた。彼らの生活環境を改善することが社会にとっても有益であり、「現在の社会政策的施設として適切なるのみならず又必然施設せざるべからざるものと信ずるなり」、つまり、公設浴場の設置は社会政策的に必要であるとした[133]。日本においては、貧民を「清潔」にすることによって、欧米のように「不潔」という社会的脅威を取り除くというより、「清潔さ」を維持することに重点を置いていることがうかがえる。

この公設浴場が「清潔さ」を維持するという記述は、地方行政が公設浴場の設置の目的を述べる際にもみられるものである。この報告書調査時と同年の一九二一年、京都府は、公設浴場設置の目的を「清潔を奨め、慰安を与ふべく」、「衛生上、風教上の中心となしたる改善の機関たらしむべき」と記した[134]。公設浴場には、貧民や労働者の清潔を促進し慰安を提供する施設であると同時に、入浴する機会の少ない彼らを教化するための施設であることが期待されていたといえる。

積立金運用課の報告書では、これまで実施された国内の一九の公設浴場と公設浴場計画を挙げている。現に建設しているものが神奈川県営一軒、横浜市営一軒、大阪市営二軒、宮城県営一軒（計五軒）、そして予定のものが、東京府営一軒、東京市営三軒、神奈川県営一軒、京都府営一軒、前橋市営一軒、甲府市営二軒、富山市営一軒、高田市営（新潟県）一軒、大津市営一軒、和歌山市営一軒（計一四軒）の計一九軒である。このなかで、一三軒の浴場と浴場計画の内容が記述された[135]。川崎市、宮城県、東京府、東京市、京都市、前橋市、甲府市、富山市[136]、大津市、和歌山市は開場前または浴場計画の段階であり、神奈川県、横浜市、大阪市が現在営業されているものとして具体的に紹介された。営業しているこれらの浴場は、すべて一九一九（大正八）年に開場されたが、このうち最も早く開場したのは六月十八日の大阪市の櫻宮浴場であった。

このようにつくられていった公設浴場は浴場以外の施設を備えた大規模なものも多く、こうした公設浴場に対しては後に批判が出されている。一九二四年に、日本の社会事業をすすめた一人である海野幸徳が『輓近の社会事業』を著した。[137] このなかで「第十三章　公設浴場」として、公設浴場について一章が割かれ論じられている。出版された当時、日本でも横浜、大阪、京都などいくつかの都市において、すでに公設浴場が設けられていた。海野の記述は当時の日本の公設浴場事業を批判し、そして今後の方針について提言するものである。海野はまず「沐浴」の目的を「(一)清潔のため、(二)健康保全促進のため、(三)疾病豫防及び治醫のため」と位置づけた。どういう意図か、「清潔のために沐浴すると云ふ單純な目的のためではない」とわざわざ付け加えてもいる。そして、公設浴場の設備は「簡素、清潔、経済的」であるべきで、「決して華美贅澤」であってはならないと主張した。そのうえで、日本の都市の公設浴場は、「一般のものも、勞働者のものも、ごつちやになつて居、同一の設計により建築」されており、そのなかでも共同宿泊所の浴場を「華美贅澤」にするのは「浴場の本質に關する智識」が欠けていると批判している。そこで、海野は海外の公設浴場と比較しながら、日本の公設浴場について論じた。海野は、一八九〇年にアメリカで「庶民浴場法令」が発布され、またドイツでも「庶民湯」というものがあると紹介しつつ、法律の有無にかかわらず公設浴場を設置するべきであると訴えた。加えて、「勞働者及び一般細民の浴場は漸次に改良してやらぬ」と指摘した。その理由として、日本の「細民浴場」は不衛生というだけではなく、いくつかの欠陥があることを述べ、それを改良するのが先だと指摘した。この「細民浴場」が何を指すのかは明確にされていないが、おそらく被差別部落などにある共同浴場のことであると推測される。海野が批判した公設浴場は大きな建築物で浴場以外の施設も備えていた。それについては第五章で詳細に検討する。

また、積立金運用課は一九二五(大正十四)年に「欧米の公共浴場」という報告書を刊行している。これは一九〇八年のドイツの公衆浴場改良主義者の一人であり浴場の設計もしていたカール・ヴォルフ(Carl Worff)による *Öffentiche Bade- und Schwimmanstalten* の翻訳であるが、翻訳者の名は記されていない。このなかの「近代に於ける浴場制度」という節で、「英國では『コレラ』病の發生と共に清潔と云ふことに對する價値が高まつた」[138]と、公衆浴場運動に触れている。また「無産者」に対する「國民浴場」は「疑ひもなく公共衛生施設の最も重大にして有数なる使命」だと説明されている。[139]これは翻訳であるが、こうした欧米圏の公衆浴場について行政が大きな関心をよせていた証左といえよう。

公設浴場は国によってではなく府・県・市が設立した。次章以降で、その詳細についてみていくが、公設浴場を設けた行政が、身体の清浄さについて言及していることもあった。たとえば、一九二三（大正十二）年の京都市社会課が京都市内の入浴施設を調査した報告書である『京都の湯屋』では、浴場の沿革の説明の際に、寺院の施湯などにも触れ「湯に入り全身の垢を洗ひ落し（中略）心の垢までも洗落した気持を貴ぶ」[140]と書かれている。これは身体を洗浄することが精神と関連していることを示唆する記述であるが、入浴による「清潔」な身体の維持が欧米で示唆されていたような人間の道徳的向上とは関連した記述ではない。よって清潔な身体を獲得することが市民化を意味していたという点についても明確に言及されていない。むしろ日本では、欧米とは異なって、清潔さが日本人の国民性と関連づけられるようになったといえる。[141]

日本人が入浴好きな清潔好きな国民だと認識され表象される過程を第二章でみてきた。加えて本章でも、生江や田子、積立金運用課などの文献においても、日本人は清潔を好む国民であるという認識があったことが確認された。こうした記述は、これ以後も続き、清潔さは「潔白」という言葉とも結びつけられ、国民性のなかにより浸透していく。

東京帝国大学倫理学の教授であった深作安文は一九一六（大正五）年の著作『国民道徳要義』で国民性の特徴の一つとして「潔白性」を挙げ、これについて「我國民性として第一に擧ぐべきものは潔白性であります。潔白性とは清潔を愛して不浄を忌む所の國民性であります」と述べ、古代から日本人が持っている性質だと説いた。[142]また、明治期から昭和前期にかけて教育者として活動した野口援太郎は一九三七（昭和十二）年の著書『教育的国史観』において「我が國民の特質は〔中略〕清潔・清浄・潔白を好み、正直で信用を重んずる美質なども、こゝから出発したものと思はれる」[143]と述べている。

明治後期から表出した、日本人は入浴好きという言説は、公設浴場の設置が進展していく大正期を経て、清潔さという概念を通して、日本人の性質すなわち国民性とも強く結び付けられていったといえる。

本章では、海外の公衆浴場運動の理念と公設浴場がつくられていく過程、そしてその公衆浴場運動の理念を日本の社会事業家と行政がいかに受け止めてきたのかについて論じてきた。そこで、次章では、日本の最初の公設浴場である大阪市の櫻宮浴場を中心に、社会事業行政のなかでの公設浴場がいかに位置づけられていったのか、具体的にみていくこととしたい。

第三節　公衆浴場の社会事業的側面——小括

明治末期から、日本の社会事業家は海外の公衆浴場運動を参照し、公設浴場を日本に導入しようとしてきた。とくに、生江孝之は労働者の家族と「細民」に焦点を当て、海外の公衆浴場について言及しながら、日本において公設浴場が必要であることを主張していた。

海外の公衆浴場運動と日本の公設浴場に関する行政資料を含む言説を比較すると、海外においては「不潔」で「悪徳」なものから、「悪徳」という脅威を取り除こうとする観点が際立っていた。これに対して、日本では公設浴場の設置による、貧民の教化に力点が置かれた。その際、日本人は欧米人とは違って、清潔好きで入浴習慣をもつことが強調された。さらに、欧米と日本との入浴習慣に関する清潔観に対しての差異が認識されていた。特筆すべきは、生江が主張していた特殊部落の浴場のような公設浴場の生活保障としての側面が、欧米との違いとして挙げられていることである。公衆浴場運動は日本に移植され、独自に展開されていったのである。

その具体的な事例として、大阪市における公設浴場の設置を検討した。そのなかでも、融和事業の一環として設けられていった公設浴場には、生江が主張したような生活保障としての側面が見出せる。この側面は、大阪よりも、社会事業が被差別部落を対象としていた京都においてより明らかであるが、まずは大阪における公設浴場の設立過程を次章で詳しく検討することとしたい。

註

（1）窪田静太郎「社會事業と衞生事務」『窪田静太郎論集』日本社会事業大学、一九八〇年、二七九〜二八六頁。
（2）V・スミス（鈴木実佳訳）『清潔の歴史――美・健康・衛生』東洋書林、二〇一〇年、一六七〜一八九頁。
（3）G・ヴィガレロ（見市雅俊監訳）『清潔になる〈私〉――身体管理の文化誌』同文館出版、一九九四年。
（4）G・ヴィガレロ、前掲註3、三〇頁。
（5）また、中世の浴場において浴場経営者が売春婦を出入りさせるにあたっては、日時を指定させるなどの規制があった。しかし、こうした管理はうまくいかず、多くの蒸し風呂などの浴場は変わらず営業していた。V・スミス、前掲註2、二〇〇〜二〇一頁。
（6）G・ヴィガレロ、前掲註3、一三〜一四頁。
（7）G・ヴィガレロ、前掲註3、一六〜一七頁。
（8）G・ヴィガレロ、前掲註3、一八〜一九頁。
（9）G・ヴィガレロ、前掲註3、四六頁。
（10）V・スミス、前掲註2、二〇二〜二〇六頁。
（11）G・ヴィガレロ、前掲註3、二九〜三〇頁。
（12）V・スミス、前掲註2、二三七頁。
（13）V・スミス、前掲註2、二一五〜二一六頁。
（14）V・スミス、前掲註2、二四九頁。

(15) V・スミス、前掲註2、二五四頁。

(16) V・スミス、前掲註2、二六七～二六九頁。

(17) V・スミス、前掲註2、三〇四～三〇六頁。

(18) 十八世紀初頭から、ホイッグ党を中心にして、慈善活動として貧民の救済が行なわれていた。ただし、自発的か博愛的な事業にとどまっていた。V・スミス、前掲註2、二九二～二九三頁。

(19) 上林茂暢「公衆衛生の確率における日本と英国――長与専斎とE・チャドウィックの果たした役割」『日本医学史雑誌』第四七巻第四号（二〇〇一年）、六六五～六九六頁

(20) V・スミス、前掲註2、三〇八頁。

(21) 「移民」、「労働者」、「貧民」は、それぞれが明確に区分されていたわけではなく、重なってみなされることもあった。

(22) Glassberg, D. "The Design of Reform: thePublic Bath Movement in America," *American Studies*, 20 (1979) : 5–21。

(23) Williams, M. T. *Washing The Great Unwashed" Public Baths in Urban America, 1840–1920* (Columbus: Ohio State University Press, 1991)。

(24) V・スミス、前掲註2。

(25) Williams, 前掲註23、六頁。

(26) "The Great Unwashed"という言葉をつくったのは、ホイッグ党に所属した作家のエドワード・ブルワー＝リットンだといわれている。リットンは自身の小説『ポール・クリフォード』の献辞で"The Great Unwashed"という言葉を用いている。鈴木実佳はこれを「大いなる不潔者」と翻訳している。the Great Unwashedという言葉は「下層民」や「貧民」とも訳されるが、ここでは下層階級であり洗われていない人々、すなわち入浴しておらず身体を洗っていない、とんでもなく汚れている人々を清潔にするということに運動の主眼があったと考えるため、この訳を採用した。V・スミス、前掲註2、三〇八頁。

(27) V・スミス、前掲註2、三〇七～三〇八頁。

(28) V・スミス、前掲註2、三〇九頁。

(29) Glassberg, 前掲註22、八頁。

(30) この浴場には、二つの大きなスイミングプール、二つのより小さな飛込み浴場、一一の個人浴室、ひとつの蒸気風呂、そしてひとつのシャワーバスが含まれていた。Williams, 前掲註23、七～八頁。

(31) V・スミス、前掲註2、三〇八～三〇九頁。

(32) 清教徒派の抵抗があったが法案は通過した。V・スミス、前掲註2、三〇九～三一〇頁。

（33）Williams, 前掲註23、八頁。
（34）Tiltman, A. H. *Public Bath and Wash-houses* (printed by Harrison & Sons, St. Martin's Lane) 1895.
（35）浴場の設置に対しては清教徒からの反発もあった。また、カトリックが大半を占める地域では、入浴習慣がなかなか根付かなかったといわれる。V・スミス、前掲註2、三〇九～三一〇頁。
（36）V・スミス、前掲註2、三〇九～三一〇頁。
（37）ティットマンは英国建築家協会（TheRoyal Institute of British Architects）の会員であり、ロンドンのケニングトン・ロードのニューランベス公衆浴場及び洗濯場が改築される際に記録を残した。
（38）貧民優先の浴場（救貧浴場）は「恩着せがましい」もので、貧民も富裕層もともに入浴するべきだと考えられていた。K・アシェンバーグ（鎌田彷月訳）『図説　不潔の歴史』原書房、二〇〇八年、一七九頁
（39）一八八三年に、費用をかけずに労働者の身体を洗う方法としてシャワーが考えだされた。同年のベルリン公衆健康展でシャワーの個室を並べた浴場が展示されている。しかしながら、シャワーはイギリスとドイツではそれほど受け入れられなかった。K・アシェンバーグ、前掲註38、一八一頁。
（40）Williams, 前掲註23、九頁。
（41）Tiltman, 前掲註34。
（42）Williams, 前掲註23。
（43）西洋社会において、「清潔さ」と宗派は深く関わっているものである。フランスのようなカトリックが大半を占める国と、イギリスのようなプロテスタントが国教である国では、「清潔」に対する考え方が異なっており、公衆浴場の普及に大きな影響があったのは明らかだが、宗派の違いに対してはここでは焦点化しない。
（44）K・アシェンバーグ、前掲註38、一八三～一八四頁。
（45）K・アシェンバーグ、前掲註38、一九四～一九五頁。
（46）Williams, 前掲註23、七頁。
（47）Glassberg, 前掲註22、八～九頁。
（48）Glassberg, 前掲註22、七頁。
（49）Glassberg, 前掲註22、七頁。
（50）Glassberg, 前掲註22、七頁。

(51) Glassberg, 前掲註22、七〜八頁。

(52) 当時、おそれられていた伝染病は、腸チフス、結核、コレラ、ジフテリア、ペスト、赤痢などであり、これらの病気は不潔な皮膚にひそむ細菌によって伝染すると考えられた。つまり、身体を洗浄しない不潔な人間は、細菌を運ぶ可能性を持つ存在であるとみなされた。そして、同時に清潔さと道徳的人格には相関関係があると、改良主義者たちは信じていた。汚れた身体は不道徳さを表すものであり、改良主義者たちは公衆浴場を身体を洗浄する施設というだけではなく、清潔さが道徳的人格を保障するものとみなしていくようになった。公衆浴場は清潔で道徳性の高い社会であることを証明する施設であり、またそのような社会を維持するための施設でもあった。Glassberg, 前掲註22、八頁。

(53) AICPの公衆浴場では、バスタブではなくシャワーが設置された。シャワーの方がバスタブよりも水量、面積が少なくてすみ、費用もかからないためとされる。Glassberg、前掲註22、一〇頁。

(54) *Laws of the State of New York* (Albany: Banks & Brothers, Publishers) 1892, 939.

(55) アメリカのほかの都市では、行政によって公衆浴場がつくられていく経緯は異なっている。フィラデルフィアでは、フィラデルフィア公衆浴場協会(Public Baths Association of Philadelphia)によって、一八九八年から一九〇三年にかけて、三つの屋内公衆浴場が建設された。シカゴでは、一八九四年に市が運営する公衆浴場を開設した。Glassberg、前掲註22、一一〜一二頁。

(56) Williams, 前掲註23、三二頁。

(57) Morris, William and Mary *Morris Dictionary of Word and Phrase Origins* (HarperCollins, New York) 1977, 136.

(58) F・ベーコン(服部英次郎・多田英次訳)『学問の進歩』岩波書店、一九七四年、二〇一頁。

(59) Morris, 前掲註57、一三六頁。

(60) V・スミス、前掲註2、三〇八頁。

(61) A・ワーナー、T・ウィリアムズ(松尾恭子訳)『写真で見るヴィクトリア朝ロンドンの都市と生活』原書房、二〇一三年、七七頁。

(62) このほかに、内務省地方局がヨーロッパの公共団体と公益事業の視察をまとめ、一九一〇(明治四十)年に出版した『歐米自治救濟小鑑』もある。このなかに「浴場一覧」という条項はあるものの、そこで取りあげられているのはすべて温泉の大浴場である。内務省地方局『歐米自治救濟小鑑』内務省地方局、一九一〇年、一八五〜一八六頁。

(63) 京都市参事会『伯林市行政ノ既往及現在』東枝律書房、一九〇一年。

(64) 京都市参事会、前掲註63、一八六〜一八八頁。

(65) 京都市参事会、前掲註63、一八六〜一八七頁。
(66) 京都市参事会、前掲註63、一八六〜一八七頁。
(67) 河水浴場の建築費には二〇万マルクかかったと報告された。また、この河水浴場の設計はブリュッセル世界博覧会に出品され金賞に選ばれた。京都市参事会、前掲註63、一八七頁。
(68) 報告書のなかでは「一昨年」と記されており、明確な年は記述されていないが、視察した年が一九〇〇年であるため、一八九八年だと推測される。京都市参事会、前掲註63、一頁。
(69) 京都市参事会、前掲註63、一八七頁。
(70) 窪田静太郎「衛生事務の要綱」内務省地方局編纂『地方改良事業講演集（下巻）』博文館、一九一一年、六四二頁以下。
(71) 窪田、前掲註70。
(72) 小原信三・松崎宗信「日本國民衛生に就いて」『大日本私立衛生會雑誌』第二三九号（一九〇三年）、一六五〜一七一頁。
(73) 生江孝之『歐米視察——細民と救濟』博文館、一九一二年、二二八〜二三四頁。
(74) 『歐米視察——細民と救濟』は、生江を「本格的な社会事業家たらしめる」ものになったと指摘されている。木村寿「社会事業史上における生江孝之の位置について」『歴史研究』第一七号（一九七九年）、四一頁。
(75) 生江孝之先生自叙伝刊行委員会『わが九十年の生涯』大空社、一九八八年、九頁。
(76) 市瀬幸平は生江が家族に受洗をすすめたとき生活がきわめて苦しい状況にあったことと、生江家は中級士族であり明治維新後の士族の没落の悲哀と生江家の状況とが呼応したことを指摘している。市瀬幸平「キリスト教と社会事業——生江孝之の社会事業観」『関東学院大学人文科学研究所報』第四号、一九八一年、七頁。須藤康恵「生江孝之社会事業思想に関する基礎的研究」『東北大学大学院総合福祉学研究科社会福祉学』第一巻、二〇〇四年、四五頁。
(77) 生江孝之先生自叙伝刊行委員会、前掲註75、一一頁。
(78) 生江孝之先生自叙伝刊行委員会、前掲註75、一三頁。
(79) 生江孝之先生自叙伝刊行委員会、前掲註75、一八〜一九頁。
(80) 生江孝之先生自叙伝刊行委員会、前掲註75、二〇頁。
(81) 生江孝之先生自叙伝刊行委員会、前掲註75、二一〜二二頁。
(82) 生江孝之先生自叙伝刊行委員会、前掲註75、二四〜二五頁。
(83) 生江はグラスゴーへの関心を、この地が近代文明の発祥地であり、蒸汽機船、アダム・スミスの国富論、宗教家のジョン・

ノックスやチャルモアなどのグラスゴーに関連するものを挙げ説明している。グラスゴーは工業都市であり、そのような「近代文明の発祥地」が、いち早く近代的な社会問題を内包していたことは想像に難くない。生江孝之先生自叙伝刊行委員会、前掲註75、四九～五〇頁。

(84) 杉山博昭『キリスト教福祉実践の史的展開』大学教育出版、二〇〇三年、一六四～一六五頁、生江孝之先生自叙伝刊行委員会、前掲註75、六〇～六一頁。

(85) 杉山、前掲註84。

(86) 市瀬、前掲註76、一〇頁。

(87) 生江孝之・佐藤信一「社会事業秘録対談覚え帖(4)――外国の社会事業と日本的な社会事業」『社会事業』第三六巻第一号、一九五三年。

(88) 同会では、谷頭辰兄が慈善団体懇話会の全国版のようなものとして大日本慈善協会会則案を提出しており、それに対し原が提案したものであった。

(89) 貧民研究会は一九〇〇年九月に内務官僚を中心に組織された団体。後の慈善事業政策に大きな影響を及ぼし、とくに慈善事業の国家統制を中心的に推進するものであった。

(90) 生江孝之・佐藤信一、前掲註87。

(91) 池田敬正「中央慈善協会の成立」『社会福祉学』第三二巻第一号(一九九〇年)、一二八～一五四頁。

(92) 中央慈善協会は、一九二四年に中央社会事業協会と改称された。この団体は現在の全国社会福祉協議会の礎となるものである。

(93) 生江の『社会事業綱要』は、アメリカの社会事業論、なかでもエドワード・ディヴァイン(Edward Devine)のものを正当に受け継いだものとされる。本書は、日本女子大学の社会事業講座の教科書として使用された。一番ケ瀬康子「生江孝之著『社会事業綱要』と山口正著『社会事業研究』」『社会福祉研究』第八号、一九七一年、九八頁。荻原園子「大正後半期における貧困観の旋回――『社会貧』認識の形成をめぐって」『龍谷大学研究紀要社会学・社会福祉学』第二〇号、四四頁。

(94) 生江孝之『社会事業綱要』厳松堂、一九二三年、二〇頁(『生江孝之著作集第四巻　社会事業綱要』学術出版会、二〇一四年に所収)。

(95) 生江、前掲註94、二〇頁。

(96) 生江、前掲註94、二八～二九頁。

(97) 生江、前掲註94、三二頁。

(98) 当時の内務省地方局局長は床次竹二郎、書記官が井上友一であり、また留岡幸助が嘱託として携わっていた。
(99) 生江孝之・佐藤信一、前掲註87。
(100) 生江孝之先生自叙伝刊行委員会、前掲註75、六一～六二頁。
(101) 杉山、前掲註84、一六四～一六五頁、生江孝之先生自叙伝刊行委員会、前掲註75、六〇～六一頁。
(102) 生江孝之先生自叙伝刊行委員会、前掲註75、六四頁。
(103) 生江孝之先生自叙伝刊行委員会、前掲註75、七二～七三頁。
(104) 生江孝之先生自叙伝刊行委員会、前掲註75、六四頁。
(105) 生江孝之先生自叙伝刊行委員会、前掲註75、六四～六五頁。
(106) 生江、前掲註73、自序二頁。
(107) 生江、前掲註73、自序二～三頁。
(108) 生江、前掲註73、二二八頁。
(109) 生江、前掲註73、二三二頁。
(110) 生江、前掲註73、二三二頁。
(111) 生江、前掲註73、二三二頁。
(112) 生江、前掲註73、二三二～二三三頁。
(113) 生江、前掲註73、二三二～二三三頁。
(114) 生江、前掲註73、二三三頁。
(115) 生江、前掲註73、二三三頁。
(116) 生江、前掲註73、二三三頁。
(117) 生江、前掲註73、二三二～二三三頁。
(118) 生江、前掲註73、二三三～二三四頁。
(119) 生江、前掲註73、二三三～二三四頁。
(120) 生江、前掲註73、二三三～二三四頁。
(121) 田子一民『社會事業』帝国地方行政会、一九二二年、二六一頁。
(122) 田子、前掲註121、二六一頁。

(123) 簡易保険局積立金運用課「公設浴場に関する調査」一九二一年、九五〜一一三頁(社会福祉調査研究会『戦前日本社会事業調査資料集成』第八巻、勁草書房、一九九三年)所収。
(124) 内務省印刷局『職員録』一九二一年、五二六頁。
(125) 社会政策学会のほかのメンバーには一九〇三年より内務省衛生局長となった窪田静太郎や後の大阪知事の関一がおり、また第一回の社会政策学会には大阪の社会事業に関わった小河滋次郎が参加していた。http://jasps.org/1taikaiphoto.html(社会政策学会史料集、二〇一六年八月十日取得。)
(126) 全国社会福祉協議会九十年通史編纂委員会『全国社会福祉協議会九十年通史——慈善から福祉へ』二〇〇三年、二五頁、片岡優子「原胤昭の生涯とその事業——中央慈善協会における活動を中心として」『関西学院大学社会学部紀要』第一〇三号、八八頁。
(127) 簡易保険局積立金運用課、前掲註123、九六頁。
(128) 生江、前掲註73、二二八頁。
(129) 簡易保険局積立金運用課、前掲註123、一〇八頁。
(130) 入浴が労働力の回復を促すという認識は、すでに明治末期にみられるものである。医師である石川貞吉は、『如何にして最良最大の精神作業を為し得るか』において、「入浴と作業力との関係」について論じている。ここでは、入浴は身体を清潔にするだけではなく、精神にも影響するとして、入浴後、計算能力があがり、また疲労の回復が証明されたことが挙げられている。石川貞吉『如何にして最良最大の精神作業を為し得るか』同文館、一九一一年、一三一〜一三三頁。
(131) 生江は、グラスゴーでは公設浴場に必ずといっていいほど洗濯場が附設されていることに注目していた。生江、前掲註73、二三一頁。
また、洗濯場については、一九〇八年の『万國衛生及民勢學會参列及歐米都市衛生視察復命書』においても、言及が残されている。これは、一九〇七年にベルリンで開催された「第十四回万國衛生及民勢学會」の参列記録と、それにともない行なわれた都市衛生設備の視察の記録である。参列及び視察したのは、東京衛生試験所所長の遠山椿吉であった。ここでは、公設浴場設置の折には、浴場に洗濯できる施設を附設してほしいと希望を述べたうえで次のように続けられている。「如何に躰の垢を洗つても膚《はだ》に着けるものが不潔であつたならば入浴は殆ど益がないのである。入浴は贅澤行為ではない、要は衛生にあるのだ、然らば一枚よりも持ち合わせのない着用着を洗濯して始めて徹底した衛生となる〔後略〕」洗濯場の附設には、身体だけではなく着衣もまた清潔でなければならないという理由付けがあった。東京市『万國衛生及民勢学會参列及歐米都市衛生視察復命書』東京市、一九〇八年、五二頁。

(132) 簡易保険局積立金運用課、前掲註123、一一二頁。
(133) 簡易保険局積立金運用課、前掲註123、一一三頁。
(134) 京都部落史研究所『京都の部落史(2)近現代』京都部落史研究所、一九九一年、八五頁。
(135) ここでは、表に存在しない川崎市も含まれている。また、宮城県は実施中に入っているが建築中と記述されている。簡易保険局積立金運用課、前掲註123、一〇二頁。
(136) ここでは、富山市と高岡市となっている。簡易保険局積立金運用課、前掲註123、一〇七頁。
(137) 海野幸徳『輓近の社會事業』内外出版、一九二四年、四四七〜四五六頁。
(138) 簡易保険局積立金運用課『歐米の公共浴場』一九二六年、三四〜三五頁。
(139) 簡易保険局積立金運用課、前掲註138、八六〜八七頁。
(140) 京都市社会課「京都市社會課叢書第一三編　京都の湯屋」一九二三年、一三五頁(社会福祉調査研究会『戦前日本社会事業調査資料集成』第八巻、勁草書房、一九九三年)所収。
(141) 清潔さと国民性の関連については、岩本の研究が示唆的である。岩本通弥「装い――穢れと清潔」新谷尚樹・波平恵美子・湯川洋司『暮らしの中の民俗学(1)一日』吉川弘文館、二〇〇三年、六五〜九九頁。
(142) 深作安文『国民道徳要義』弘道館、一九一六年、二五二頁。
(143) 野口援太郎『教育的国史観』明治圖書、一九三七年、二五〇頁。

第四章　社会事業行政における公設浴場の位置づけ――大阪市を事例に

この章では、大阪市における公設浴場の設立過程とその目的を取りあげる。そこで、まず、日本で公設浴場が社会事業のなかでどのように位置づけられ、どのような機能を果たしていたのかを簡単に確認しておきたい。

第一節　日本の救貧政策

日本では社会事業が進展する以前に、明治初期から窮民救助を目的とする政策がたてられていた。一八七四（明治七）年に、窮民救済のために「恤救規則」が制定された。これは、労働能力を欠いた極貧の者に対して救済（生活保障）を行なうことを規定するものであった。具体的な救済対象として想定されていたのは、極貧で独身の「廃疾者」、「老衰者」、「疾病者」であった。[1]このような人々は極限状態ともいえる窮民である。けれども、それ以外の、いわば労働可能な貧困層への救済支援は公的には行なわれず、民間の救済支援にとどまっていた。こうした民間の救済支援には宗教団体が行なうものも多く、仏教団体やキリスト教団体による社会事業があった。窮民以外の貧民に対しては、明治末期には多くの官僚が関心を寄せるようになっていた[2]。ただし、こうした人々に公的に介入する政策、すなわち社会事業が大きく進展することになるのは、大正期半ばの一九一八年におきた米騒動以降のことである[3]。公設浴場は、米騒動後に進展した社会事業のなかに位置づけられていった。

社会事業はその進展とともに、目的と性質によって、細分化されていった。その分類は、救護事業、経済保護事業、職業保護事業、医療保護事業、児童保護事業、社会教化施設、司法保護事業、そして婦人保護などの事業である[4]。社会事業の分類も時代とともに細分化されたり追加されたりするが、本章ではその分類の変遷について詳細に追うことはせず、経済保護事業に特化して論じる。経済保護事業を主な対象とするのは、公設浴場がほとんどの場合、この事業に分類されたからである。経済保護事業とは「防貧的の目的を有する」ものであった[5]。防貧とは「貧困に陥ることを未然に防ぐ事業」[6]であり、その具体的な事業内容には「住宅の供給、改善、共同宿泊所、公益市場、簡易食堂、公益質屋、公益浴場」があった[7]。「公益浴場」は、「無料又は低廉なる料金を以て入浴為さしむる施設にして公共団体又は公益団体の経営するものなり」[8]と説明されている。ここでは「公益浴場」と記述されているが、文書によっては「公設浴場」になっているものもある。

米騒動以後の社会事業の進展は国の主導で進んだというより、大都市を抱える府県や市の独自の取り組みとして実施されていった。それぞれの都市で抱える問題、問題視される特徴などは異なっている。各都市で問題に取り組んだため、都市ごとの社会事業の内容はそれぞれの特質を持ち、互いに異なるものであった。それは公設浴場の設置過程や設置対象などの位置づけについても同様であった。

大阪の社会事業は、ほかの都市に比べ早くから進んでいたことが知られている。大阪市の社会事業は、おおよそ一九一八年から一九二〇年にかけて体系化された。これら社会事業の体系化を行ない、またその運営を担ったのは大阪市社会部であった。また、先行研究では、当時大阪市の高級助役で一九二三年に大阪市長になる関一が都市社会政策を精力的に行ない、論考を多く残しているため、注目が集まることが多かった[9]。では、大阪の抱える問題とはどのようなものだったのだろうか。大阪で社会事業が進んだ地域的な背景について概観することから始めたい。

第二節　大阪の社会事業進展の背景

いずれの都市においても社会事業が発展した裏側には、都市の発展と拡張がある。

大阪は「東洋のマンチェスター」[10]といわれるように、早くから工業が発展してきた。一八七〇（明治三）年には大坂城三の丸米蔵跡地に造兵司が、一八七一（明治四）年には大阪市天満に造幣局が創業した。佐賀朝は、天満の工場と地域社会の形成との関連性に着目し、造幣局の創業とこれらの工場の設立は天満地域に影響を与えたと述べる[11]。創業当時の造幣局には、官僚、御雇い外国人、職工、小使・運送方・掃除人などの「付随的労働者」がおり、「官吏や職工の大半は局内の官舎や職人長屋および天満周辺の工場近隣で居住して」いた。天満を中心とした北区やその周辺の東区には、造幣局の職員全体一五六人のうち六五人が居住していた[12]。また造幣局のある天満近辺の地域は現在では大阪市の中心部にみえるが、明治初期の大阪市は今ほど広い面積ではなく、造幣局も大阪市街地のなかでは北西の周縁部に位置していた。

造兵司や造幣局は官営のものであったが、一方で民間の製造業の工場も明治初期からつくられていった[13]。たとえば一八七五（明治八）年に小杉又兵衛と小野久兵衛が靫北通にマッチ製造所を開業し、マッチ製造所及び関連工場は明治期を通してその後もつくられていった。マッチ工場で働いていたのは「工場周辺の貧民の子女が最も多く」、彼らは「低賃金で危険な作業に就いていた」[14]。一八七六（明治九）年には中之島・堂島に真島襄一郎の紙砂糖製造場、一八七九（明治十二）年、一八八〇（明治十三）年には、難波村に大倉組や藤田組の靴製造場、湊屋新田に藤田伝三郎らの硫酸工場、川崎村に伊藤契信のガラス工業が創設された。[15] ただしこれらの工業の担い手は少数であり、大阪の工業の担い手の多くは紡績工業に就いていた。[16] 一八八七（明治二十）年頃から、大阪市の周辺部には工場が進出し、市周辺部に工場労働者が集住する市街地及び住宅地が形成されていった。一八七九年には後の堂島紡績所である渋谷紡績所が堂島浜通三丁目に、一八八二（明治十五）年には渋沢栄一らが協同して資本金を募った大阪紡績会社が西成三軒家村に設立された。[17] この大阪紡績会社工場は利益を挙げ、大規模工業が民間でも営むことができると示したという点で、軽工業の定着に大きな役割を果したといわれる。[18]

一八八〇年代後半には大阪市内の市区改正が行なわれようとしていた。加藤政洋は一八八六年の大阪「市区改正」案について分析している。[19] この当時、一八八五年から一八八六年にかけて大阪ではコレラが流行しており、コレラ患者が出た家屋周辺の交通遮断と患者を避病院に入れるという二重の防疫体制がとられた。これは当時のコレラ対策の基本的方針である。しかし避病院への隔離などは当然ながら強制的に行なわれたため、反発や拒否感が強かった。そして、一八八六年の流行では、大阪に限らず、コレラ流行がみられた貧民が居住する地域（「貧民部落」などともいわれた）を問題視する発言が衛生家からなされており、それはこうした地域を感染源とみなすことも示唆していた。[20]

さらに「根本的」な方策が計画された。それがコレラ患者を出した特定地域の「貧民の隔離計画」である。[21] これは該当地の「貧民」を市街地から移転させてその地域全体を取り払うスラム・クリアランスであった。[22] コレラ対策該当地域は名護町という木賃宿が並ぶ地域であり、そこで暮らす主な「貧民」は紙屑拾いや、傘張り、人力車夫などの無資産者であった。[23] この背景には、一九〇三（明治三十六）年に開催予定の第五回内国勧業博覧会がある。[24] 名護町は会場付近に位置しており、会場への道路整備という点からも問題視されていた。

このスラム・クリアランスは、一八九一年に実現した。その際に一八八六年の「長屋建築規則」が適用され、それまでの家屋は改築されたものの、改築後に再び住むことができたのは、そこに住んでいた「貧民」たちのなかでもわずかな資産を持つ者に限られた。[25]

一八九〇年代には、大阪の工業化はより進み、近代工業都市へと成立していく。川口の硫酸製造会社は新工場の完成、大阪硫酸会社（アルカリ会社と社名を変更）は増設工場でソーダ、塩酸カリの製造を開始、大阪電灯会社は事業の拡張を決定、大阪瓦斯会社の創業、このほか石炭会社、コークス製造、小型製造、セメント製造などの工場新設・増設が進んだ。一八九三（明治二十六）年には、大阪の三大画策として工業学校の開設、水道の敷設、築港工事が計画され、築港工師としてヨハニス・デ・レーケ（Johannis de Rijke）を雇い入れるなど、実現にむけて動き出していた。[26] こうして大阪は工業の都市という色合いを強めていくのである。

工業化する地域が広がっていくなか、一八九六年に大阪市は周辺の地域を合併することを決定した。そして一八九七（明治三十）年に大阪市は第一次市域拡張として周辺の町村を合併した。面積は五六平方km、人口は七六万人となった。[27] このとき大阪市に編入した地域は、一八九七年までの大阪市の西側を中心とする町村であった。西成郡などのこれらの地域は、大正期のはじめまでには大きな工場敷地となり、住宅や学校、小規模工場などが連なる地域になっていた。また明治三十年以降は新淀川の開削、築港工事などが進められていた時期でもある。[28] 市域拡張の頃から、大阪市は急激に人口が膨張し、さらに編入した地域にはすでに工場が立ち並んでいたこともあり、工業化がそれまで以上に進展し、都市へと人が流入し人口が集中していった。とりわけ西成郡には職工が多く住むようになっていく。[29]

第一次世界大戦の影響で一九一五年後半から始まったといわれる好況により、大阪の工業は発展したが、一九二〇（大正九）年に「戦後恐慌」と呼ばれる大不況によって五万人もの工場労働者が失業した。給料生活者と比較してとくに日雇労働者の失業率が高かった。[30] こうした労働者の集住する地域は大阪という都市のなかで下層社会を形成した。[31] 大阪の都市問題において労働者の占める位置は極めて大きかった。たとえば、職工などが居住する地域は衛生環境が整っていないところが多く、前述した一八八〇年代と同様に病の流行の温床としても問題視されていた。こうして市は社会事業行政の対象として労働者に注目するようになっていった。[32]

このような状況のもとですすめられてきた大阪市の社会事業について概略的にみていこう。

一九一三（大正二）年に、大阪府の救済事業指導嘱託として監獄行政研究の先駆者であり元内務省監獄局長の小河滋次郎が招聘された。小河は方面委員制度の成立に尽力し、一九一八年には方面委員制度が創設された。[33] よく知られているように方面委員制度は、医師や教師などの地域の中産階級を中心に構成される方面委員が、それぞれ担当の地域の住民調査を行ない、貧困状態のなか暮らす人々・貧困状態に陥りかけている人々の自立をうながす制度のことである。方面委員制度は、日本の貧困問題への政策を「〈救貧〉から〈防貧〉へ」変えるものであったといわれる。[34] 同一九一三年に救済事業研究会が発足し、救済事業の研究や議論が行なわれ、それに基づいた提言が実現されていった。[35]

このように、大阪では比較的早い時期から、貧困層を対象とする救済事業が進んでいた。しかし、それが社会事業として本格化することになったのは、ほかの都市と同様、一九一八年の米騒動を契機にしてであった。米騒動の直後に、簡易食堂、共同宿泊所、貸長屋などの社会事業施設が計画され、大阪市の有志が社会事業を支援するために募金活動を行ない、総額九三万七〇〇〇円余りが集まった。これに加えて、内務省委託寄附金一二万一〇〇〇円や大阪市費が、後年の大阪市の社会事業施設の建設につながるものとなった。[36] 一九一九（大正八）年には、労働者に対する調査を行なう市長直属の労働調査係が設置された。[37] そして、一九二〇年には大阪市社会部が発足した。社会部長は、天野時三郎であった。社会部では一九一九年から労働調査係の主任を務めていた山口正が、労働調査課課長を経て、社会部調査課長・事務課長を兼務し、大阪の社会事業行政の全般を担うことになった。[38] そして、社会部は救貧事業・経済保護事業・医療保護事業などに関わる社会事業施設を設置していくようになる。[39]

第三節　大阪の公設浴場の設立

公設浴場は各府県の社会事業のうち経済保護事業の一環として主に設置された。一方、大阪市の社会事業として設置された公設浴場には、経済保護事業に位置づけられるものと、社会教化事業に位置づけられるものがあった。前者は中産以下の労働者に対してつくられた公設住宅に附設されたもので、居住者と近隣の労働者にのみ利用が認められていた。後者は融和施設として被差別部落につくられたものである。年表は大正期から昭和初期にかけて大阪市につくられた公設浴場である。このうち櫻宮浴場と鶴町第一・第二浴場が経済保護事業として設置された。

年表

一九一九（大正八）年	六月十八日	櫻宮浴場（北区）
	七月十三日	鶴町第一浴場（西区）
一九二一（大正十）年	六月四日	鶴町第二浴場（西区）
一九二四（大正十三）年	三月	城北浴場（旭区）
	八月	北中島浴場（東淀川区）
一九二九（昭和四）年	十月	舟場浴場（北区）
一九二四（昭和九）年	七月	加島浴場（西淀川区）

大阪の最初の公設浴場は、一九一九年六月十八日に大阪市北区に設置された櫻宮浴場である。(40) 同年七月十三

図 4–1　鶴町第一・第二浴場（出典：大阪市役所社会部『大阪市社會事業概要』大阪市役所社会部、1923 年）

日に西区に鶴町第一浴場が設置され、さらに一九二一（大正十）年六月四日には、鶴町第二浴場が設けられた（図4―1）。櫻宮浴場がつくられた地域は、当時の市域のはずれに位置しており、一九二二（大正十一）年に淀川上流の埋立地を利用してつくられた櫻宮公園の近くに位置していたことから周辺には労働者が多かったことが推測される。西区鶴町第一浴場、第二浴場が設けられたのは、市街地から離れた大阪湾に面する地域であった。この地域は、明治末期から始まる大阪市の築港の一環として大規模に埋立工事が行なわれつつある地域でもあった。[41] 築港工事は、大阪市の天保山周辺を対象にして行なわれ、鶴町もそこに含まれていた。[42]

櫻宮浴場及び鶴町第一・第二浴場の設置目的を大阪市は以下のように説明している。

> 市民保健の見地より市營住宅居住者及び其の附近在住の労働者に対し、清潔快適なる浴場を供せんため、市營の浴場を住宅地に設置してある。

「市營住宅居住者及び其の附近在住の労働者に対し」、そして「市營の浴場を住宅地に設置してある」とあるように、櫻宮浴場も鶴町第一・第二浴場も、市営住宅地域内に設けられたものだった[43]（図4―2

図 4–2　鶴町第一住宅（出典：同前）

図 4–3　鶴町第二住宅（出典：同前）

図 4–4　櫻宮住宅の一部（出典：同前）

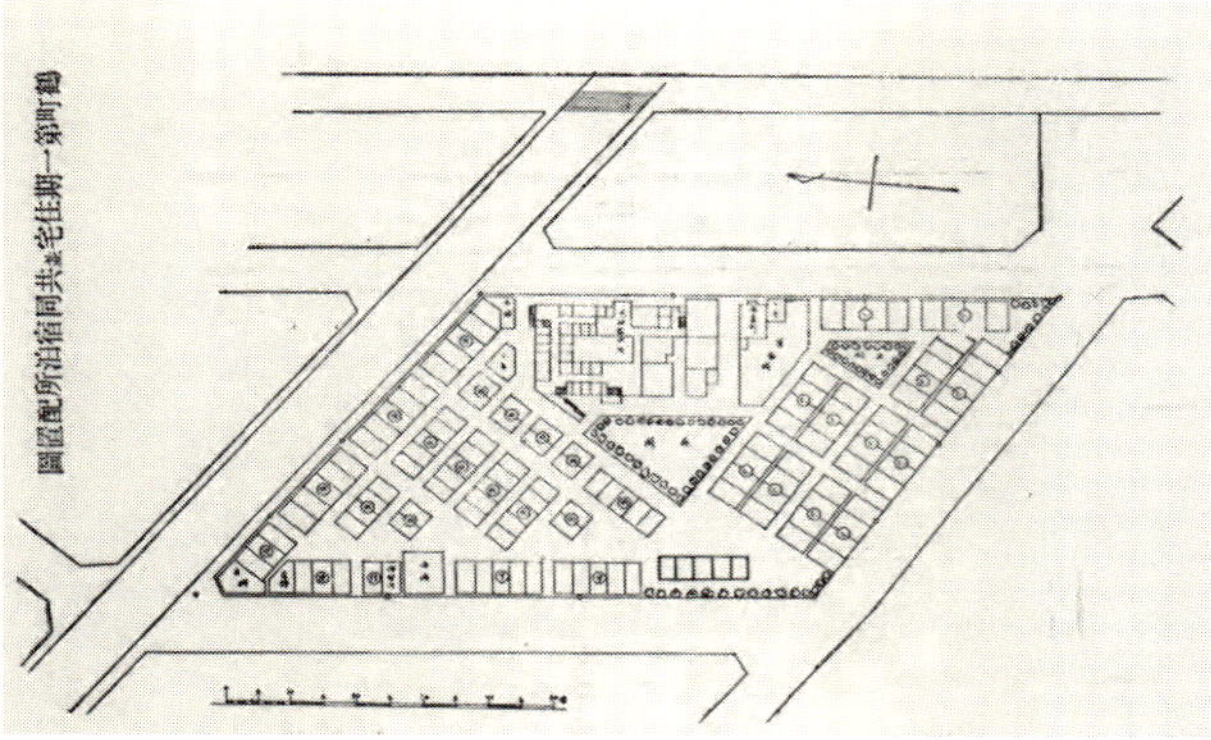

図 4–5　鶴町第一住宅見取り図（出典：同前）

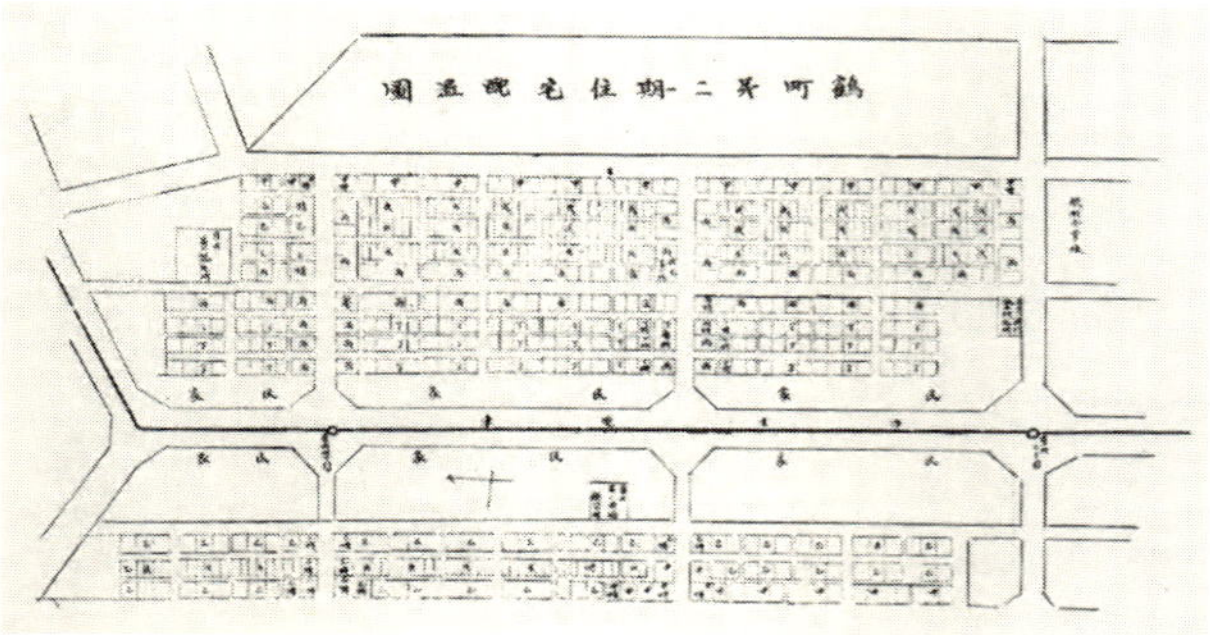

図 4–6　鶴町第二住宅見取り図（出典：同前）

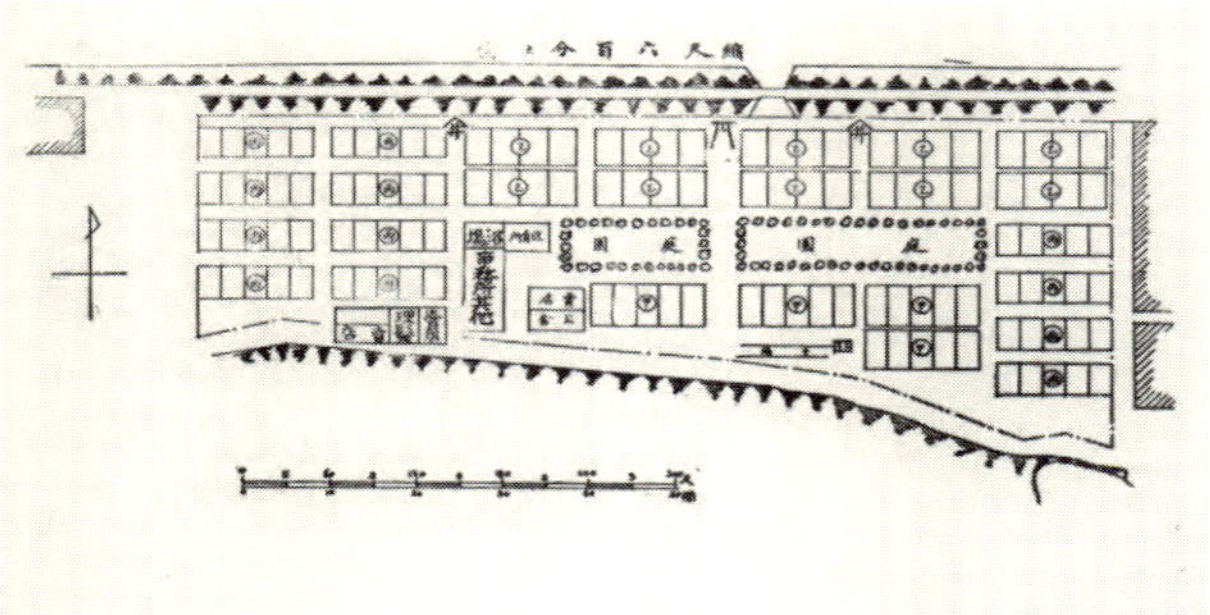

図 4–7　櫻宮住宅見取り図（出典：同前）

から4―7）。これらの市営住宅は、第一次世界大戦後に生じた住宅難を解消するために設置され、「中産以下の市民」を対象とするものであった。[44] 市営住宅の居住者は「中産以下の市民」のなかでも労働者を対象とし、この居住者は抽選で決められることになっていた。櫻宮住宅の戸数は二〇二戸で住宅抽選の申込者は「職工、工夫、人夫」などに限定しており「會社員等の月給取階級」は断ると報道された。申込者は戸数の三倍に達する勢いであったという。[45]

実際どのような人々が住んでいたのかについては、一九二六（昭和元）年の居住者の職種別を示した表4―1、表4―2、表4―3を参照されたい。当初、櫻宮住宅の居住者の半数ほどが賃金生活者であったが、残りの半数ほどが俸給生活者であった。鶴町第一・第二住宅はさらに俸給生活者が多く居住したが、とりわけ第二住宅居住者の俸給生活者の割合は圧倒的に多かった。また、小河滋次郎の記録によると、鶴町第一住宅の住民として最も多いのが市区吏員であり、それに次ぐのは職工、雑役、労働と船員であった。その他には医師や産婆や看護婦や薬剤師がいたという。[46] 永橋爲介は、大阪の「労働者住居」には「共同宿泊所」と市営住宅の二つの施策がとられたとして、両者の住民を比較しながら、大阪の住宅政策を分析している。[47] 共同宿泊所は市営住宅と同年の一九一九年に、今宮、西野田、鶴町につくられた。共同宿泊所の方には、住むところの定まっていない単身の労働者が入居することが基本であったが、本館とは別に別館（定員二五名）がもうけられており、行政から優秀とみなされた者が選別され入居する機会を得た。さらに別館入居を許可されたものから、将来有望であり、家族を呼び寄せ一家を構える意志がある者には市営住宅に優先的に入居する機会が与えられた。市営住宅には住むところの定まらない単身労働者が入居することはほとんどなく、こうした労働者を選別し、「家の所有と家族形成を推奨」しながら、市営住宅へ導く「上昇回路」を設定していたと永橋は指摘している。[48]

さて、これらの住宅に附設された公設浴場についてみていきたい。櫻宮浴場の建物坪数は約二九坪であり、営業時間は午後三時から午後十時までであった。鶴町第一浴場の建物坪数は約四三坪、鶴町第二浴場の建物坪数は

表 4–1　櫻宮住宅住民世帯主職業別

年	労働	職工	職人	其ノ他	計	雇員	智識業	官公吏	其ノ他	計	労働	商業	工業	智識業	其ノ他	計	無職	合計
1919(大正8)末	41	42	17	—	100	38	3	45	—	86	1	6	—	9	—	16	—	203
1920(大正9)末	45	42	21	—	104	34	1	45	—	80	1	5	—	4	—	10	6	200
1921(大正10)末	48	40	21	—	109	36	5	41	—	82	—	5	—	—	—	5	4	200
1922(大正11)末	58	47	21	12	138	24	2	13	16	55	—	5	—	—	—	5	4	202
1923(大正12)末	59	46	22	13	140	23	1	12	17	53	—	5	—	—	—	5	4	202
1924(大正13)末	59	45	22	14	140	22	1	14	15	52	—	6	—	—	—	6	4	202
1925(大正14)末	55	44	22	17	138	24	1	14	16	55	—	6	—	—	—	6	3	202
1926(昭和元)末	56	41	22	17	136	25	1	17	14	57	—	6	—	—	—	6	3	202

表 4–2　鶴町第一期住宅住民世帯主職業別

年	労働	職工	職人	其ノ他	計	雇員	智識業	官公吏	其ノ他	計	労働	商業	工業	智識業	其ノ他	計	無職	合計
1919(大正8)末	46	44	6	—	96	28	1	51	—	80	—	6	—	3	—	9	—	185
1920(大正9)末	43	48	8	—	99	23	2	53	—	78	1	4	—	3	—	8	—	185
1921(大正10)末	41	44	10	—	95	25	3	55	1	84	—	7	—	1	—	8	—	187
1922(大正11)末	7	49	10	29	95	—	—	70	16	86	1	3	—	—	—	4	—	185
1923(大正12)末	5	46	10	33	94	—	4	72	10	86	1	5	—	—	—	6	1	187
1924(大正13)末	6	54	9	32	101	1	6	67	6	80	1	5	—	—	—	6	—	187
1925(大正14)末	6	57	8	29	100	1	5	67	5	78	1	5	—	—	—	6	1	185
1926(昭和元)末	5	63	9	32	109	1	8	58	4	71	1	4	—	—	—	5	1	186

▒：賃金生活者　▓：俸給生活者　□：独立生活者

表 4-3　鶴町第二期住宅住民世帯主職業別

年	労働	職工	職人	其ノ他	計	雇員	智識業	官公吏	其ノ他	計	労働	商業	工業	智識業	其ノ他	計	無職	合計
1920（大正9）末	12	65	17	—	94	34	129	94	—	257	—	41	3	1	—	45	—	396
1921（大正10）末	25	82	26	—	133	55	231	155	—	441	1	64	5	3	—	73	—	647
1922（大正11）末	23	69	25	10	127	46	216	157	24	443	1	59	3	7	2	72	—	642
1923（大正12）末	21	76	22	11	130	48	209	158	32	447	1	57	2	7	2	69	—	646
1924（大正13）末	21	90	21	11	143	50	195	148	32	425	1	55	2	8	3	69	—	637
1925（大正14）末	24	101	20	11	156	51	195	143	30	419	1	53	4	6	4	68	—	643
1926（昭和元）末	20	110	25	11	166	51	191	137	31	410	2	49	3	6	4	64	—	640

▒：賃金生活者　■：俸給生活者　□：独立生活者

出典：大阪市役所社会部「大阪市社會事業年報　昭和元年」1927年。「大阪市社會事業年報　昭和元年」では、1926（大正15／昭和元）年1～12月まで月別の統計が掲載されているが、上記の表には含めていない。なお、「大阪市社會事業年報」は、1927年から、事業概説、施設概要を省き、事業成績のみ記録される「大阪市社会事業統計」へと改称された。

約七二坪であった。また営業時間はともに午前六時から午後十一時までと櫻宮浴場に比べはるかに長時間営業していた。これらの住宅地には住宅の管理を行なう住宅事務所が設けられ、裁縫講習会などが開かれ、また貯金内職の奨励などが行なわれ、彼らの生活の自律を促すような教化が行なわれていた。このことは細民層とはいい難くも、ともすれば細民層に陥りかねない中産以下の市民の生活を維持させるための、前述した防貧事業が積極的に行なわれたということの証左でもある。たとえば、こうした住宅の居住者により「貯金会」が組織されるなどしている。[49] 大阪市は、これらの施設及び活動の目的を「家主對借家人以上の緊密なる關係を作り出すこと」とし、居住者の生活改善を目指していた。

これらの浴場は市営住宅に附設されているとはいえ、料金を徴収するものであった。料金は、櫻宮浴場が大人三銭、小人一銭、鶴町第一浴場と第二浴場が大人四銭、小人二銭、乳児一銭であった。当時の大阪市内の浴場は大人五銭であったこと比するなら、公設浴場の料金がかなりの安価であったことがわかる。[50]

一九一九年の年間を通しての利用者数は、櫻宮浴場が六万一六五人、鶴町第一浴場が四万四八三五人であった。鶴町第二浴場が開場し軌道にのったと思われる翌一九二一年は、櫻宮浴場が一三万一一九六人、鶴町第一浴場が一四万六一六〇人、鶴町第二浴場が二五万四一八一人である。一九一九年から一九二七年までのこれらの公設浴場の入浴客数については、表4―4を参照されたい。

また一九二七年（昭和二）年の調査によると、大阪市の公設浴場の一日の平均入浴者数は、一二八七人であった。[51] 一九三〇年に実施された大阪市社会部による市内の浴場の調査においては、一軒の浴場に一日約五八九人が入浴すると報告されている。[52]

公設住宅の居住者と周辺の労働者を浴場利用者として想定していたことから、大阪における公設浴場施設は、労働者を対象として始まった。次章以降でみるように、同時期の京都においては中心的利用者が被差別部落の住民であり、東京においては関東大震災の被災者であったりするなど、その対象の違いによって地域の差異が現れ

表 4–4　大阪市公設浴場利用者数

西　暦	元　号	櫻宮浴場	鶴町第一浴場	鶴町第二浴場
1919	大正 8	60,165	44,835	—
1920	大正 9	131,436	141,367	603
1921	大正 10	131,196	146,160	254,181
1922	大正 11	157,358	206,160	393,402
1923	大正 12	117,114	114,993	322,035
1924	大正 13	108,257	127,263	334,104
1925	大正 14	102,316	128,620	325,237
1926	昭和元	111,694	126,251	255,618
1927	昭和 2	114,750	149,486	178,202

（出典：大阪市役所社会部「昭和 2 年　大阪市社会事業統計」大阪市役所社会部、1928 年）

ている。

こうした経済保護事業として設けられた公設浴場とは別に、社会教化事業の融和施設としての浴場が、大正末期から昭和初期にかけて設置されるようになる。これは、部落改善運動から継続している、あるいは部落改善運動に影響を受け生じた融和運動に応じ行政が行なった地方改善事業の一環として行なわれたものである。部落改善運動とは、被差別部落の解放を目指し、明治期半ばより被差別部落内の有力者を中心に進められた運動である。この運動は、被差別部落内の生活環境の改善をはかり、被差別部落住民の「改善」に向けた自覚を促すものでもあった。米騒動を機に、部落改善運動は融和運動につながり、さらには被差別部落住民を中心とする水平運動が起こり始めた。水平運動は、部落差別をなくすための運動であり、社会主義運動とも連携した。融和運動は、部落改善運動を地方改善事業として引き継ぎつつも、水平運動や社会主義運動に対抗し、行政関係者が主導した運動であった。

大阪市の融和事業は、「新市方面の過群地帯を向上改善し同胞融和・生活改善の促進」を目標にすすめられた(53)。

融和事業の対象となったのは、主に被差別部落である。融和事業の具体的な内容として、道路の新設及び改修が行なわれたほか、トラホーム診療所などの医療施設、託児所、市設住宅などの社会事業施設が設置された。加えてこれまでの経済保護事業施設とは別に、融和施設のひとつとして、被差別部落などに公設浴場が新たに設置されたのである。

右において「新市方面」と述べられていたように、融和事業は大正末期の大阪市拡張にともなうものであった。[54] 一九二四（大正十三）年の第二回大阪市市域拡張により、大阪市周辺の東成郡及び西成郡全体が大阪市に編入された。[55] 融和施設としての公設浴場が設置されたのは次の場所である。一九二四年三月に旭区に城北浴場、同年八月に東淀川区に北中島浴場、一九二九（昭和四）年十月に北区に舟場浴場、一九三四（昭和九）年七月に西淀川区に加島浴場が設置された。経済保護事業としての公設浴場と大きく異なっていたのは、これらの経営が行政ではなく、それぞれの地域の団体に委託されたということである。生江が言及していたような「細民」の生活保障としての側面を、これらの公設浴場に見出すことができる。城北浴場は「公徳会」、北中島浴場は「日之出町総代」、舟場浴場は「財団法人矯風青年会」、加島浴場は「加島町の内東の町総代」によって経営されることとなった。加島浴場を除くこれらの団体は、市設住宅を貸与されている団体でもあった。大阪市に限らず、多くの場合、公設浴場は行政が設置し融和団体などに委託される公設民営のかたちをとっていた。

すでに明治末期から大正期にかけて、大阪府の警察が部落改善事業と社会事業に着手し始めていた。[56] たとえば、警察署長が鉄工所経営者などの協力を得ながら、小学校の開設を行なうなど、警察が社会事業に寄与しようとする動きがあった。[57] 舟場浴場を運営した矯風青年会も、管轄署である曾根崎署によって指導されたものである。矯風青年会は一九一一（明治四十四）年に発足し、後に融和事業功労者として表彰された伊藤弥太郎[58]によって指導された。伊藤が赴任した曾根崎署は、一九一一年から「特殊部落改善」事業に取り組み始めており、矯風青年会もその一環であった。矯風青年会の事業のひとつに、共同風呂の運営があった。この共同風呂は他地域の住民は入ることはできず、また他の浴場よりも料金が低廉であった。そして、この共同風呂の収入は青年会の財源とされたのである。[59]

大阪市においては、経済保護事業施設として労働者の生活環境を改善するための公設浴場と、被差別部落に対する融和施設としての公設浴場とが並列し、展開していったといえる。[60]

第四節　大阪の民間浴場

ここまでは大阪市が設けた公設浴場を中心に論じてきた。では大阪の公設浴場ではない民間の浴場営業者、また浴場に関わる労働者たちの実態についてみてみたい。

大阪市社会部調査課は、一九三一（昭和六）年に「本市に於ける浴場労働者の生活と労働」という報告書を刊行している。それによると、一九三〇（昭和五）年末の大阪市内の浴場は一二五一軒であり、そこで働く「浴場労働者」の数は三五六八人であった。[62] ここでいう労働者とは、「浴場に雇傭せられてゐる三助・補助・流し・下足番・番臺など總べて」を含む。[63] この報告書を出すに至った経緯は、次のように説明されている。[64]

二　由来浴場労働者はその特殊的立場からして今日まで餘り社會の視聽に上らなかつたが今回の湯銭値下問題を一契機として浴場界の浄化と部屋制度の改善が叫ばれて以来彼等の存在は社會注目の的となるに至つた。

三　この現状に鑑み當課は觀察の重點を特に部屋制度に置いて一千二十名の浴場労働者につきその生活と勞働方面を實施調査し以てその現況を弘く社會一般に訴へることとした

つまり、労働者のなかでもこれまでそれほど話題に上らなかった浴場労働者について「湯銭値下問題」を契機に、浴場業界の「浄化」と「部屋制度」を改善することが社会的に求められるようになった。そのため、大阪市社会部の調査は、問題視された「部屋制度」を重点的に調査し、浴場労働者一〇二〇人の生活と労働の実態を調査するものとなった。

当時の大阪の湯銭値下げ問題についての実態については現在のところ明らかになっておらず、今後詳らかにしていきたいのだが、一九三一（昭和六）年四月二日の『東京朝日新聞』に「大阪で湯銭直下げ」という記事が掲載されている。

時節柄世間注目の的となつてゐた大阪の湯錢直下げ問題につき最後の決定をなすべく一日夜湯屋聯合會と湯屋同業組合の兩幹部代表十五名が會合數時間議を練つた結果當業者としての最大譲歩限度は四錢五厘（小兒三錢は二錢に）と決定近く府警察部に回答近く實施のはず

大阪のみの報道にとどまらなかったことに、その状況の深刻さがうかがえる。この問題をきっかけに、浴場業界で「部屋制度」の改善が訴えられた。「部屋制度」を説明するにあたり、浴場労働者の労働の実態についてみてみたい。

多くの浴場では三助にあたる火夫《どうこ》と向番《むかうばん》の二人を使用していた。火夫は釜たきが主で、向番は湯槽の掃除やそのほか「店廻りを手傳ふ」のが仕事であった。火夫と向番は対の働きをなし、交代して仕事を行なうのが常であった。しかし、大阪市周辺の小さな浴場ではどちらか一人しかいない「一枚風呂」と呼ばれるものがあった。一人しかいない場合、その浴場労働者の仕事量は過剰に多くなり「甚だしく疲勞」することになった[65]。そこで必要とされるのが、先に挙げた浴場労働者の「補助」である。補助は「追廻《おひまわし》」ともいわれ、一人のみの一枚風呂や多数雇い入れている大きな浴場の見習いでもあった。

「部屋制度」については第六章でも述べるが、大阪市社会部調査課は「部屋」について次のように説明している。[66]

> 浴場勞働者の職業紹介機關と下宿營業とを兼ねた營利的な紹介機關であつて、親方、廻り（番頭）及び部屋子の三者よりなり立つてゐる。

浴場業に就く際、部屋や浴場業専門の職業紹介所でもある口入屋の仲介で就労する場合と、知人や同郷関係の紹介で就労する場合とがあった。この当時の調査では、圧倒的に同郷関係での就労が多く、調査対象の半数以上が相当した。そのなかでも石川県（一〇一名）、富山県（七六名）、兵庫県（九二名）など、北陸や日本海側の「富山・能登・丹波・丹後・但馬地方の出身が多い」とされた。ただし、それ以上に多い割合を占めていたのが「朝鮮」出身の三八一名であった。報告書では、「劣悪な勞働條件の下にしかも過激な勞働を必要とする浴場勞働にあつては、この種ほかの一般勞働に於けると同じく漸次内地勞働者の數を減じ、その反面に朝鮮人勞働者の數を增加しつつあるのである」と述べられている。[67] さらに、次のように説明された。[68]

> 今回の湯錢値下問題が擡頭して以来、營業主は經費節減の切拔作として人件費に着目し、内地人代りに賃金の低廉な朝鮮人を使用する傾向益々顯著となり、調査當時に於いては已に下足番などの下級勞働は、過半數以上朝鮮人で占められてゐる現狀である。

一九二〇年代末から、大阪市は「内鮮人」の生活環境や労働について調査を開始しており、「朝鮮人労働社問題は従來の如く工場勞働或いは日傭勞働方面に」限ったことではなく、こうした「特殊勞働方面」も注目しなければならないとしている。

この調査当時の浴場労働者の労働時間は浴場の営業時間と同様の午前五時から翌日の午前一時二時に及ぶ状態であり、火夫と向番の二人が交替制をとってはいるものの、一日平均一五時間から一六時間が普通であった。下足番などのほかの職名も同様の時間であった。一人で仕事を行なう「一枚風呂」ではより長い労働時間になっただろう。こうした過酷な労働環境ゆえに、とりわけ部屋から就労した者は就労期間が短くなる傾向があった。三ヶ月以内で部屋に戻る者が三〇・八％、一年以内で戻る者が六〇・一％であった。[69] つまり、大多数が二、三ヶ月で部屋に戻ってくるとみなされていた。[70]

こうした部屋は、この調査時に大阪市に八軒あった。そのうち二軒は当時ほぼ休止状態であったという。[71] 部屋は部屋子から入会金を徴収し、さらには部屋が部屋子を紹介する際に、被紹介者側から紹介料もとった。多くの場合は、被紹介者が就職してから三日間が経過すると、部屋から廻り（番頭）が紹介先に訪れ徴収した。また、浴場労働者が疾病や事故で急遽休み、部屋から代理の浴場労働者を紹介した際に、その代理労働者（助）から部屋へ納金させる「助のハネ」といわれる臨時紹介料もとった。代理労働者（助）は、たいてい日給二五銭増となり、その賃金から二割を部屋が徴収する制度であった。被紹介者である浴場労働者が部屋から徴収されるのは、そのほかに部屋の周りへの祝儀、飯代などがあった。部屋は派遣先の浴場主からも月掛金も徴収した。[72]

一九三一年一月の大阪市内の浴場数は一二五一軒であり、浴場数が多い区としては、東成区一九三軒、港区一七〇軒、住吉区一四四軒、北区一〇一軒が挙げられており、少ない区としては、南区五九軒、天王寺区五〇軒があった。[73] 注意したいのは、これらの浴場はすべて、浴場持主と浴場営業者が一致しているわけではなかったということである。

浴場営業者のなかには、浴場を借り受けて営業している「借湯営業者」がいた。総数一一五一軒のうち、一〇二六軒が借湯営業者であった。とりわけ、多かったのが港区や北区であった。借湯営業者は大阪市域が拡張する以前の旧市方面に多い傾向があった。[74]

さて、当時問題となっていた湯銭値下げのひとつの背景には、湯屋の自由競争があったことが報告書からうかがえる。先に挙げた東京朝日新聞での報道にあったように、一九三一年六月一日に、大阪市の入浴料は大人四銭五厘、小人二銭となったものの、港区市岡方面では四銭と二銭で、または三銭と二銭で営業する者も現れる状況であった。多くの借湯営業者たちが湯銭値下げで苦しい状況にあったが、これを乗り切るために浴場の家賃を下げることを浴場持主に求める「猛運動」を起こすようになる。[75]「大阪浴場従業員クラブ」では、「湯銭値下問題に就いて営業者諸君の諒解を求む」と声明を出している。ここから浴場持主と借湯営業者の緊張関係と湯銭値下げ問題と家賃値下げとの関係がみえてくる[76]（句読点は筆者による）。

現在の湯屋組合は一般營業者の組合でなく、浴場持主營業者或は特殊借家營業者即ち家主と特別關係を持つブルジヨアの人々が幹部となり、實權を握つて居るのであつて、契約期間一ヶ年制の下に、轉々として營業場所を替へつつある大多数のプロレタリア營業者の意志は、事實上少しも省みられない有様であつて〔中略〕湯銭値下最大の障害である暴利的高價な家賃問題には一言も觸れず、次のやうな理由を例挙して居るが、我等従業員の立場から是を批判すると、まづ人件費が嵩むと云ふて居るのは全く嘘偽であつて事實我等の給料は二割乃至四割下げられて居るのである。又浴客の衛生思想が進んだ爲め湯水を多く費ふやうになつたと大げさに云ふて居るが、是を湯銭値下の反對理由にするほど以前と餘りかわつたやうに思はれない。次に不景気に依る入浴客の減少は事實であつて是は我等も認むる。然し、湯屋の家賃は入浴客の多少によつて定められるのが原則でありとすれば、入浴客が減少し人件費、石炭代其外日用消耗品悉く下落して居る今日速に家賃を値下し、同時に湯錢を値下すべきは當然のことであるにも拘はらず、社会的良心なき家主は周旋業者と共謀して家賃釣上策に腐心し浴場賃貸契約期間一ヶ年制を奇貨として借家業者の移動を頻繁ならしめ業者の代替り毎に家賃の値上げを行ひつつあるが故に、借家營業者の經濟を極度に脅威しつつあるものである。

右記からは、借湯営業者と持主の契約は一年と決められていたこと、借湯営業者のなかには更新のたびに移動しなくてはならない者が存在していたことがうかがえる。

声明書では、「浴場借家營業者並に従業員を苦境に陥れつつある暴利的家賃を即時五割値下すべし」、「弊害多き浴場貸借契約期間の一ヶ年制を廃止すべし」などの決議が掲載された。[77] また、「大阪浴場従業員クラブ」は部屋制度の改善も訴え、まず手近なところである部屋の飯代値下げ運動も行なっている。[78] 当時高まっていた大阪の湯銭値下げ運動は、借湯営業者と浴場労働者の生活を苦しくさせ、結果として浴場の営業実態や労働実態の諸問題を浮かび上がらせることになった。

第五節　都市政策としての公設浴場――小括

本章では、日本で最初につくられた大阪の公設浴場についてその設置過程を中心に検討してきた。大阪ではいち早く社会事業が進み、とりわけその対象とみなされたのが労働者であった。大阪の公設浴場は、そうした労働者政策の一環としてつくられた市営住宅に附設するものとして始まった。市営住宅は、いわゆるその日暮らしの単身労働者のためではなく、市の職員や様々な職種の人が入居することが主であった。ただし、附設の公設浴場は市営住宅住民だけではなく、近隣に住む労働者にも開かれており、大阪市内の幅広い層の労働者たちに入浴機会を提供するものであったことがうかがえる。

　大正期の終わりから、こうした公設浴場とは異なり、被差別部落を対象とした融和事業のなかでも公設浴場がつくられていくようになる。融和事業のなかでつくられる公設浴場は、行政が設置し融和団体などに委託される公設民営のかたちをとった。料金も低廉であり、浴場収益はその地域の運営団体の財源とされた。これは第三章で述べた生江孝之が挙げていた「特殊部落の浴場」のかたちとほぼ同じものである。実は、こうした融和施設としての公設浴場は、大阪市に限ったことではない。京都府及び京都市では、社会事業が被差別部落を対象として進められていた。具体的な運営については次章からみていきたい。

　また、第三章で述べた入浴料の問題は社会事業的な視点だけにとどまるものではなく、大阪の民間の浴場営業者たちにとって当時の湯銭値下げ問題と関わり、彼らの営業状態や労働環境を改善するための切り札にもなり得るものであった。こうした入浴料をめぐる問題もまた大阪に限ったことではなく、東京でも浴場営業者と行政の間で緊迫した関係を引き起こすに至った。東京では、さらにそこに公設浴場の設置と経営が絡む動きがみられる。それについては第六章で後述する。大阪の公設浴場と民間の浴場営業者たちの相互的な動的関係を明らかにすることは残された課題である。

註

（1）田子一民『社會事業』帝国地方行政会、一九二二年、二四三頁。
（2）一九〇三年から一〇年にかけて内務省衛生局長を務め、貧民研究会のメンバーでもあった窪田静太郎は明治から昭和にかけて社会事業に関わり続けたといわれているが、明治期後半から貧民救済に関する論説を発表し続けた。明治末期から大正期半ばにかけて、貧民救済に対する考え方が変容したという検討もなされているが、それについては野口友紀子や仲村優一の研究を参照されたい。野口友紀子「窪田静太郎にみる救済制度観の変遷」『東洋大学大学院紀要社会学研究科』第三七集、二〇〇一年、

二五一～二六三頁、仲村優一「『公的救済』について」日本社会事業大学編『窪田静太郎論集』一九八〇年。

(3) 大正期に設置され始めた公設浴場は、一九三八年度末には全国に一七七軒であり、その多くは公営住宅などの附設施設であった。武島一義『社會事業叢書第四巻　経済保護事業』常盤書房、一九三八年、三五二～三五三頁。(『戦前期社会事業基本文献集(2) 經濟保護事業』日本図書センター、一九九五年) 復刻版。

(4) 灘尾弘吉『社會事業叢書第二巻　社會事業行政』常盤書房、一九四〇年、四～七頁。(『戦前期社会事業基本文献集(7) 社会事業行政』日本図書センター、一九九五年) 復刻版。

(5) 内務省社会局社会部「経済保護施設概況」一九二六年、二〇八頁 (社会福祉調査研究会『戦前日本社会事業調査資料集成』第八巻、勁草書房、一九九三年) 所収。

(6) 田子、前掲註1、一八一頁。

(7) 灘尾、前掲註4、四～五頁。

(8) 内務省社会局社会部、前掲註5、二一一頁。

(9) たとえば次のような文献などが挙げられる。J・E・ヘインズ (宮本憲一監訳)『主体としての都市――関一と近代大阪の再構築』勁草書房、二〇〇七年。

(10) 一八七九 (明治十二) 年十一月以降は砲兵工廠となる。

(11) 佐賀朝『近代大阪の都市社会構造』日本経済評論社、二〇〇七年、一六三～二〇一頁。

(12) 佐賀、前掲註11、一八三～一八四頁。

(13) このような工業化の萌芽といえる時期に、大阪府は「鋼折業」、「鍛冶業」、「湯屋業」に対して「近隣ノ者共地響又ハ汚穢喧囂ナルヨリ健康上ノ妨害ヲナス段往々苦情相聞候」と、これらの業種が地響きや汚染や騒音の発生源になっていることを問題視し、近隣の人家との間に距離制限を規定する規則を定めた。これは日本で最初の「公害規制法規」とみなされてもいる。鋼折業者に対しては、人家の過密でない村落か四方五間以上の空地への移転することとし、鍛冶業については、鍋釜鋳物師等を除く蒸気罐錨等の大鍛冶で地響が甚だしいものは鋼折業者と同様の規定であり、湯屋業に対しては、四方十五間以内の人家と汚水を流す溝の下、六十間までの人家と協議し承諾を得ることが義務付けられた。小田康徳「近代都市大阪の形成と公害問題」現代資料刊行会『近代都市環境研究資料叢書(1) 近代都市の衛生環境(大阪編)別冊(解説編)』近現代資料刊行会、二〇〇八年、九頁、古谷宗作編『類聚大阪府布達全書　第一編第一〇巻』一八九六年。http://kindai.ndl.go.jp/info:ndljp/pid/788323/234 (二〇一六年八月十日取得)

(14) 新修大阪市史編纂委員会『新修大阪市史　第五巻』大阪市、一九九一年、三七四頁。
(15) 小田、前掲註13、八頁。
(16) 新修大阪市史編纂委員会、前掲註14、三六三頁。
(17) 新修大阪市史編纂委員会、前掲註14、三五六〜三五七頁。
(18) 小田、前掲註13、九頁。
(19) 加藤政洋『大阪のスラムと盛り場――近代都市と場所の系譜学』創元社、二〇〇二年、一一〜九一頁。
(20) 小林丈広『近代日本と公衆衛生――都市社会史の試み』雄山閣出版、二〇〇一年、三〇〜三一頁。
(21) 大阪のものより前に、東京で一八八一年の大火をきっかけに神田橋本町で同様の計画があり実行された。ただし、これは「貧富の住み分け」を主眼におき、被災した住民の生活には注意が払われなかったという点で、大阪の計画とは異なるものであったと加藤は指摘している。加藤、前掲註19、二七〜二八頁。
(22) 加藤、前掲註19、八八〜八九頁。
(23) 加藤、前掲註19、五五頁、八六頁。
(24) 博覧会や天皇の行幸など大きな催し物の前にこうしたクリアランスが行なわれることは、めずらしいことではなかった。現在においても同様であろう。
(25) 一時的ではなく永続的に立ち退かなくてはならなくなった「貧民」たちは、周辺の村などに移動した。加藤、前掲註19、八七頁。
(26) 大谷渡編著『大阪の近代――大都市の息づかい』東方出版、二〇一三年、四九〜五一頁。
(27) 大阪市ホームページ http://www.city.osaka.lg.jp/shikai/page/0000001377.html（二〇一五年三月十日取得）
(28) 小田、前掲註13、一八頁、古谷、前掲註13。
(29) 大谷、前掲註26、五四〜六一頁。
(30) 大阪市『明治大正大阪市史　第三巻　経済編　中』日本評論社、一九三四年、七九五〜七九八頁。
(31) 水内俊雄は、明治初期から昭和恐慌期までの大阪市内の労働者の居住地域について分析しており、それぞれの時期によって、労働者が形成する「下層民街」の様相が異なると指摘している。水内俊雄「工業化過程におけるインナーシティの形成と発展――大阪の分析を通じて」『人文地理』第三四巻第五号、一九八二年、一〜二五頁。
(32) 柴田紀子「都市社会事業の成立期における社会事業サービスの領域設定とその認識――大阪方面委員制度を事例として」『金沢

大学文学部地理学報告』第七号、一九九五年、四二頁。
(33) 方面委員は現在の民生委員につながるものである。
(34) 小河滋次郎が方面委員制度の発足に尽力したことはよく知られている。玉井金吾『防貧の創造――近代社会政策論研究』啓文社、一九九二年、二四～三〇頁。
(35) 救済事業研究会が発足する前の一九一一（明治四十四）年には、東京毎日新聞記者であった鈴木文治や警察官の丸山鶴吉らによって「浮浪人研究会」が発足し、「浮浪者」という定義や認識に関する言説が展開した。永橋爲介「一九一〇年代の大阪にみる「浮浪者」と「貧民窟」に関する言説」『都市計画論文集（都市計画別冊）』第三三号、一九九八年、四一五頁。
(36) 大阪市民生局『大阪市民生事業四十年史』一九六二年、二七頁。
(37) 労働調査係は、後に社会部の労働調査課となり、労働者の労働条件、生活状態などの調査を行ない、『労働調査報告』としてまとめ刊行した。
(38) 永岡正己「山口正と社会事業史の研究」『戦前期社会事業基本文献集（1）社会事業史』日本図書センター、一九九五年、二頁。
(39) 先行研究でまず注目されるのが市民館である。大阪で最初に設立されたのは大阪市立北市民館であり、この設立の趣旨は、「欧米に於ける社会同化事業を参酌して設立せられ〔中略〕市民性の涵養、生活の改善の資せんとする」ことであった。大阪市役所社会部「大阪市社會事業概要」一九二三年、七〇頁。
(40) 大阪市役所社会部庶務課『社會事業史』大阪市役所社会部庶務課、一九二四年、二二八頁（近現代資料刊行会『日本近代都市社会調査資料集成（9）大阪市・府社会調査報告書（11）大正13年（4）』近現代資料刊行会、二〇〇六年）所収。
(41) 大阪市、前掲註30、一一〇～一一〇一頁。
(42) 鶴町を含む埋立地には、道路、下水、宅地整理が行なわれた。鶴町へは一九一七（大正六）年度に工事が行なわれた。大阪市、前掲註30、一一〇二頁。
(43) 大阪市役所社会部、前掲註39、六四頁。
(44) 大阪市、前掲註30、八九五頁。
(45)『大阪毎日新聞』一九一九年六月七日発行。
(46) 岳洋生「市営社会事業を視るの記――築港方面」『救済研究』第八巻第六号（一九二〇年）、七二頁。小河の号は「岳洋」であり、永橋爲介は小河が視察報告の際にこの号に寄稿していたことを明らかにしている。永橋爲介「一九二〇年代の大阪市の社会事業及び住宅政策の展開にみる『都市下層』社会への統治術の検証」『都市計画論文集（都市計画別冊）』第三四号（一九九九年）、五七一～五七六頁。

(47) 永橋、前掲註46、五七二頁。

(48) 永橋、前掲註46、五七二頁。

(49) 大阪市、前掲註30、八九七頁。

(50) 大阪市役所社会部庶務課、前掲註40、二二七～二二八頁。

(51) 大阪市社会部調査課「社會部報告第九四号　六大都市市會社會事業概要」一九二九年、一〇六頁（近現代資料刊行会『日本近代都市社会調査資料集成（3）大阪市社会部調査報告書（15）昭和4年（4）』近現代資料刊行会、一九九六年）所収。

(52) 大阪市社会部調査課「本市に於ける浴場労働者の生活と労働」大阪市社会部調査課、一九三一年、三七頁（近現代資料刊行会『日本近代都市社会調査資料集成（3）大阪市社会部調査報告書（27）昭和6年（7）』近現代資料刊行会、一九九六年）所収。

(53) 大阪市社会部労働課「大阪市設社會事業要覧」大阪市社会部、一九三五年、六一頁。

(54) 第一回大阪市市域拡張は、一八九七（明治三十）年に実施され、当時の大阪市周辺の東成郡及び西成郡の二八の町村が大阪市に編入された。これは規模の小さいものであったとされる。大阪市、前掲註30、六四～六六頁。

(55) 大阪市『明治大正大阪市史（第二巻）経済編（上）』日本評論社、一九三五年、六八頁。

(56) 飯田直樹は、明治期以降の近代大阪を、地域支配構造の観点から四点の時期に区分した。警察社会事業は、そのうち一九〇五（明治三十八）年から（大正七）年の時期に、警察社会事業が開始されたとする。飯田直樹「近代大阪の地域支配と社会構造――近代都市の相対的把握をめざして」『部落問題研究』第一九四号、二～二九頁。

(57) 飯田、前掲註56、一三～一四頁。

(58) 伊藤は、一九一一（明治四十四）年に大阪府巡査として曾根崎警察署に赴任し、船場の被差別部落内に居住し、一九二〇（大正九）年の下水道改修及び公設下水道の附設、一九二二（大正十一）年の上水道の敷設に尽力した人物である。中央融和事業協会編『融和事業功労者事蹟』一九三二年、布引敏雄「大阪の融和運動・融和事業」「大阪の部落史」編纂委員会編集『新修大阪の部落史（下巻）』解放出版社、一九九六年、二七二～二七四頁。

(59)『大阪朝日新聞』一九一一年十月七日、飯田、前掲註56、一四～一五頁。

(60) また、大阪市の浴場に関する特徴的な点として挙げられるのが、労働者調査で、浴場で働く労働者の調査を行なっていたことである。一九三一（昭和六）年に、「本市に於ける浴場労働者の生活と労働」として、浴場労働者に関する調査が報告された。

(61) 凡例では「昭和五年末」となっている。本文中の「浴場関係」という章では「昭和六年一月」の浴場数も掲載されており、変わらず、一二五一軒である。大阪市社会部調査課『本市に於ける浴場勞働者の生活と勞働』大阪市社会部調査課、一九三一年、凡例、二三頁。

(62) 大阪市社会部調査課『本市に於ける浴場勞働者の生活と勞働』大阪市社会部調査課、一九三一年、凡例。

(63) 大阪市社会部調査課、前掲註61、一頁。それぞれの職名については次のように説明もなされている。

關東方面では三助といへば主として「流し」のことを指してゐるが、關西なかんづく本市では火夫《どうこ》と向番《むかうばん》のことを三助と呼んでいる。

(64) 大阪市社会部調査課、前掲註61、凡例。

(65) 大阪市社会部調査課、前掲註61、一頁。

(66) 大阪市社会部調査課、前掲註61、一六頁。

(67) 大阪市社会部調査課、前掲註61、二頁。

(68) 大阪市社会部調査課、前掲註61、二頁。

(69) 大阪市社会部調査課、前掲註61、一二～一三頁。

(70) 大阪市社会部調査課、前掲註61、二三頁。

(71) 大阪市社会部調査課、前掲註61、一六～一七頁。

(72) 大阪市社会部調査課、前掲註61、一八頁。

(73) 大阪市社会部調査課、前掲註61、二三～二四頁。

(74) 大阪市社会部調査課、前掲註61、二五頁。

(75) 大阪市社会部調査課、前掲註61、二六頁。

(76) 大阪市社会部調査課、前掲註61、二六～二七頁。

(77) 大阪市社会部調査課、前掲註61、二七頁。

(78) 大阪市社会部調査課、前掲註61、二〇頁。

第五章　京都における公設浴場の設立

第三章では、大正期の社会事業家たちが欧米の公衆浴場運動のなかでつくられてきた公衆浴場に注目しそれを参考にしながら、日本の都市を中心に、行政によって公設浴場が建設された過程について検討してきた。日本の公設浴場は、都市の労働者の増加、それにともなう貧困、伝染病の流行などが現れ始めた時期に設立された。ただし、日本の公設浴場が社会事業を通じて設置されたのは、利用者の身体を清潔にするという衛生的な意図のみに基づいているのではなかった。公設浴場には、生活保障としての側面もあった。第四章でみたように、大阪市で融和事業として設けられていった公設浴場の生活保障の側面が見出せる。そして、京都では被差別部落などですでに共同浴場が運営されており、その共同浴場を引き継ぐかたちで公設浴場が設置されていった。

本章では、京都における公設浴場の設立過程及び設立後の運営について検討する。前章でみたとおり、公設浴場の利用対象者として大阪では主に労働者が想定されていたのに対し、京都では被差別部落住民が対象であった。公設浴場は府県及び市が進める社会事業の一環としてつくられてきたが、京都において社会事業は、京都市域拡大に伴って編入された被差別部落を主たる対象として行なわれたのである。

京都の被差別部落ではその地域の有力者によって共同浴場がつくられ運営されていたが、京都府または京都市などの行政が介入するかたちで、一九二〇（大正九）年から公設浴場が建設され運営されるようになる。[1]ただし、京都における公設浴場は行政によってつくられたが、行政の主導というだけではなく、被差別部落の住民との相互的な関係のなかで設立されていった。

本章では、行政がどのような意図を持って公設浴場の設置に臨んだのか、京都における公設浴場の設置と運営において、被差別部落の住民がどのように活動していたのか、また被差別部落の住民と行政との相互関係のなかで公設浴場がどのように運営されていったのかという点について検討する。

第一節　部落改善運動と共同浴場

京都で公設浴場が設けられた地域はいずれも被差別部落であった。これらのほとんどの地域では公設浴場が設立される以前に、被差別部落内で経営される共同浴場が設けられていた。[2]明治後期から被差別部落の有力者たちを中心として、地域の生活環境と住民の習慣を「改善」する目的で、「部落改善運動」[3]が勃興していた。多くの共同浴場はその一環として設けられ、被差別部落内で「風紀改善」などを目指してつくられた団体によって運営された。京都の部落改善運動でつくられたこのような団体を「自主的改善組織」[4]という。自主的改善組織は、いかに設立され具体的にどのような活動を行なったのだろうか。

京都府下での被差別部落内で最初に自主的改善組織として設立されたものは、一八八七（明治二十）年、愛宕郡柳原庄小稲荷町の青年らが設立した進歩会とされている。[5]進歩会の具体的な活動内容や存続期間はは明らかではない。進歩会が設立された愛宕郡柳原庄は、一八八九（明治二十二）年に紀伊郡に編入され、柳原町となった。

柳原町は当初から非常に貧しく、地域の改善及び発展を目指すものとして進取会が設立された。進取会は児童のための講談会や「産業及び学術に関する補習学会」を設けることを目的とし、自由民権運動の影響を受けた被差別部落内の有力者によって主導され組織されたものであった。(6)

一九〇八(明治四十一)年になると、柳原町には七条警察署塩小路分署署長の吉原盈の発案によって柳原矯風会が設置された。(7)柳原矯風会は「柳原町申合規約」という日常生活の細部にわたる規律をつくり、この規律により住民の習慣を改め変えることを目的としていた。この規約には「男女共に成るべく毎日入浴する事」という項目も含まれていた。(8)柳原町矯風会の結成以降、京都府各地で改善団体の組織化が本格化していった。一九〇九(明治四十二)年には愛宕郡田中村で自彊会、野口村に鶏鳴会などが設立された。矯風会以降つくられた団体は活動の目的に、「風俗矯正」、「教育奨励」、「衛生普及」、「勤倹貯蓄」などを掲げた。これらの団体は、共同浴場の設置、運営、また入浴の奨励を行なっており、被差別部落内の生活環境及び生活習慣を「改善」しようとしていた。

確認される範囲で、被差別部落の改善団体が共同浴場を設置し、運営していった過程をみていこう。

一九〇九年、愛宕郡田中村の自彊会の活動のなかで、寿湯という部落の共同浴場が新設された。(9)一九一二(明治四十五)年一月には、愛宕郡鞍馬口村の青年会の事業として、村営の共同浴場が理髪店とともに開設された。(10)また、明確な時期は不明だが、野口村では、村長と鶏鳴会会長を兼ねていた井上靖が、村内の浴場を買収し、村営の共同浴場として運営した。(11)野口村は一八九二(明治二十五)年に鷹ヶ峰村から分村し独立した際に、蓮台野区有の湯屋が野口村の財産とされた。村内の浴場とはこの湯屋を指すものではないかと考えられる。(12)

一九一三(大正二)年には、柳原町で、町の財政再建を目的とする電灯と浴場の町営化のための期成同盟会が組織された。浴場の町営化計画は、従来あった公衆浴場六軒を買収し、村営の共同浴場として運営するというものであった。(13)このとき、一九一五(大正四)年の大正天皇の御大典の準備委員会も同町では組織されており、この期成同盟会も御大典を意識して設けられたものと考えられる。

柳原町で財政再建のために浴場の町営化が目指されたのは、共同浴場の収益などが町内の財政に寄与するものであったからである。一九一四年も引き続き柳原町は衛生・風俗などの改善をすすめており、関連する諸事業の財源には電灯・湯屋の町営利益金があてられた[14]。こうしたことはほかの村でも同様に行なわれていた。たとえば野口村では、村の歳入において湯屋貸与料が大きな割合を占めていた[15]。野口村の楽只会（一九一九〔大正八〕年十一月に鶏鳴会から改称）は、共同浴場の収益金などから、学用品の支給、生活困窮者の救済などを行なった。共同浴場の収益は部落の財源となり、そこから各改善団体の目指す「改善」のために収益が使われることとなったのである[16]。

このように、被差別部落内での共同浴場は、一九〇九年前後に組織された被差別部落の改善団体により、部落内の財政を補助するため、また収益を住民の救済や生活改善にあてることも目的として、設置されたものであったといえる。

第二節　京都市の市域拡張と水道整備

被差別部落のなかには、水の便が悪く、水道も未整備の地域もあった。公衆浴場には大量の清潔な水が必要である。これらの地域に公設浴場をつくるためには上水道が整備されなくてはならなかった。京都市の市域拡張で被差別部落が編入されるにともなって、上水道の整備が進み、公設浴場が設置されていくようになる。

明治後期から大阪や京都などで都市化や工業化が進み、市域拡張が進んだ。ただし、京都市の市域拡張はスムーズに進んだわけではなかった。京都市の周辺町村の合併については、後に公設浴場がつくられる千本（野口村）、東七条（柳原町）、西三条をそれぞれ含む地域である愛宕郡、紀伊郡、葛野《かどの》郡を編入させる計画が一八八六（明治二十九）年にたてられていた。けれども一九〇二（明治三十五）年に葛野郡の一部が編入されたのみで計画は実現しなかった。紀伊郡柳原町は、このとき町の東西及び北側の三面が京都市に面しており、取り残されるかたちとなっていた。一九〇三（明治三十六）年十一月、後に養正浴場が建てられる愛宕郡田中村が京都市に編入を希望するものの、実現には至らなかった。

しかし、第一次世界大戦の影響による好景気で、水道・電気・道路の三大事業の市債のある京都市が、周辺地域の町村合併に積極的になる。当時の京都市及び近隣の町村は、重工業の急速な発展をうけ、加えて好況のさなかにあり、発展が見込まれていたからである。この頃の京都市周辺地域の人口は、工場の増加にともなう工場労働者の需要が高まり、急増していた。たとえば一九〇七（明治四十）年から一九一六年の間に葛野郡西院村では三・五倍、愛宕郡田中村は二・六倍に人口が増加したのである。

このような工業化と急速な人口増加をうけ、一九一六（大正五）年四月に、京都府知事に就いた木内重四郎は就任に際しての抱負のひとつに京都市域拡張を掲げた。木内は将来発展が予想される地域を事前に編入し、都市計画を行なおうとしていた。一九一八（大正七）年には京都市近隣の一一の町村と五つの村の一部が編入されるに至った。このときに、田中村、野口村も京都市に編入された。

松下孝昭は、編入された地域を、その特徴から以下のように分類している。[17] 第一に、農村地帯ではあるが、今後は住宅地としての開発が想定された地域（下鴨村、白川村）。第二に、人口増加が著しく工業人口の割合が高い地域（田中村、大宮村の一部、上賀茂村の一部、朱雀野村、大内村、西院村の一部）。第三に、村域の一部が市街地化し始め、農業人口がかなり残っているものの工業人口の割合が高いという第一と第二の中間的性格を持つ地域（衣笠村、七条村、上鳥羽村の一部、深草村の一部、東九条村）。第四に、人口増加はそれほどでもないが、商工業や「その他」に分類される人口比率が高い地域（柳原町、野口村、鞍馬口村）。第三の地域が被差別部落を含む地域であり、松下は、厳しい差別ゆえに人口の流動化の動きが停滞する傾向にあったと指摘する。[18]

京都市は、市域を拡張するまで都市衛生の施設を京都市周辺に設置してきた。たとえば、火葬場は衣笠村に、市立病院は西院村に、市立屠場は京都市最南端の西九条と東九条村の境界に設けられていた。一九一八年の京都市編入によって、これらの都市衛生の施設は京都市内に含まれることとなった。

またこの京都市への編入の背景には、各町村の意向が働いていた。[19] 京都市編入以前の周辺町村のなかには、京都市内では整備されているような上水道が未整備の状況の地域が多かった。京都市に隣接する町や村でも、市街地化が進んでいる地域においては、自力での町政村政の維持が困難であるにもかかわらず都市化の傾向のためインフラを整備しなければならないために、町や村がみずから京都市編入を希望した。しかし一方では、深草町のような町内に多数の工場を持ち一応の諸施設を整えることのできる町村は、京都市編入により負担が増大するとして編入に反対してもいた。一九一七（大正六）年、京都市が編入に関係する町村に編入処分・財産処分・編入時の付帯条件などを諮問、討議した際、田中村から上水道の整備など編入後の地区改良に関わる要求が出されていた。[20] また、柳原町では市部編入後も、引き続き町営の電灯・浴場を学区（京都市における住民自治の基本単位。小学校の区域を兼ねた）の請負とすることを希望し、京都府・京都市に交渉したといわれている。[21] このようなそれぞれの町村の思惑を背景としながら進められた一九一八年の京都市編入は大規模合併となり、京都市の面積が三一・二八平方キロメートルから六〇・四三平方キロメートルに広がり、人口は五六万二八四七人から六六万八九三〇人に増加した。

市域拡張に先立ち、京都市の三大事業が一九〇七年に予算の成立をみて着手されることとなった。三大事業の内容は第二琵琶湖疏水開削、上水道整備、道路拡張及び市電敷設である。[22]「三大事業」という言葉は、一九〇四年に市長に就任した西郷菊次郎が、一九〇六年の市会ではじめて用いた。[23] 上水道の整備は三大事業のひとつとして進められ、これによって京都市の主要部に上水を配することが可能になった。西郷が、一九〇六年の市会において説明した三大事業の内容は次のとおりである。第一に第二琵琶湖疏水の建設、第二に琵琶湖疏水の水を利用した上水道の附設、第三に道路の拡張である。[24] 上水道の用途について、西郷は京都市民の飲料水に供し、また御所や神社仏閣などの防火用水として利用するとした。実は、三大事業の構想当初は、上水道ではなく、下水道を優先的に設けるべきとされていた。西郷が上水道を優先した理由としては、上水道は衛生を改善するだけではなく、市民が井戸から水をくみ上げる労力をと費用を省けるようにするためという点が挙げられている。ただ、それ以前からすでに『京都日出新聞』などでは上水道整備の緊急性が訴えられていた。[25]

上水道整備は、予算の問題もあって一九〇九年五月に着工することになった。一九一二年四月には市内主要部の申込み者に対して上水道の給水が始まった。

加えて一九一二年の「水道使用条例」により、特別の場合田中村や柳原町など市外一六町村に給水することが定められた。[26] 一九一三年当時は、図5―1と5―2（二〇〇頁）をみるとわかるように、柳原町や田中村の方にはまだ配水管が引かれていなかった。[27] ただし、市内水量が不足する際は臨時の停止、制限、廃止することもあるという条件付きの給水であった。

そして、京都市編入後の一九二〇年七月には、上水道の始まった配水管拡張工事が開始された。この拡張工事は一九二三年に終了し、配水管が整備されていなかった地域にも上水道が整備されるに至った。

配水管が整備されたのと同年、京都市は公設浴場を設立するのである。では、行政がどのような過程で公設浴場の設置を行なっていったのか、次節でみていこう。

第三節　京都における「部落改善事業」

一九一八（大正七）年の米騒動の後、京都市及び京都府は、「貧民」を含む被差別部落への対策に本格的に乗り出すことになった。

京都市は一九一八年九月に、物価が高騰した際の対策として公設市場の設置に着手する。これは京都市が最初に取り組んだ社会事業施設である。一九一八年に京都市は七条、北野、川端に公設市場を、翌一九一九年には新町頭、壬生、正面に公設市場を設けた。これらは多数の低所得者が居住する市内周縁部に設置された(28)。公設市場では、日用品や食料品を低廉な価格で供給した。そして、同年、京都市勧業課のなかに、新たに救済係がおかれ

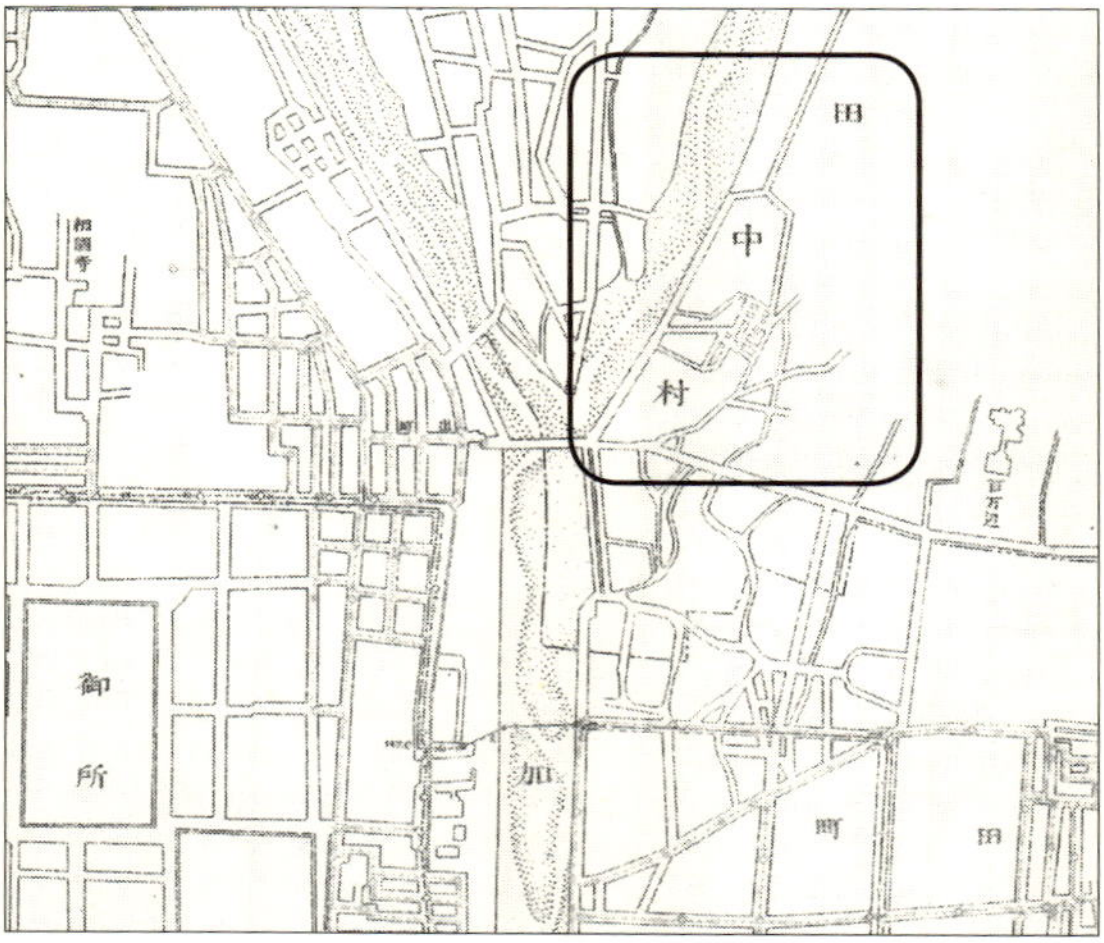

図 5–1　京都市内配水管布設図　京都市北部（実線で囲った範囲がおおよそ田中村であり、点線で示される配水管が整備されていないことがわかる）

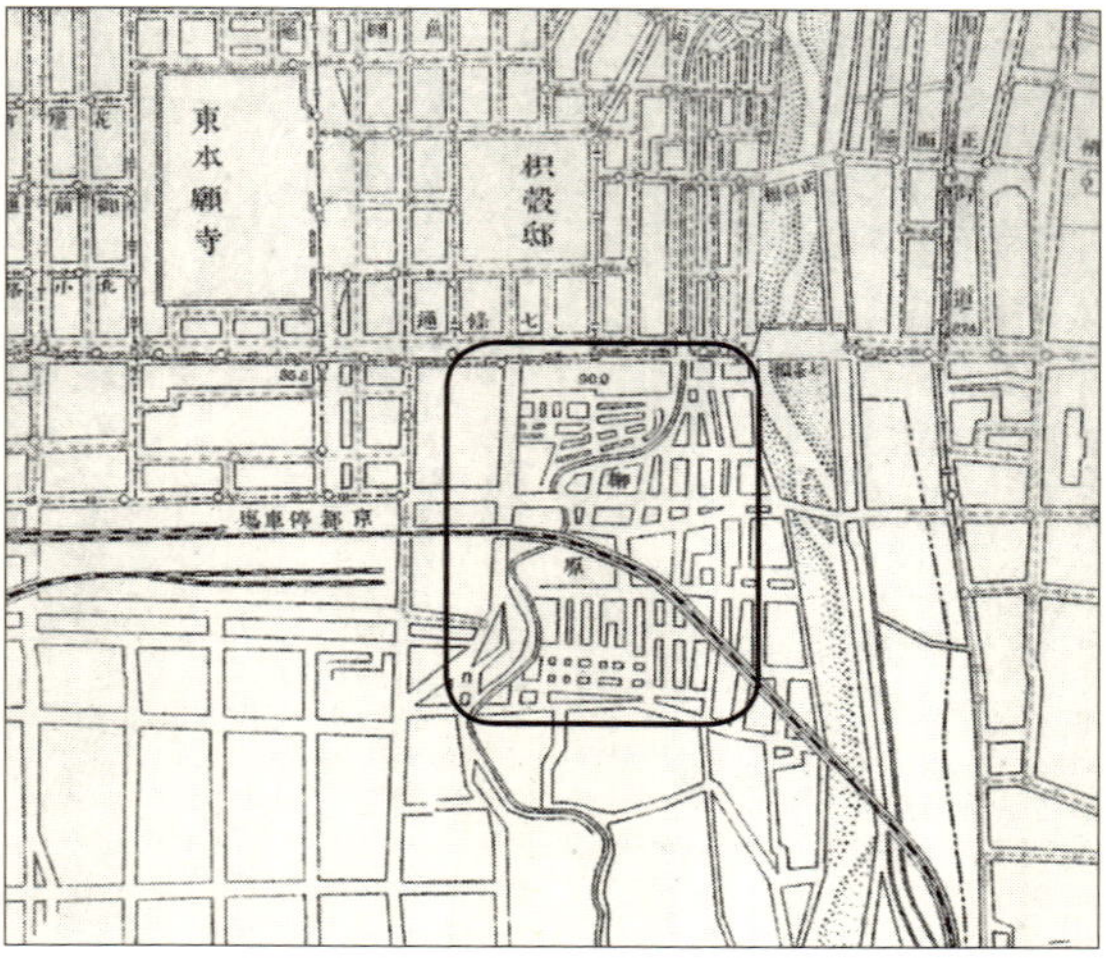

図 5–2　京都市内配水管布設図　京都市南部（実線で囲った範囲がおおよそ柳原町であり、点線で示される配水管が整備されていないことがわかる）

た。救済係は「単なる社会事業のみならず、風俗改良に関する事項、其他の社会事業施設に関する事項をも管掌する」ことを目的に設けられたものである。救済係の設置によって、京都市は被差別部落に関する問題を、社会事業のなかで専門的に扱っていくことになった(29)。

一九一九年一月になると、国も被差別部落に対する事業に本腰を入れ始める。すでに一九〇七年から、内務省は部落改善事業に着手していた。この背景には日露戦争後の資本主義の発達と恐慌による労働者の闘争の激化があり、前年の一九〇六年には片山潜らにより日本社会党が結成された。一九〇八年に日露戦争後の混乱をおさめ、さらに社会主義の台頭をおさえ、国民教化をねらう目的で「戊申詔書」が発布された。前述した被差別部落内で展開された自主的改善運動は自由民権運動の影響もあり、社会主義を指向する可能性を持っていたと指摘される。政府が被差別部落対策に乗り出したのには、社会主義の台頭及び部落改善事業の社会運動化をおそれていた側面もあった。つまり政府から見た「治安対策」という意味での部落改善対策が開始されていた(31)。ただし、政府が部落改善事業に本格的に力を入れるようになるのは、くり返すが一九一八（大正七）年の米騒動以降になってからである。一九一九年一月、内務省は「細民部落改善協議会(32)」を開催した。ここでは、被差別部落政策の理念として「融和」を掲げ(33)、「部落民と部落外の者との、徹底的融和を図る方法如何」を協議した。そして、同年、内務省地方局救護課が社会課に改称され、翌一九二〇年八月には社会局となった。同年には、原内閣が部落改善予算として五万円を計上した。これは被差別部落対策として組まれた最初の予算である。

京都市は、政府が示した「徹底的融和」を施策の方針として取り入れ、公設市場の設置以後も社会事業施設の建設に力を入れた。一九一九年には、東三条に託児所が開設した。これは京都市で部落内に最初につくられた社会事業施設である。託児所は単に保育施設というだけではなく、地元の有力者が地域住民の様々な相談にも応じており、「地域センター」的な役割を担うものとしてつくられた(34)。

一九二〇年七月には、京都市救済係の事業を引き継ぐかたちで、社会課が新設された。社会課には調査係と経営係が置かれた。経営係の職務分掌として、市場や職業紹介所や託児所などの施設の事業があった。京都市が設立した社会事業施設としては以下のようなものがある。一九二〇年以降には部落改善事業のなかでトラホーム対策に重点が置かれるようになり、一九二〇年には崇仁小学校内にトラホーム診療所が京都市社会課によりつくられた。[35] トラホーム診療所は、続けて、翌一九二一年に東三条及び田中、一九二九年に楽只、一九三〇（昭和五）年に壬生、一九三五（昭和十）年に高岸にそれぞれ設立された。一九二〇年代前半には借家不足と家賃高騰から借家争議がおこり、その解決のために市営住宅が一九二〇年に新町頭、田中、御前通、一九二二年に東福寺境内に建設された。また一九二一年に託児所内に付属されるかたちで小学校卒業以上の女性を対象とした家事見習所が開設され、また同年、職業紹介所が二条駅近くに設けられた。一九二四（大正十三）年に京都市簡易夜泊所内に授産場が設置された。

京都府でも、社会課を設置する以前から社会問題の対策を行なっていた。たとえば、西陣方面に救済事業が必要であるという認識にもとづき、一九二〇年五月に、西陣釈迦堂内に診療所を設け、貧民患者に対する救済事業を行なっていた。

同年八月には、京都府の管轄下で公同委員制度が発足した。[36] 公同委員は、大阪の方面委員と同様に、学区ごとに設置され、公同組合役員、小学校長、在郷軍人会会長、篤志家などによって構成されていた。公同委員制度の目的は、「社会事業の推進」であり、実際の活動としては、「生活困窮者に対する生活状態調査」[37]、「救護・救助活動」、「救療活動」、「児童保護活動」、「福利増進」、「教化事業」の六点とされている。発足当初、京都市域に限定されていた公同委員会は、一九二一年に京都府南部の市街地化が進む紀伊郡伏見町、深草村、竹田村、堀内村にも広げられた。公同委員は、京都府社会課の管轄にありつつも、自主的な活動を続けた。一九二〇年九月には、京都府内務部に社会課がおかれ、京都府社会課も、この公同委員制度を利用しながら借家紹介などの事業を展開していった。[38]

一九二一年二月には、床次内務大臣の諮問を受けて、社会事業調査会が「部落改善要綱」を答申した。この要綱では、道府県に対し共同浴場や診療所の設置、住宅や道路の改良、託児所の設置、就学の奨励、出稼ぎ・移住の奨励などの事業に対して国庫補助を行なうことを答申している。この要綱は政府の部落に対する政策を具体的に示したものであり、府県に大きく影響を及ぼした。[39] この答申を踏まえ、政府は、一九二一年度の部落改善予算を、前年度の五万円から一四万五八六〇円に引き上げた。これは政府が部落改善事業に対して、以前より一層、力を入れるようになったことの証左である。

一九二一年十一月二十五日、社会事業調査会の「部落改善要綱」をうけて、京都府は京都府令第一〇〇号「部落改善奨励規定」を設けた。この規定の目的は「部落の改善発達を目的とする事業に奨励金を交付することであった(第一条)。「奨励金を交付すべき事業」は、被差別部落の生活環境の改善すべきところであった。具体的には、「一、住宅の改良又は居住地域の拡張整理、道路の改良等地区の整備を目的とする事業」、「二、託児所及慰安娯楽機関の設置、就学の奨励、人材の養成、貯金組合の設置、其他風紀の改善、生活状態の改善及教化の普及を目的とする各種の事業」、「三、実業教育の奨励、産業組合、公設質屋及授産場の設置等、産業状態の改善を目的とする事業」、「四、飲料水及下水設備の改良、共同浴場、診療所の設置等、衛生的施設の完備を目的とする事業」、「五、出稼及移住の奨励を目的とする事業」、「六、其の他必要と認むる施設」の六種類であった。[40] この部落改善奨励規定によって、そのほかの事業とともに、「衛生的施設」としての共同浴場の設置に対し、奨励金が交付されることとなった。[41]

図 5–3　1927～1929年頃の東三条あたりの様子（出典：京都部落史研究所『京都の部落史（2）近現代』京都部落史研究所、1991 年）

第四節　京都における公設浴場の設置

京都における公設浴場の設置は、まず京都府により、府の部落改善事業の一環として行なわれた。公設浴場が設置される一九二〇年代はじめの京都の公衆浴場をめぐる状況はどのようなものだったのだろうか。一九二三年の京都市社会課の調査によると、一九二二年当時、京都市内に「私設浴場」すなわち民間の公衆浴場は三〇〇軒あった。社会課の計算によれば、人口二〇〇〇人あたりに一戸の浴場が配置されることになる。[42]当時公衆浴場に対しては、「二町の距離を保たない時は営業を許可しない」というような距離制限が規定されていたが、この調査によると、四割程度が二町以内に設置されていた。[43]

公設浴場が設立される地域には、民間の公衆浴場数が少ないというところもあったが、存在していないわけではなかった。一九二一年の内務省の『細民集団地区調査』によると京都市の東三条には五軒、柳原町（後の東七条）には六軒の「銭湯店舗」が存在した。[44]このような既存の浴場を買収し、公設浴場とすることもあった。[45]この節では京都府における公設浴場設置の経緯について整理し、京都市における経緯をみていこう。

一九二一年九月二十日に、京都府によって、京都で最初の公設浴場が東三条に建てられた。同時期の東三条あたりの様子は図5—3を参照されたい。一九二一年二月二十一日の『京都日出新聞』には「東三条裏と鷹野町に共同浴場新設——府社会課に市も力を協せて住民の衛生状態改善のため」という記事が掲載され、公設浴場やほかの府の社会事業施設には「臨時救濟資金の剰余金三十五萬円を基金」としているとある。東三条の公設浴場の建築費二万六〇〇〇円は、財団法人京都共済会が支出した。[46]京都共済会は、京都府社会課が発足される以前に、臨時救済団の余剰金をもとに設立された。[47]臨時救済団の余剰金の使途をめぐって京都府と京都市とが対立していたが、この資金は京都府の管理下に一元化されることとなった。京都共済会の理事には当時の府知事である馬渕鋭太郎、京都市長の安藤謙介、そのほか京都政財界の名士などが名を連ねた。京都府の社会事業行政は費用不足であり、京都共済会の資金が京都府の社会事業施設建設に用いられた。[48]

東三条の浴場が、備えていたのは浴場設備だけではなく、一階に理髪室、二階に二十一畳の広間、仏壇、図書箱といった設備が併設されていた。浴場の浴槽は広く一度に七〇人まで入れるということであった。この浴槽の湯を沸かすには「四杯」の石炭を要し、冬季は一日あたり一五〇〇人の入浴者がなければ、元がとれないといわれた。[49]入浴料は大人が二銭五厘、小人は一銭五厘、乳児が一銭であった。一九二〇年当時、民間の公衆浴場の大人料金が五銭であったことをふまえると、半額の安さであった。[50]東三条の浴場の入浴料金は現金で払うのではなく、一心会が発行する五回分の回数券を使用することとされた。またこの理髪室の料金も他店に比べ二割安であった。なお、浴場が落成した一九二一年九月二十日と翌二十一日は入浴料金が無料であり、福引や浄瑠璃なども行なわれ大変な賑わいであったという。[51]

一九二二年八月五日には、京都府によって、野口村のある千本に公設浴場が建設された。この公設浴場の設置にあたって、以下のような記事が、一九二一年二月二十七日の『京都日出新聞』に掲載された。[52]

鷹野町方面に於ける此共同浴場〔千本に設けられる公設浴場〕新設は一大事業である。〔中略〕同方面は二千以上の住民があるに拘らず現今一軒の湯屋があるばかりだ。それも一個の涸れ井戸から用水を汲み上げてるのだから其不潔サは全く問題にならぬ程らしい。それに僅か一坪たらずの湯槽で上り湯は元より無い〔中略〕第一に困難なのは同方面は高地だから水道がない。〔中略〕併しなにを言ふても高地だから十二坊からあちらは押上喞筒《ポンプ》を以て供給する方法を取らねばならず、従って是が敷設費に二万円を要するので不日市会に此事を諮るそうである。

この千本の公設浴場はすでにある共同浴場を買収し、公設浴場としたものである。(53) 右の記事によると千本には浴場が一軒しかなく、さらにこの浴場は、前述した野口村村営の共同浴場であると推測される。この共同浴場を京都府は買収し、公設浴場として拡張する方針がとられたのである。そして、千本〔旧野口村〕は公設浴場設置時において京都市に編入されていないこともあって、水の便が悪く水道も未整備の地域であった。しかし、千本の公設浴場の設立される際に水道の整備が検討され、配水管が敷設されるに至ったのである。(54)

前述したように、京都市の市域拡張とともに、被差別部落に上水道が整備されていった。その整備の状況は地域によって差があるが、公設浴場が設置されることを契機として、上水道の整備が行なわれた地域があったのである。すなわち、公設浴場には被差別部落住民に入浴施設を与えるというだけではなく、浴場設置のために必須である水を供給するというかたちで、水道整備も行なったという側面がある。(55)

東三条と千本に公設浴場が設置された後、一九二三年二月一日に西三条にも、京都府によって、工費一万七〇〇〇円をかけ、公設浴場「頌徳湯」が開場した〔図5―4〕。同日の落成式には、京都府内務部長の白根、京都市社会課長の大野勇が出席した。頌徳湯は、地元の頌徳会によって運営されることとなった。(56) 一九二三年までに京都府が設立した公設浴場は東三条、千本、西三条の三軒である。これらの浴場建築費も京都共済会の資金

入浴料二錢五厘の
公設浴場『頌德湯』
今日落成式を擧げた
番臺には頌德會員が坐る

今日落成式を擧げた公設浴場（頌德湯）

図 5–4　頌徳湯の落成（出典：『京都日出新聞』1923 年 2 月 2 日）

によるものであった。

京都府は公設浴場を設置する目的を「清潔を奨め、慰安を与ふべく、場内に理髪所、娯楽室、読書室、点眼所等を附設する事とし、衛生上、風教上の中心となしたる改善の機関たらしむべき」と説明している(57)。公設浴場は、単に入浴するだけの施設ではなく、地域に益するような他の施設も兼ね合わせ建設された。

一九二三（大正十二）年に、内務省は「部落改善事業」を「地方改善事業」に改称した(58)。部落改善事業は、「所謂部落の改善を為す」、つまり被差別部落の環境・風紀の改善のみを対象とするものであったが、地方改善事業は、「地方における伝統的偏見、不合理なる因襲に起因する同胞間の融和を妨ぐる悪習弊習を改善する一切の事業」を意味しており、被差別部落への偏見をも取り除くことも目指されていた(59)。「融和」が提唱された背景には、一九二二年に結成された全国水平社の運動を、行政の改善事業に吸収しようとする意図があったとされる(60)。

このように、「部落改善事業」が「地方改善事業」と改称したのをうけ、京都府では、一九二三年六月十五日に「部落改善奨励規定」が廃止され、「地方改善奨励規程」が定められた。「地方改善奨励規程」は「地方の改善発達を目的とする事業」に対して奨励金が交付されることが定められた。この奨励金が交付される事業は内容としては、「部落改善奨励規定」が対象としていた事業を引き継ぐものである。たとえば、京都府社会課は、公同委員に借家を紹介させ、該当する事業に奨励金を出した。共同浴場の設置についても奨励金が出ることが明示されている。共同浴場の設置も引き続き、「衛生的施設」として奨励金の対象とされ、一九三〇（昭和五）年には、京都府綴喜郡の共同浴場の建設に、京都府から奨励金が交付された。(61)

以上からわかるように、京都府において公設浴場は、部落改善事業・地方改善事業のなかで、清潔、衛生を目的とするだけではなく地域の「風教上の改善」を目的とする施設、その地域への上水道敷設の条件となる施設であることを意味し、設立された。

次に、京都市における公設浴場設置の経緯についてみていこう。京都における公設浴場は、府が設置するものと市が設置するものの両方があったが、市の方が圧倒的に多くの公設浴場を建設することとなった。京都市社会課は社会事業行政の方針として、託児所、職業紹介所などの社会事業施設を次々に設置していった。(62)ただし京都市による公設浴場の設置は、京都府の設置から二年遅れ、一九二三年八月に崇仁浴場と養正浴場から始まった。こうした公設浴場の設置に先立って、京都市は法的な準備を行なっている。浴場が設置される約二ヶ月前の六月二十六日、市会で「京都市立浴場管理規則」案が論議された。この規則では、市長が認めた者に公設浴場を経営させること、浴場と附属設備は経営者に「無償ニテ之ヲ貸与ス」ること、「入浴料ハ経営者ノ所得トス」ることが明示された。(63)この管理規則案の趣旨について、社会課長の大野勇は、「其町の自治団体或は主要団体に経営させたい〔中略〕所謂個人に対しまして契約すると云ふやうなことは成べく見合わせたいと思って居ります」と明言し、「浴場並一切の附属設備は経営者に無償に貸与する」のは、湯銭を安くしたとしても浴場を無償で貸すことにより利益があがることを想定したからだと述べた。(64)また、入浴料を経営者の所得とすることについては「改善融和の目的を助長し、各個人に利益を分配すると云ふことを厳禁致す」と述べている。(65)「京都市立浴場管理規則」案は原案とおりに可決され、一九二三年七月九日に発布、施行された。(66)

右の社会課長の大野による発言のほかに、崇仁浴場及び養正浴場が開設した後の一九二五年の『京都市施設社會事業概要』、一九二七年の『社會事業要覧』には、次のような記述がある。公設浴場の運営を、両浴場それぞれを運営する崇仁青年団、大正会に「無償にて貸與し、その經營を委託し、更に利益金處分等に就いては、別に内規を設け、同地方の改善事業財源の一に充てることゝなつてゐる」と明記された。[67] 一九三六年以降の『社會事業要覧』には「其の所在地青年團、公同組合或は地元改善團體等に無償貸與し、經營を委託す〔中略〕利益金の一部は積み立てしむると共に他は地元に於ける地方改善事業の財源に」あてることが記述された。[68] 公設浴場は、設置以降もその運営と収益はその地域に委ねられることになったのである。

京都市は公設浴場を設置する目的を、「浴を取り勞を慰するは、無上の快樂であるのみならず、入浴は健康を保持し、その能率を増進するものである故に不衛生地区に完全なる浴場の存在することは、洵に重要なることである」と入浴の意義を述べた。これは第三章で取りあげた逓信省簡易保険局積立金運用課の『公設浴場に関する調査』の「労働者の欠くべからざる慰安」の記述と類似している。さらに公設浴場は「一面清潔快適なる浴場を提供し、他面同地方自治改善のため、適當なる集會場と財源とを給與する目的」をもっていると述べている。[69] つまり公設浴場は衛生施設であり、健康保持のための施設であるだけではなく、「集会場」やその地域の「財源」を供給するという役割も担っていると京都市はみなしていた。こうした公設浴場は、京都市社会課の事業のなかの経済保護事業に位置づけられた。

そして、「京都市立浴場管理規則」制定の翌月の八月十日に、柳原町から改称した東七条に崇仁浴場が、[70] 八月二十日に田中に養正浴場が、京都市によって設けられた（図5―5、5―6）。

京都市の『社會事業要覧』では、これらの公設浴場の設置は、被差別部落の住民からの要望もあったと説明されている。崇仁浴場は「數町民の希望があつたゝめ」設立され、養正浴場もまた同様であった。田中には、もともと「町営の浴場があつたが、大修繕を施さねば使用に堪へざる程度にまで破損して居つた折柄、市設浴場の議を聴いた町民は、與つて従来のものを廃止し、新浴場建設要望の申出」を出し、これに応じるかたちで養正浴場が設置された[71]。

これらの浴場の建設資金として、崇仁浴場には三万七六三二円、養正浴場には五万一三六八円を要した。これらは簡易保険積立金の低利資金を受け、着工されることになった。この費用で設けられた公設浴場は次のようなものであった。崇仁浴場は敷地面積二〇〇坪、総建坪八八・六三坪であり、女性の入り口側に髪結室、男性の入り口側に理髪室を備えていた。その浴槽の大きさは直径八尺五寸、浴室や浴槽には白色タイルが使われた。さらにはボイラー、貯炭場、排水給水の設備が整えられるなど、衛生上「理想的」なつくりだといわれた。図5—7は崇仁浴場内部である（図5—8は公設浴場がつくられた崇仁地域の様子）。

養正浴場は敷地面積三二二坪、総建坪一〇一・三三坪であり、二階建てで、一階が浴場、男女脱衣場のほか男

図 5–5　崇仁浴場（出典：京都市社会課『京都市社會課叢書第13編　京都の湯屋』京都市社会課、1924年〔近現代資料刊行会編『日本近代都市社会調査資料集成（4）京都市・府社会調査報告書 I （11）大正13年（1）』近現代資料刊行会、2001年所収〕）

図 5–6　養正浴場（出典：同前）

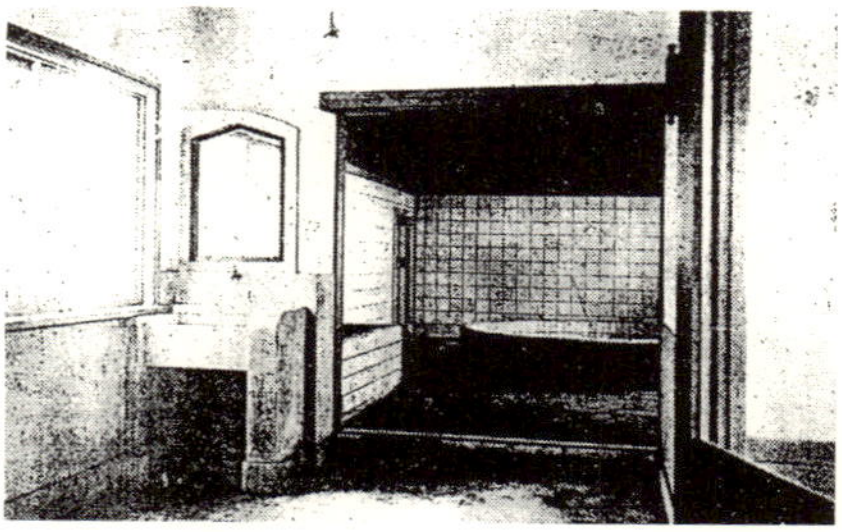

図 5–7　崇仁浴場内部（出典：同前）

女理髪室も併設された。二階には簡易図書室と修養・娯楽・自治のための集会場にあてる畳敷きの広間が附設されている。[72] 養正浴場の二階には、一九二六（大正十五）年に洋裁の授産場が設けられた。[73] 図５―９は養正浴場の平面図である。

崇仁浴場と養正浴場の設立以降、京都市によって他地域にも公設浴場が建設されていく。一九二八（昭和三）年に、鹿ケ谷高岸町に錦林浴場が設けられた。[74] これは敷地面積一一二・七一坪、建坪五五・二六坪、鉄筋コンクリート造の平屋建てで「附近一帯に美観を添へ」ていた。一九三四（昭和九）年二月には伏見区竹田に竹田浴場、一九三六（昭和十一）年四月に伏見区納所に納所浴場、同年五月、伏見区深草に深草浴場、一九三九（昭和十四）年九月には吉祥院に吉祥院浴場が建設された。納所浴場と深草浴場は元々あった共同浴場が「昭和九年の風害に大破し而も地元民の自力復興困難なりし為〔中略〕市に引継ぎ昭和十年度に改築」され、設けられた。[75]

図 5–8　1927～1929年頃の崇仁地区の様子（出典：京都部落史研究所『京都の部落史（2）近現代』京都部落史研究所、1991 年）

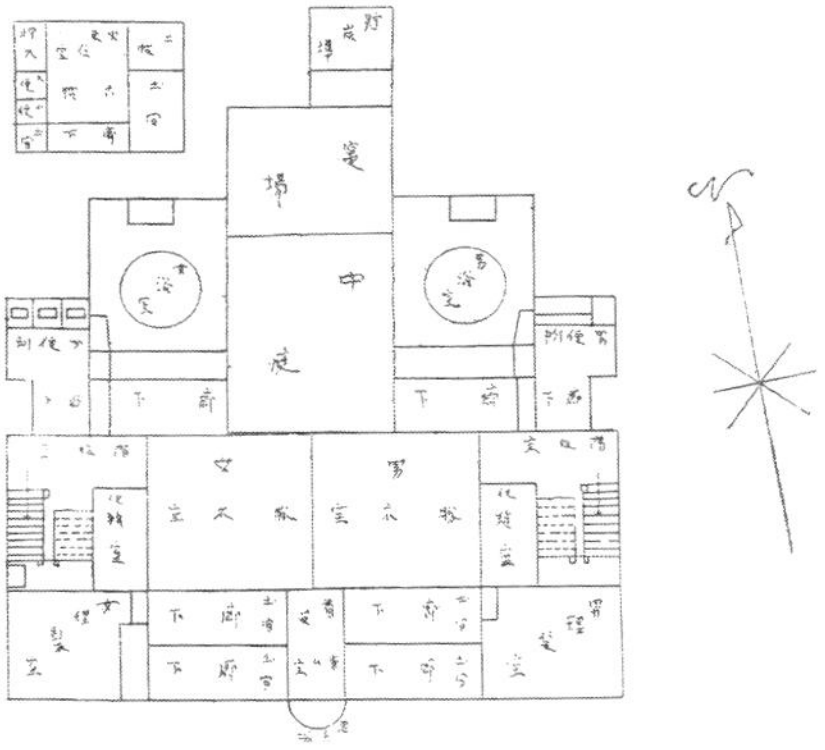

図 5–9　養正浴場の内面図（出典：京都市社会課『京都市社會課叢書第 13 編　京都の湯屋』京都市社会課、1924 年〔近現代資料刊行会編『日本近代都市社会調査資料集成（4）京都市・府社会調査報告書Ⅰ（11）大正 13 年（1）』近現代資料刊行会、2001 年所収〕）

被差別部落住民はみずからが共同浴場を維持し改修するのが難しい場合や、風害などの災害などでその地域の共同浴場が破損した場合に、公設浴場設立の要望を出し、それに応えて公設浴場は建設されていった。

以上において、公設浴場には入浴施設を供給するという衛生的側面、生活環境の改善のひとつである水道整備を促したという側面、さらには被差別部落に対する財政補助の側面があることをみてきた。そして行政は公設浴場の運営を、共同浴場を村が運営していた頃から引き続き、地域住民にまかせ、その収入も地域のものとした。公設浴場は、すでにあった共同浴場の設置目的や運営形態を踏襲して設置され運営された。これによって被差別部落住民の経済的利益は失われることはなかった。京都府と京都市にとっても、公設浴場は、被差別部落住民の生活環境の改善を推し進めるだけではなく、それまでの各部落で行なわれていた改善運動を行政の融和政策に取り込むのに適した施設であったといえる。

第五節　公設浴場の運営と収益

前節までみてきたように、京都の公設浴場の運営はその地域の運営団体に任された。(76) それは前に述べた一九〇九年前後に組織され共同浴場を運営した被差別部落の改善団体がそのまま存続し、運営を担ったわけではなかった。これらの改善団体は新たに一九二〇年前後に改組あるいは組織され、各被差別部落の部落改善運動の流れをひく融和団体になった。それらの融和団体はどのように組織され、何を目的として活動したのだろうか。そのうえで公設浴場をどのように運営していったのだろうか。

まず、京都市内の公設浴場を運営するそれぞれの融和団体について整理しておこう。東三条の浴場経営は同盟一心会、千本の浴場は楽只会、西三条は頌徳会、東七条の崇仁浴場は崇仁青年団、田中の養正浴場は大正会、鹿

表 5–1　公設浴場と運営団体

開設年月	浴場名	設立地域	運営団体名	設立行政
1921年9月	東三条浴場	東三条	同盟一心会	府　立
1922年8月	千本浴場（鷹野浴場）	鷹野北町（旧野口村）	楽只会	府　立
1923年2月	西三条浴場（頌徳湯）	西三条（西之京下相生町）	頌徳会	府　立
1923年8月	崇仁浴場	東七条（柳原町）	崇仁青年団	市　立
1923年8月	養正浴場	田中	大正会	市　立
1928年5月	錦林浴場	鹿ケ谷高岸町	錦渓会	市　立
1934年2月	竹田浴場	竹田狩賀町	竹田公同組合	市　立
1936年5月	納所浴場	納所北城堀町	自励会	市　立
1936年5月	深草浴場	深草加賀屋敷町	深草公同組合	市　立

京都部落史研究所『京都の部落史（2）近現代』京都部落史研究所、1991年、京都部落史研究所『京都の部落史（10）年表・索引』京都部落史研究所、1989年を参考に筆者作成。

ケ谷高岸町の錦林浴場は錦渓会、納所浴場は自励会、竹田及び深草は公同組合が経営にあたった[77]。一九三六年までのそれぞれの公設浴場と運営団体をまとめたものが表5―1である。

これらの団体は警察あるいは行政の主導により組織されたものであった。警察の主導で組織されたのは、東三条の同盟一心会と東七条の崇仁青年団である。

同盟一心会の前身は一九一七年に結成された一心青年会である。一心青年会は日常生活の風紀改善などを目指し組織されたもので、青年会会長には松原警察署署長の北田輝が就いた。一心青年会は一九二一年に内務省から部落改善事業奨励で表彰されたことをきっかけに、同年八月に同盟一心会と改称された。同盟一心会は青年に限らない組織が目指され、青年会、少女会、婦人会、在郷軍人会を含み東三条の連合組織となった。会長には一心青年会会長であった北田輝が引き続き就任した。同盟一心会は、一心青年会の風紀改善の活動を受け継ぎ、「教育、授産、衛生、貯金、浴場の各係を分担し、大に改善実行を図」ることを目的とした[78]。

東七条の崇仁浴場の経営にあたったのは、崇仁青年団である。崇仁青年団は一九二〇年以前からあり、米騒動が起こった際にはその鎮圧にあたってもいた。一九一九年十一月に崇仁青年団の会員数は八〇〇名を超え、第一部と第二部の二つに分けられた。両支部の最初の活動は、毎月一度「掃除デー」を設け、路地や溝渠の隅々まで清掃を行なった。このほか女性は外出の際に必ず帯を着用すること、冠婚葬祭を質素にすることなど生活習慣の改善を推奨し、そして学校に行けない子どものために補習夜学校を開いた。(79) この崇仁青年団の指導にあたったのは七条警察署であった。崇仁青年団には、指導にあたった警察の意図をこえた活動もみられるようになった。当時、京都で労働運動を起こそうとした活動家のなかには被差別部落の差別の不合理を訴える者があり、青年団の幹部のなかで労働運動に進む者もいた。(80)

また、千本や田中では京都市合併の際、京都市が融和団体をつくることを奨励していた。前述したように千本には鶏鳴会、田中には自彊会があった。千本の鶏鳴会は一九一九年に楽只会と改名された。楽只会は家持から五銭、借家人から三銭の会費を集め、また共同浴場の収益金や府からの改善事業奨励金により、学用品の支給や生活困窮者の救済などを行なった。楽只会の井上靖会長は前述した旧野口村の村長であり、また蓮台野村小学校校長も務め、そして医師であった。一九二〇年代には、井上の息子の一人は京都府社会課の主事補になっていた。また、田中の自彊会は一九二〇年にはその活動が下火となっていた。そこで一九二〇年三月に上京区長や川端警察署長、被差別部落の有力者の主導で、衛生、教育の奨励、風俗の矯正等を目的とする大正会が組織された。大正会は後に水平運動と激しく対立することになる。頌徳湯のあった西三条には、米騒動以前に頌徳青年団があったが米騒動後に解散していた。一九二一年五月に京都府・京都市社会課、西陣警察署の協力、西三条の有志により西三条青年団が結成され、新たに名前を頌徳会とし、「部落改善」に取り組んだ。のち婦女部も新設された。(81)

では、どのように公設浴場が運営されたのか、養正浴場、崇仁浴場、竹田浴場の事例からみていきたい。

田中の養正浴場は大正会の役員が実際の浴場業務にあたっていた。しかし、これらの役員は町内改善業務と浴場業務を兼ね繁忙を極めているので、今後は大正会が適当と認めた者に浴場の事業遂行にあたらせたいという京都市にあてた陳情書が、一九二五（大正十四）年に作成されている。[82]

また崇仁浴場の経営にあたった崇仁青年団は、「崇仁公設浴場執行規則」を定め、青年団内に浴場経営部を組織した。これは浴場経営にあたる者（以下、浴場経営執行者）に対する規則であった。この規則では浴場経営執行者は二名以上とされ連帯保証人を要し、競争入札または抽選によって選出することが定められていた。浴場経営の執行期間は、一年間とされた。崇仁浴場の浴場経営執行者は皮革商、製靴業などの仕事に就く者がいる一方で、無職の者もいたことから、[83]崇仁浴場の設置は無職者に仕事を与えるという側面もあったと推測される。

団体内に経営部などを設けず、さらに下請けをさせるところもあった。一九三四（昭和九）年、竹田に設けられた竹田浴場では、竹田の公同組合長が「浴場経営下請承認願」を、同年二月二十四日に京都市長に提出した。その内容は京都市が竹田に設置した公設浴場を、別の人間に経営を下請けさせることを求めるものであった。この下請けについては、「公設浴場経営契約書」が公同組合長と委託経営者及び保証人二名の間で取り交わされている。この委託経営者を決めるにあたっては入札方式がとられた。[84]また、「公設浴場経営契約書」には、営業期間、浴場の貸家料、開湯時間、浴場の掃除の仕方、湯屋組合などに出頭を命じられたら係員とともに出頭することなど、経営内容が事細かに定められていた。[85]

一方、公設浴場の収益はどのように利用され、管理されたのだろうか。松下は、浴場の収益金が地元の融和団体の重要な資金源であり、融和団体の資金の一部が方面委員の救貧活動にあてられていたことを挙げ、浴場収益金の用途の一端を明らかにしている。[86]浴場の収益金はどのくらいであり、その用途はどのように定められ、また運営団体はどのように収益金を使用していたのだろうか。

公設浴場が建設され始めた一九二〇年頃は、[87]新聞に「湯屋成金が出来る」といわれるほど、湯屋業自体が非常に好調な時期であった。東三条で公設浴場が開場して約一ヶ月後の十月十九日、次のような記事が『京都日出新聞』に掲載された。[88]

表 5–2　京都市公設浴場成績表（括弧外は人数、括弧内は収益金）

年	養正浴場	崇仁浴場	錦林浴場	竹田浴場	深草浴場	納所浴場
1924 （大正13）	651,954 （10,060.60）	332,330 （6,862.91）	—	—	—	—
1930 （昭和5）	574,852 （8,925.77）	350,514 （5,254.24）	210,330 （3,155.18）	—	—	—
1931 （昭和6）	494,581 （7,720.01）	366,680 （5,396.10）	164,576 （2,558.58）	—	—	—
1933 （昭和8）	557,132 （8,474.64）	364,239 （5,433.19）	184.442 （2,819.08）	60,310 （922.00）	—	—
1936 （昭和11）	498,306 （7,501.25）	373,121 （5,596.51）	143,900 （2,418.12）	536,163 （8,158.88）	75,579 （1,161.44）	43,261 （648.43）
1937 （昭和12）	529,929 （7,910.52）	357,000 （5,355.00）	187,960 （2,914.87）	421,745 （6,570.70）	124,547 （1,826.60）	57,869 （872.55）

京都市役所社会課「京都市施設社会事業概要」京都市社会課、1925年、京都市教育部社会課「京都市教育部社会課季報　No. 13　7–9月、10–12月合冊」京都市教育部社会課、1936年、京都市教育部社会課「京都市教育部社会課季報　No. 16　7–9月、10–12月合冊」京都市教育部社会課、1932年、京都市庶務部社会課「京都市社会事業要覧　昭和9年版」京都市庶務部社会課、刊行年不詳、京都市社会課「京都市社会事業要覧　昭和11年度」京都市社会課、1936年、京都市社会課「京都市社会事業要覧　昭和12年度版」京都市社会課、1937年、京都市社会課「京都市社会事業要覧　昭和13年度版」京都市社会課、1939年をもとに筆者作成。

　三条南裏一心会経営の公設浴場其後の成績は一日平均八百人以上の入浴者があり十五、六圓は収入があるから此の分なら缺損を見ずに行けるだろうと關係者は胸を撫で下して居る。

右の新聞記事でみるように、開場後の東三条の公設浴場の一日あたりの利用者は八〇〇人を越えていた。一九二三年の市内の「私設浴場」すなわち民間の公衆浴場一軒あたりの一日の平均入浴者数は四三一人であり、[89] 開場してから一ヶ月間、民間の公衆浴場の約二倍の入浴者数があった。

一九二三年における市内の民間の公衆浴場は一軒あたり年間一五万七三一五人が入浴する計算になる。[90] 一方、公設浴場の入浴者数は、一九二三年の東三条の公設浴場で年間一八万二八〇五人、一ヶ月平均三万四三四人、一九二四（大正十三）年の養正浴場で年間六万五一九五四人、崇仁浴場で年間三三万二三三〇人という結果であった。[91] 一九二四年から一九三七年までの京都市の公設浴場のおおよその入浴者数と収益については、表5―2を参照されたい。

公設浴場は、市内のほかの公衆浴場に比べ、多くの人に利用されていたと推測される。十月十九日の『京都日出新聞』の記事は以下のように続いている。

浴槽には常に清潔な湯が溢れ出て頗る気持が宜いから、他町内の人も大分入浴に来る。従つて付近の湯屋は大分影響を受けたらしい。

右の記事でわかるように、東三条の公設浴場に他の地域からも利用者が来ていたことには留意せねばならない。入浴料が安価で、設備が整えられた浴場には多くの人が引き寄せられたのかもしれない。いずれの理由にせよ、被差別部落外からも利用者があったということは、表面的にだけでも、公設浴場が京都市の目指す融和政策をかなえる施設であったことを意味している。ただし、公設浴場の設置によって近隣の公衆浴場が、その収益や経営に影響を受けただろうことは想像に難くない。[92] 公設浴場とその他の民間の公衆浴場との間に軋轢があったことも考えられるが、京都ではそうした軋轢があったかどうかは定かではない。むしろそうした軋轢は次章で扱う東京で顕著であった。

公設浴場の収益の用途は、一九二五年に京都市社会課が刊行した『京都市施設社會事業概要』によると、「同地方の改善事業財源の一に充てること」とされ、[93] 一九三六年の京都市社会課による『京都市社會事業要覧』をみると、「利益金の一部は積み立てしむると共に他は地元に於ける地方改善事業の財源」にあてることとされている。[94]

具体的な公設浴場の決算内容は次の養正浴場と崇仁浴場の例を挙げておきたい。一九二三年の養正浴場の決算報告によると、収入の内訳は入浴料総高、床屋髪結料、床屋髪結敷金、市社会課より銀行利息、宴会用品残品売、浴場二階賃貸料であった。支出の内訳は水道使用料、電灯使用料、電球、電動力、石炭、消耗品費、備品、保証金、小修繕費、湯屋税金、青年団補助、諸雑費、使用人給料、郵便貯金、現有高であった。そして後期繰越金は五八〇円六九銭と報告されている。(95) 一九二四年度の崇仁浴場の決算報告では、収入の内訳は浴場収益金のほか、理髪頭結室の賃貸料、前年度の繰越金、講金の当選金額であり、支出の内訳は石炭購入費が最も高く、このほか電灯料、水道料、動力料、消耗費、火夫給料、男女二名下足番料、番台費用、設備費、備品購入費、雑費、営業税、弁償金、崇仁校講金、井戸新設費及モーター費、一周年記念費用の支出であった。(96)

収益の積立については、公設浴場の運営団体ごとにその方法が決められていた。たとえば、崇仁浴場では「浴場経営に関する内規」が決められていたが、この内規において、(97) 浴場収益金の一部は銀行に積み立てることが定められていた。加えて積立金の支出に関しては浴場相談役と協議し、京都市長の承認を得ることが義務付けられていた。(98)

また竹田浴場では、収益の三分の一を積立てることを決めていた。この地域では一九三四年に風害により竹田公同組合の管理する西教寺の屋根が破損しており、その修理金が不足している状況であった。その修理のために浴場積立金を一時使用させて欲しいと、風害被害修繕費内訳書とともに竹田公同組合長が京都市に願い出ている。また、一九三六年には公設浴場の汽罐修理工事のため、「浴場積立金使用承認願」を竹田公同組合長が京都市に届け出ている。(99)

このように浴場収益金については、運営団体内で用途をおおむね決めることができたが、実際に収益の積立を使用する際には、手続きをして京都市に報告し、許可をとらなければならなかった。

つまり、京都市は公設浴場を公費で建設し、その運営を融和団体に無償で委託する一方、収益金の用途を報告させることを義務付けたのである。これは公設浴場を設置することで、行政が、被差別部落の融和団体の収益の利用について関与できるようになったということを示しており、これをとおして行政が被差別部落に対し影響力を及ぼすことができるようになったと考えられる。

第六節　京都における公設浴場設立の意義——小括

本章では、明治後期以降の京都を中心に、被差別部落の改善運動のなかでつくられていった共同浴場から公設浴場への連続性を明らかにし、その運営形態を検討した。そこでは京都府及び京都市など行政による社会事業の展開及び、同時期の被差別部落住民の行政への要望という二つの動向が大きな役割を果たしていた。

共同浴場は、被差別部落住民の生活習慣や衛生環境の改善を目的としているだけではなく、共同浴場の運営を被差別部落の改善団体が行ない、共同浴場の収益が被差別部落内の窮民の支援にあてられていた。また、後に公設浴場が設置される地域が、上水道の整備など生活環境の「改善」を求めており、被差別部落の京都市編入と上水道の拡張にともなって、公設浴場が設置されていった。

公設浴場は、部落改善運動でつくられていった共同浴場の性格を、基本的に受け継ぐかたちで設けられた。公設浴場は浴場設備だけではなく、理髪所、集会場、授産場などの施設も備えており、被差別部落における寄合所のような、地域の中心となる場としての役割が付与されていたと思われる。行政は、公設浴場の設立の目的を、「清潔」の推奨と、地域の「自治改善」のための財源を被差別部落に与えることとしていたが、その目的も共同浴場の設置目的とほぼ同様であった。

さらに、公設浴場の運営形態も、それぞれの被差別部落の融和団体に委ねられることとなった。このことは、設置目的においても運営の側面においても、公設浴場が共同浴場を踏襲し設けられたことを明確に示している。ただし、これらの融和団体は警察や地域の有力者、行政の主導でつくられた。

そして、公設浴場の収益は、公設浴場の運営団体の収入とされた。これは、行政が被差別部落に財源を提供し、被差別部落の「改善」をすすめる後押しするものであった。加えて、行政が公設浴場を設置することによって、浴場経営の収益を管理下においたともいえる。京都における公設浴場の設置は、被差別部落の住民と行政とが呼応しながら展開していった。公設浴場は、まさに被差別部落の住民と行政との双方の政治的かつ経済的な利益をかなえる設備であったといえよう。

註

(1) 公設浴場には、京都府が設けたものと、京都市が設けたものがある。これら公設浴場が設立された地域は、京都市を中心としていた。そして、京都市が拡張するにつれて、公設浴場が設置される地域も広がった。

(2) 全国的にみて部落の共同浴場として、初期のものは一八七三(明治六)年に大阪府南王子村に設けられたものとされている。加藤昌彦「被差別部落と共同浴場」『比較日本文化研究』第五号(一九九八年)三九頁。

(3) 「部落改善運動」は、被差別部落の差別や貧困を克服するために風俗改善や生活環境を図る運動で、被差別部落内部から一八八七年頃より起こっていた。

(4) 京都部落史研究所『京都の部落史(2)近現代』京都部落史研究所、一九九一年、七一頁。

(5) 京都部落史研究所、前掲註4、七一頁。

(6) 日露戦争後、自主的改善組織として、東三条には天部部落青年会が結成、葛野郡朱雀村では村の有力者が地区ごとに矯風会を設置した。京都部落史研究所、前掲註4、八九頁。

(7) 柳原町の進取会が組織された後、どのような経過をたどったのかは定かではない。吉村盈が柳原町矯風会を設立したのは、一九〇七年に彼が七条警察署塩小路分署署長として着任し、同時期の留岡幸助などの活動に刺激を受け、柳原町を一年ほど調査したうえで、改善団体を設けるべきだと考えたからだとされている。吉村は、柳原町町長の唐滝庄三郎、柳原小学校校長の玉置嘉之助らに働きかけ、柳原町矯風会の設立に至った。ただし、柳原町矯風会は、吉村などの行政関係者の意向が強く、町民の立場に立ったものとはいえなかったため、一九一二年にその活動を終えた。京都部落史研究所、前掲註4、八六～八九頁。

(8) 京都部落史研究所『京都の部落史(7)史料近代(2)』京都部落史研究所、一九八五年、九二～九五頁、白石正明「柳原町と部落改善運動」『柳原銀行とその時代』崇仁地区の文化遺産を守る会、一九九一年、三五～一一三頁。

(9) 寿湯については、当時の新聞に、「愛宕郡田中村西部落融資の組織せる自彊会は、昨日午前十時より同村独証寺に於て其発会式を挙行せり。〔中略〕尚同部落にては先般下水の浚渫をなし道路を改修し、又部落共有金を以て寿湯と称する浴場を新設し部落共同用に供する等、大に旧来の面目を一新せるものあり」という記事が掲載された。これによると、田中村では共同浴場の設置のほかに、下水や道路の改修が行なわれていたことがうかがえる。『京都日出新聞』一九〇九年一月二十三日発行。

(10) 鞍馬口村の湯屋開設について、新聞に次のように掲載された。「愛宕郡鞍馬口村青年会の発企になる村営湯屋並に理髪店出来上り、いよいよ二十八日正午同郡地名の人々を湯屋楼上の広間に請じて開業式の宴を張れり。尚二階の広間は青年倶楽部の開場にあつる事となり、藤岡同村長より右発会の挨拶もかねてありたり。」『大阪朝日新聞』一九一二年一月二十九日発行。

(11) 一九二六(大正十五)年十二月に、旧野口村村長であった井上靖は、「融和親善」に尽力したとして評価され、府知事によって表彰された。評価された井上の活動のなかには、野口村村長であったときに、自身の出資によって、浴場を買収し、村営浴場としたことも挙げられている。この浴場が、京都共済会の出資によって京都府の公設浴場として新設された。京都部落史研究所『京都の部落史(8)史料近代(3)』京都部落史研究所、一九八七年、一五七頁。

(12) 京都市編『史料京都の歴史(6)北区』平凡社、一九九三年、四九〇頁。

(13) 京都部落史研究所、前掲註4、一一一頁。

(14) 京都部落史研究所『京都の部落史(10)年表・索引』京都部落史研究所、一九八九年、二二九頁。『京都日出新聞』二月八日発行。

(15) 野口村の財源に、湯屋と村営の住宅が財源としてあてられていた。京都部落史研究所、前掲註4、六〇頁。

(16) 被差別部落内に共同浴場が設けられた背景のひとつに、部落住民に対する入浴差別があったことがこれまで指摘されてきた。このような差別に対し、被差別部落民は共同体性を固持しなければならなかったと加藤は述べる。加藤、前掲註2。

京都市では、明治期の入浴差別については確認されないが、一九二二(大正十一)年十一月に上京区椹木町新町東入の浴場営業者が入浴を拒絶するという事件があった。このことは他の地域やそれ以前にも入浴差別の事件があった可能性を示している。京都部落史研究所、前掲註14、二六四頁。

(17) 松下孝昭「京都市の都市構造の変動と地域社会――一九一八年の市域拡張と学区制度を中心に」伊藤之雄編『近代京都の改造――都市経営の起源1850～1918』ミネルヴァ書房、二〇〇六年、二七八頁。
(18) 松下、前掲註17、二八〇頁。
(19) 京都府立総合資料館編『京都府市町村合併史』京都府、一九六八年。
(20) 京都部落史研究所、前掲註4、九八頁。
(21) 京都部落史研究所、前掲註14、二三八頁。
(22) 三大事業以前に、京都市を近代化へと導いたのは第一琵琶湖疏水であった。第一琵琶湖疏水は一八八五（明治十八）年に起工し、一八九〇（明治二十三）年に完成した。第一琵琶湖疏水により、蹴上の水力発電所で動力用の電気が供給されるようになり、また疏水は、貨物輸送などの水路として利用された。しかし、一八九七年頃には、第一琵琶湖疏水のみでは京都市内の工場の電力要求に応えられなくなった。加えて、一八九〇年代に京都市の人口は増加し始め、井戸水の汚染が目立つようになった。市内の井戸水の調査が行なわれるようになり、一八九七年三月に市参事会が市内の井水調査の結果を発表した。市内北部の御所周辺の水質は良いが、堀川より西、鴨川付近の東三条より南の市内東南端の水質には問題があるというものであった。京都市内の井戸の水質に問題はあったが、市内で良質の水を確保する手段がなく、また第一琵琶湖疏水の水量が少なかったために上下水道に使用することができなかった。一八九八年に京都市長に就任した内貴甚三郎は、一八九九年十一月に、琵琶湖疏水運河増水願を内海忠勝京都府知事に提出した。伊藤之雄「都市経営と京都市の改造事業の形成――1895～1907」伊藤之雄編『近代京都の改造――都市経営の起源1850～1918年』ミネルヴァ書房、二〇〇六年、三一～八二頁、「京都市会議事録」一九〇三年三月十日。

三大事業以前に行なわれた水道事業は琵琶湖疏水の水量を約一・八倍に増加させ、衛生状態を改善（上下水道の整備）し、電力需要の増大に応えようとするものであった。その後一九〇〇年二月から十二月にかけて大槻龍治助役がヨーロッパ及びアメリカの視察を行なった。大槻はベルリンを熱心に視察し、一九〇一年に京都市に報告書『伯林市行政ノ既住及現在』を提出している。大槻が視察していたのと同時期の一九〇〇年、京都市会では、烏丸通の拡張と下水道の改良が提案されていた。この件は調査委員会を設置し検討することとされた。その後、調査により道路拡張は削除されることとなり、国庫補助を求め下水道のみをつくることになった。これは葛野郡朱雀野村と紀伊郡東九条村に濾過地を設置して汚水を浄化し、淀川に流すという計画であった。『京都日出新聞』一九〇〇年九月二九日発行。

この時、濾過地として想定されたのが、被差別部落とその近隣地域であったことは注目すべき点である。内貴市長は下水道工事費三〇〇万円の三分の一を国庫補助に頼ろうとしていたが、当時は政府も財政難であり、三年たっても補助を得る見通しは立たなかった。大槻がヨーロッパ・アメリカ視察から帰国した後の一九〇一年には、下水工事に加えて上水工事を行なうべきという意見が市に集まり、内貴市長は京都帝大の田辺朔朗教授に上水道の調査を依頼した。『京都日出新聞』一九〇一年六月二十一日発行。

(23) 伊藤、前掲註22、六〇頁。

(24) 伊藤、前掲註22、六一~六二頁。

(25) 医学博士の松下禎二が上水道設備の緊急性について論じていた。『京都日出新聞』一九〇五年十一月九日発行、『京都日出新聞』一九〇六年一月一日発行。

(26) 京都市役所『京都市三大事業誌』京都府立総合資料館所蔵、一九三二年。

(27) 京都市役所『京都市水道図譜』京都府立総合資料館所蔵、一九一三年。

(28) 松下孝昭「都市社会事業の成立と地域社会——一九二〇年代前半の京都市の場合」『歴史学研究』第八三七号(二〇〇八年)、一一頁。

(29) 京都部落史研究所、前掲註4、一七一頁。

(30) 成沢栄寿「部落改善運動と政策」『部落問題研究』三五号(一九七二年)、二八~二九頁。

(31) 成沢栄寿、前掲註30、二八~二九頁。

(32) 「細民部落改善協議会」は、大逆事件がおきた一九一一(明治四十四)年の翌一九一二年十一月八日にも開催された。一九一二年の「細民部落改善協議会」では、行政関係者、教育の専門家、宗教家らが、自らの部落における活動を報告している。一九一二年の細民部落改善協議会では、京都府乙訓郡新神足村と紀伊郡竹田村の浴場経営の模様も報告されている。報告される内容には、「改善」に積極的でない住民の態度を問題視するものが多く、極めて一方的なものであったという指摘もある。藤野豊『同和政策の歴史』解放出版社、一九八四年、八〇~八六頁、京都部落史研究所、前掲註4、九二頁、京都部落史研究所、前掲註14、二二五頁。

(33) 内務省のこのような方針は、藤野によると、労働者などが社会主義へと向かう動きを体制内に取り込むことを目的としていたからだとされる。藤野、前掲註32、二二六頁。

(34) 京都部落史研究所、前掲註4、一七五~一七六頁。

(35) 一方、京都府は、一九一九年九月に公布した「トラホーム予防法」にもとづき、一九二一年七月に「トラホーム予防施行細則」

を制定し、トラホーム治療体制を急速に整えようとしていた。

(36) 公同委員制度は、一九二四年に方面委員制度と改称される。

(37) 生活状態調査は、困窮者の家族構成、職業、収入等をカードに登録することで、貧民数、貧民率を割り出すものである。この調査は二年以上にわたって続けられた。杉本弘幸「日本近代都市社会事業行政の成立——京都市社会課を中心として」『待兼山論叢史学編』第三七号（二〇〇三年）、二五～五〇頁。

(38) 杉本、前掲註37、三〇～三二頁。

(39) 京都部落史研究所、前掲註4、一六三～一七一頁。

(40)『京都府広報』一九二一年十一月二十五日発行。

(41) 一九二一年八月に、京都府の紀伊郡深草村が共同浴場の改築費のための補助金を京都府に申請していた。京都部落史研究所、前掲註4、七八頁。

(42) 京都市社会課『京都市社會課叢書第一三編　京都の湯屋』京都市社会課、一九二四年（近現代資料刊行会編『日本近代都市社会調査資料集成（4）京都市・府社会調査報告書Ⅰ（11）大正13年（1）』近現代資料刊行会、二〇〇一年）所収、二頁。

(43) 近隣の浴場と二町以内に設置されている私設浴場は、一八九九年に距離制限が定められる前に建てられたものだと思われる。京都市社会課が「之は府令発布以前のものであるが、改築する場合は當然右の規定〔最も近い浴場とは二町の距離を保つこと〕が適用されて何れかがその場所に於て営業の出来ない運命にある。（但し特別な場合はある）」と記述しており、これが適用されていたとすれば一八九九年以前のものだと想定される。京都市社会課、前掲註42、二頁。

(44) 京都部落史研究所、前掲註8、三一七頁、社会局第二部『細民集團地區調査』社会局第二部、一九二三年、八一～八二頁。

(45)『京都日出新聞』一九二一年二月二十七日発行。

(46) 米騒動の最中、元京都市長内貴甚三郎などの有力者によって組織された臨時救済団は、「貧民救済」のための寄付金を集めた。その余剰金は三六万六九一一円に達し、米騒動の後、これらの資金を運営する臨時救済団の財団法人化が検討され、一九二〇年七月に財団法人京都共済会が設立された。杉本弘幸「府県社会事業行政における都市社会事業の構造と展開——京都府・京都市社会事業行政と財団法人京都共済会の関係をめぐって」『世界人権問題研究センター研究紀要』第一〇号（二〇〇五年）、四六頁、松下、前掲註28、一〇頁。

(47) 杉本、前掲註46、四六頁、松下、前掲註25、一〇頁。

(48) 杉本、前掲註46、四六～五二頁。

(49)『京都日出新聞』一九二一年九月二十三日
(50)京都市社会課、前掲註42、五二～五三頁。
(51)『京都日出新聞』一九二一年九月二十一日発行。
(52)『京都日出新聞』一九二一年二月二十七日発行。
(53)『京都日出新聞』前掲註52。
(54)京都部落史研究所、前掲註4、九八頁。
(55)京都府により、最初に設けられた東三条の公設浴場は、京都市内であったために水道整備についての記録は確認されない。
(56)『京都日出新聞』一九二三年二月二日発行。
(57)京都部落史研究所、前掲註4、八五頁。
(58)一九二五年九月二十五日に、内務省は中央融和事業協会を発足させ、「地方改善事業」は「融和事業」と名称が変更された。「地方改善事業」と「融和事業」は異なるものではなく、「内容實質共に同一であるとすれば軈て惣てが同一名稱となるべき性質のもの」と説明されている。京都部落史研究所、前掲註4、一九二頁、中央融和事業協会『融和事業年鑑　大正十五年度』中央融和事業協会、二頁(部落解放研究所『融和事業年鑑』部落解放研究所、一九七〇年)復刻。
(59)中央融和事業協会、前掲註58。
(60)京都部落史研究所、前掲註4、一九二頁。
(61)綴喜郡三山木村字南山東で共同浴場建設が計画され、建設費六五五〇円のうち三六七二円が京都府によって補助された。『京都日出新聞』一九三〇年三月二十七日発行。
(62)京都市の施設設置を重視する社会事業政策や運営は、批判を浴びることになる。その批判とは、社会施設の財源を、内務省の低利資金に頼る態度であるというもの、設置された施設は単に一部の市民の窮迫状態を緩和しているのみで、根本的な改善策ではないというものであった。一九二五年に、京都市が、貧民救助事業を開始した際、その制度があまり機能せず、京都府の管理下の方面委員制度に頼ることとなった。京都府社会課は、京都市内の方面委員に管轄である京都市に救済事業を求めるようにと通牒をだしている。ただし、京都府と京都市との社会事業の連携はうまくいっていなかったことが指摘されている。京都府と京都市の対立は、社会事業が展開される以前からみられるものであった。京都府の社会事業行政は、費用不足の状態にあり、京都府が社会事業施設を建設する際に、京都共済会の資金が用いられることになったのである。杉本、前掲註37、四一頁、杉本、前掲註46、四六～五七頁。

(63) このほか、料金の上限を「七歳以上ノ者　金参銭以内」とすること、経営者の損害賠償責任、事業廃止の手続きなどが定められていた。

(64)「京都市市會議録　第十一号　市参事會意見書」一九二三年六月二十六日、京都市所蔵。

(65) 社会課長大野勇は、詳しくは次のように発言している。「京都市會議録　第八十五号議案　浴場管理規則制定の件」一九二三年六月、京都市所蔵。

田中町、東七条町に設けまする浴場が近日竣工致しまするので、之の管理規則を提案致しました次第でございます。之を設置致しまする趣旨に付きましては、地方の生活改善と生活の向上と云ふことになって居った訳でありますが、其後最近に至りまして、もう一つ是に向って要求を加へました。それは御承知の通り相互の融和を図ると云ふことでございます。〔中略〕浴場管理規程に付きましても改善の方面と融和の方面と両方面を頭に置いて作りましたのでございます。〔中略〕契約の上に於きまして差支のない限り、其町の自治団体或は主要団体に経営させたいと思ひますので、所謂個人に対しまして契約すると云うやうなことは成べく見合わせたいと思って居ります。〔中略〕それから浴場並一切の附属設備は経営者に無償にて貸付すると致して置きました趣旨は、成べく湯賃を安価に致したいと云ふので、無償でありますから多少の利益が挙がるだらうと思ひます。此挙がりました利益を以て、最初申上げました融和と改善の目的を達成したい、〔中略〕今申しましたやうな二つの目的を達成したい為に無償に致した訳であります。〔中略〕入浴料は経営者の所得とすとありますが、改善融和の目的を助長し、各個人に利益を分配すると云ふことを厳禁致す積りでございます。〔中略〕積立金、営業の方法、監督方法、利益分配と云うやうなことは契約に於て定めて置く積りであります。

(66)「京都市立浴場管理規則」は、全六条から成り、その内容は、次のようなものである。「京都市立浴場」を市長が認めた者に経営させ（第一条）、入浴料を「七歳以上」に対しては、「金三銭以内」とし、「七歳未満」については「金二銭以内」とされ、「入浴料ハ経営者ノ所得」とすることが定められた（第二条）。市より貸し付けられている浴場の減失、毀損の場合は、経営者がその責任をとるとされたが、市長が経営者の責任ではないと判断した場合においてはその制限を受けないとされた（第三条）。そして、経営者は、市長に、「相當と認ムル保證金」を納付することとされた。この「保證金」は、浴場が損害した際に賠償に充てられるものであったが、賠償に足りない際は追徴することとされた（第四条）。加えて、経営者が事業を廃止する際には、市長に申し出て、後継者が確定するまでは事業を継続しなくてはならないとされた（第五条）。この規則の施行に必要な事項は市長によってまた別に定められるとしている（第六条）。京都市社会課「京都市社會事業要覧　昭和十一年版」京都市社会課、一九三六年、一〇〇～一〇一頁（近現代資料刊行会編『日本近代都市社会調査資料集成（4）京都市・府社会調査報告書Ⅰ（37）昭和11年（2）』近現代資料刊行会、二〇〇一年）所収。

(67) 京都市役所社会課「京都市施設社會事業概要」京都市社会課、一九二五年、六〇頁（近現代資料刊行会編『日本近代都市社会調査資料集成（4）京都市・府社会調査報告書Ⅰ（15）大正14年（1）・15年（1）』近現代資料刊行会、二〇〇一年）所収、京都市「社會事業要覧」京都市、一九二七年、二四頁（近現代資料刊行会編『日本近代都市社会調査資料集成（4）京都市・府社会調査報告書Ⅰ（18）昭和2年（1）』近現代資料刊行会、二〇〇一年）所収。

(68) 京都市社会課「京都市社會事業要覧　昭和十一年度」京都市社会課、一九三六年、二五頁（近現代資料刊行会編『日本近代都市社会調査資料集成（4）京都市・府社会調査報告書Ⅰ（37）昭和11年（2）』近現代資料刊行会、二〇〇一年）所収。

(69) 京都市役所社会課、前掲註67、五九頁。

(70) 柳原町は、一九一八年の京都市への編入にともない、町名を「東七条町」と改称した。芳田茂「崇仁地区年表」崇仁地区の文化遺産を守る会編『柳原銀行とその時代』崇仁地区の文化遺産を守る会、一九九一年、一七六頁。

(71) 京都市「社會事業要覧」京都市、一九二七年、一七頁（近現代資料刊行会編『日本近代都市社会調査資料集成（4）京都市・府社会調査報告書Ⅰ（18）昭和2年（1）』近現代資料刊行会、二〇〇一年）所収。

(72) 京都市役所社会課、前掲註67、五九～六〇頁。

(73)『京都日出新聞』一九二六年八月三日発行。

(74) 行政は地域住民から設置の要望があったと述べている。京都市、前掲註71、一七頁。

(75) 京都市社会課「京都市社會事業要覧　昭和十一年」京都市社会課、一九三六年、二六頁（近現代資料刊行会編『日本近代都市社会調査資料集成（4）京都市・府社会調査報告書Ⅰ（37）昭和11年（2）』近現代資料刊行会、二〇〇一年）所収。

(76) 一九一七年に、柳原町の浴場などの町営の施設を編入した際に、京都市に継承するのか、それともこれまでのように柳原町の経営とするのかが問題視され報道されている。『京都日出新聞』一九一七年十二月十九日発行。

(77) 公同組合は、もともと江戸期の五人組にもとづく町組であった。これが一八九七（明治三十）年に京都市の「公同組合設置基準」により公同組合として組織された。その活動は、市の自治行政の補助機関、市民の福利増進に貢献することを目的としていた。財団法人京都府方面事業振興会「京都府方面委員制度の概況」一九三三年、二頁（近現代資料刊行会、『日本近代都市社会調査資料集成（4）京都市・府社会調査報告書Ⅰ（28）昭和7年・8年（1）』近現代資料刊行会、二〇〇一年）所収。

(78) 京都部落史研究所、前掲註4、一八一～一八二頁。
(79) 京都部落史研究所、前掲註4、一八二～一八三頁。
(80) 京都部落史研究所、前掲註4、一八三～一八四頁。
(81) 京都部落史研究所、前掲註4、一七九～一八〇頁。
(82) 京都市社会課『市設浴場一件　第一冊』複写版、一九二三～一九三一年、京都部落史研究所所蔵。
(83) 京都市社会課『市設崇仁浴場一件　第一冊』複写版、一九二三～一九三一年、京都部落史研究所所蔵。
(84) 竹田の公設浴場を、下請けで管理することになったのは、籍が竹田にあり、青果と乾物などを行商している人物であった。京都市社会課『竹田公設浴場一件』複写版、一九三三～一九三六年、京都部落史研究所所蔵。
(85) 京都市社会課、前掲註67。
(86) 松下、前掲註28、一四～一五頁。
(87)『京都日出新聞』一九二〇年八月十一日発行。
(88)『京都日出新聞』一九二一年十月十九日発行。
(89) 京都市社会課、前掲註42、一〇頁。
(90) 京都市社会課、前掲註42、一〇頁。
(91) 京都市社会課『市設浴場一件　第一冊』複写版、一九二二～一九三一年、京都部落史研究所所蔵
(92) 東三条の浴場が設立された町内には、三つの公衆浴場があり、行政はこれらを買収するかたちで公設浴場を設立しようとしていた。しかし、それに応じない浴場もあり、行政は「買収を交渉するとか又は貸家改造費塡補とか再三顧慮を拂つた」り、「當人及び其の家族は生涯公設浴場の使用人とし、且つ其の家屋は立退き人の住宅として借入れ改造費は支給するとまで逍遙した」が、結局それに応じなかった。この記事は公設浴場に対する行政の力の入れ方を示唆するものである。『京都日出新聞』十月十九日発行。
(93) 京都市役所社会課『京都市施設社會事業概要　大正十四年九月』一九二五年、六〇頁（近現代資料刊行会編『日本近代都市社会調査資料集成（4）京都市・府社会調査報告書Ⅰ（15）大正14年（1）・15年（1）』近現代資料刊行会、二〇〇一年）所収、京都市『社會事業要覧』一九二七年、二四頁（近現代資料刊行会編『日本近代都市社会調査資料集成（4）京都市・府社会調査報告書Ⅰ（18）昭和2年（1）』近現代資料刊行会、二〇〇一年）所収。
(94) 京都市社会課「京都市社會事業要覧　昭和十一年度」一九三六年、二五頁（近現代資料刊行会編『日本近代都市社会調査資料

集成（4）京都市・府社会調査報告書Ⅰ（37）昭和11年（2）』近現代資料刊行会、二〇〇一年）所収。

（95）京都市社会課『市設浴場一件　第一冊』複写版、一九二三～一九三一年、京都市民生局、京都部落史研究所所蔵。

（96）京都市社会課『市設崇仁浴場一件　第一冊』複写版、一九二三～一九三一年、京都市民生局、京都部落史研究所所蔵。

（97）浴場相談役は、地域の有力者が就き、「直接経営者を監督しその管理方法に就いての方針を授くるものとす」と定められていた「浴場経営管理に関する内規」京都市社会課『市設崇仁浴場一件　第二冊』複写版、一九二三～一九三一年、京都部落史研究所所蔵。

（98）京都市社会課、前掲註96。

（99）京都市社会課、前掲註84。

第六章　東京における公設浴場の設立

ここまで大阪と京都の二つの都市の公設浴場をみてきた。大阪の公設浴場は、労働者の生活環境の改善を目的とする経済保護事業と被差別部落の融和事業という両輪の社会事業のなかで設置されていった。京都の公設浴場は、被差別部落に対する融和事業の一環として設置されていった。京都の被差別部落においては、公設浴場が設置される以前にすでに共同浴場が運営されている地域もあった。京都の公設浴場の特徴的な点は、被差別部落への対策と社会事業政策が同時になされ、被差別部落の住民と行政が相互的に公設浴場を機能させていった点にあった。

本章では、東京における公設浴場の設立について検討する。東京の社会事業に関する先行研究では公設浴場に関する言及はあまりみられない。東京の公設浴場を主題とする研究は、勝木祐仁・天澤維・篠野志郎によるものがある。[1] 東京の公設浴場のはじまりは、一九一一（明治四十四）年、浅草区下谷区の大火の後に、辛亥救済会によって浅草区橋場町の貸長屋に附設されたものとされている。勝木・天澤・篠野は、東京市社会局の公設浴場の設置について検討し、行政は公設浴場事業を「都市衛生の保全」と認識していたと位置づけた。勝木・天澤・篠野の公設浴場への考察は公設浴場を都市の衛生維持のための重要な施設と位置づけている点で妥当なものであるが、東京市の公設浴場の設置の特徴を十分に捉えているとはいい切れない。

東京の公設浴場の特徴的な点には、どのようなものがあるだろうか。まずほかの府県と異なり、民間の公衆浴場営業者で組織された東京浴場組合の力が強いという点が挙げられる。東京の公設浴場の設立及び運営は、常に公衆浴場営業者との軋轢を生じさせた。なかでも湯銭すなわち入浴料の設定をめぐって、行政と浴場営業者は争うことになった。第三章で述べたように、大正期から社会事業家を中心に、労働者や貧民の衛生のために低廉な料金での入浴の提供が提案されるようになるが、東京において公衆浴場の入浴料は、常に公衆浴場営業者と行政とのせめぎあいのなかで定められてきた。そして、もうひとつの特徴は、東京の公設浴場の設置が、一九二三(大正十二)年に起きた関東大震災を契機に大きく発展したということである。東京の公設浴場は、震災で多くの公衆浴場が倒壊したために一時的につくられた「仮設浴場」というかたちをとり、細民や労働者、被差別部落住民といった一部の対象者だけではなく、「一般市民」の「保健衛生」のための施設として形成されることから始まった。

本章では、東京府及び東京市がどのように公設浴場を設置しようとしたのか、公設浴場の設置には、行政と公衆浴場営業者がどのように関わっていたのかという点に注目しながら論じていく。まず東京府・東京市で社会事業が進められる以前の状況について、公衆浴場営業者の動きに注視しながら整理する。そして関東大震災以前の社会事業行政と震災以後の社会事業行政が進むなかで、公設浴場が設置されていく過程を検討する。

第一節　公設浴場設立以前の浴場――東京浴場組合と「公益浴場」

第一項　浴場業者の結束

東京は、他の府県と比べても公衆浴場が多い地域である。そのためか、湯屋業者は固い紐帯で結ばれていた。すでに江戸期から湯屋業者は株仲間を組織し、仲間内で設けた規約に準じて営業を行なっていた。こうした結束の強い湯屋業に新規の営業希望者が現れた場合、一八〇三（享和三）年以降では湯屋仲間が協議し認めた者を江戸町年寄まで出願することになっていた。[2] 湯屋仲間は、一八一〇（文化七）年に公認方を願い出て許可されるまでは、幕府の公認を得ていなかったものの町奉行の保護を受けていた。[3][4] 戸沢は江戸における湯屋業者が結成した経緯とその営業形態について考究しており、江戸期において、結束力の強い湯屋業者は町内の家主たちの支援を得ながら町との関係性を強めていたと指摘している。[5] この関係性の強さ故に、湯屋営業には町政の変化に影響されやすいという側面があった。湯屋業の営業権の譲渡については、「親類兄弟」を除いて勝手な売買は禁じられていた。[6] このように、湯屋営業者たちは強く結束し湯屋営業を行なっていた。

一八七二（明治五）年、東京市内の湯屋は八〇〇軒、一八八〇（明治十三）年には一〇二一軒に増加していた。[7] 江戸期のどれぐらいの数の湯屋業者が引き続き湯屋業を営んだのかは定かではないが、明治期以降も引き続き湯屋営業者の紐帯が維持されていた。一八七九（明治十二）年に定められた「湯屋取締規則」においても湯屋営業を行なう者は、「組合取締ノ加印ヲ以テ警視本書ヘ願出」なくてはならなかった。この「組合」は、江戸期の「仲間」にかわる湯屋組合であると想定される。この湯屋の「組合」が認めたうえで、警察に届け出ることが定められている。[8] しかし、第一章でみたように、その後の「湯屋取締規則」においては、「組合取締ノ加印」という文言は削除され、同様の文言が再び記載されることはなかった。これは、湯屋営業を警察の管理下におこうとする傾向が強まったからだと推測される。実際、一八九〇（明治二十三）年の「湯屋取締規則」において、新たに、「組合」の章が設けられた。このなかで、「湯屋営業者警察署一管内毎ニ組合規約ヲ設ケ及ヒ組合同業者中ヨリ取締一名ヲ公選シ所轄警察署ヲ経テ警視庁ニ届出認可ヲ受クヘシ」と定められた。つまり、湯屋営業者は、警察署の管内ごとに組合の規約を設けることについては許可されたのだが、組合のなかから「取締」を一名選び、警視庁に届け出て認可を受けなくてはならなくなった。加えて、「取締ノ所為ニ不都合アリト認メタルトキハ改選ヲ命スルコトアルヘシ」と定められており、警察が「取締」の認可に関与していることがわかる。こうした文言から、警察が湯屋組合を管理下におこうとしていたことがうかがえる。

東京では、すでに明治期に行政と湯屋営業者の間にははっきりとした緊張関係があった。たとえば、一八九一（明治二十四）年に、東京市の上水道改良計画が実行された後の水道料金の値上げについて、湯屋営業者を府庁に召喚して、知事が直接説明にあたったこともあった。このとき、湯屋営業者のなかには水道改良事業に賛成の者と不賛成の者がいたのだが、知事に対し質問や批判が相次ぎ知事が退席するという事態が生じていた。[9] このことは営業者を府庁に召喚し、水道整備事業及び水道料に関して説得しなければならないほど、行政が湯屋営業者に対し配慮しなくてはならなかったことを示している。[10]

明治後期に浴場営業者はより数多く範囲を広げ、結束するようになる。一九〇〇（明治三十三）年十月に、東京府下の湯屋八〇〇軒余りによって東京浴場組合が設立されたと『讀賣新聞』で報道された。[11] ただし、この一九〇〇年の東京浴場組合設立について、東京の公衆浴場の組合史には記載されていない。[12] 組合史によると、東京浴場組合の創立は一九〇七（明治四十）年であり、これは東京府一五区四郡の約一〇〇〇軒の浴場から組織されたものとある。[13] 以上から、厳密な時期は定かではないが、少なくとも一九〇〇年代初頭に東京浴場組合が組織されていたことは間違いないだろう。これ以前は、このように大きくまとまった組合ではなく、東京の地区及び地域ごとに組合が組織されていたことが一八九〇年の「湯屋取締規則」に「湯屋営業者ハ警察署一管内毎に組合規約ヲ設ケ」とあることからも推測される。ただ、一八九七（明治三十）年の「湯屋取締規則」の改正では、組合という語が削除された。また、一九〇〇年代の東京浴場組合創立後も各区内、各部内においてそれぞれ組合が存在しており、東京浴場組合はそれらをまとめる総本部という位置づけであった(14)。

その後の東京浴場組合の展開を確認しておこう。一九〇八（明治四十一）年に東京浴場組合内に火災救援部が組織された。その後一九一〇（明治四十三）年に吉原大火のため組合は一度解散されるものの、一九一二（明治四十五）年に再興された(15)。同一九一二（明治四十五）年に新潟県出身の伊藤赤太郎が東京浴場組合の幹事長に就任した。一九二一（大正十）年、一九二四（大正十三）年、一九二五（大正十四）年に新潟県出身の赤塚五郎が東京浴場組合の会長に就任した(16)。同年、東京浴場組合は全国組織を創設することを提唱し、全国浴場連合会が結成された。赤塚は全国浴場連合会の創立の提唱者、あるいは提唱者の一人ではないかと推測される(17)。一九二七年（昭和二）年には東京浴場組合の会長に、これまで幹事長を務めていた田村和三郎が就任した（田村の出身地は不明）(18)。同年、東京浴場組合の付帯事業として、有限責任東京浴場信用組合が設立され、組合長には田村が就任した。これ以後、東京浴場組合会長が信用組合の会長を兼任することになった。

東京浴場組合の幹部に新潟県出身者が就くことが確認される(19)。そもそも明治期以降の東京の浴場営業者は、新潟県出身者や石川県出身者、富山県出身者が多く、自らの出身地の人間を自身が営む公衆浴場に奉公させることもあった(20)。明治期以降の浴場営業者たちは、同業者としての結束を保っていたのと同時に、同郷者集団としての結束と対立を内包していたのである(21)。

第二項　同郷者集団としての浴場業者

都市に同郷者集団が形成される背景には、明治後期から戦後まで続く農村から都市へ人口の移動がある。農村では経済的理由から家を継ぐ者を除いては、別の土地に移動し生計をたてなくてはならない者がいたことはよく知られている。一九三六（昭和十一）年の新潟県における男子の県外就労者は東京への出稼ぎが半数以上であったといわれる。新潟県出身者が携わった職業として浴場業のほかに豆腐屋、酒屋などがあり、血縁や地縁によりそれぞれの職業に就いた。浴場業に就くのが多かったのは西蒲原郡中之口村出身者だといわれている。[22]

新潟県出身で、東京で最初に浴場業に携わったのは西蒲原郡の米納津村（吉田町）の伊藤赤太郎、または西蒲原郡旧松長村の小林金吾も草分けであるといわれている。伊藤がいつ上京したのかは管見の限り資料が残存していないが、一九二一（大正十）年には京橋区で浴場業を行なっており「東京湯屋組合の役員」であったという記録が残されている。[23] 小林は一八五三（嘉永六）年に小林家の長男として生まれ農業に従事していたが、一八七四（明治七）年に妻子を残し単身上京した。家業を継げない農家の次男三男などが都市に働きに出ることは当時めずらしくなかったが、小林のような長男が上京した背景には一八六八（明治元）年に起きた水害以来、新潟県で凶作が続いていたことが挙げられる。[24] 小林は上京して四年ほど修行した後に独立し、浴場業の奉公に同郷の子どもたちを集め、東京に連れて行くこともあった。[25] 浴場業では、親分・子分といわれる関係が築かれることが多かったが、小林は浴場業に親分・子分関係を取り入れた嚆矢であったと推測される。[26] 小林が上京した際、「人の嫌がる仕事」で働き、それで成功したいと考え、浴場業を選択したと伝えられているが、[27] それはこの当時、浴場業は儲かる仕事でありながら、多くの人がやりたがらないような重労働であったことを示唆している。時代が少し後だが、一九三二（昭和七）年に親類のつてで上京し、見習いになった者の事例から、その仕事内容は以下のようであったという。起床後まず大八車で近所の大工現場や建具、たんす屋の鉋屑、木屑を集めた後に、風呂に入り埃だらけの身体を洗い、午後一時から午後十一時三十分頃まで下足番の仕事を行ない、その後、番頭と流し場の掃除をし、就寝するのは午前二時頃であった。[28] こうした暮らしで体を壊す者も少なくなく、途中で休養せざるを得なくなる者もいた。[29]

一方、比較的裕福な者で浴場業に携わる者もいた。前に挙げた東京浴場組合の会長を務めた赤塚五郎は、旧松長村大字羽黒出身で、一八八六(明治十九)年に赤塚家の六男として生まれ、後に兄の丹蔵の後を継いだ。一九〇四(明治三十七)年に志願し近衛第四連隊に入隊し、軍曹に昇進した。退役後に東京の浴場を購入し浴場業を開始した。赤塚は東京浴場組合の会長を務めながら政界にも進出した。一九二一(大正十)年には東京市神田区会議員に当選し、一九二三(大正十二)年には東京府会議員に当選し、一九二八(昭和三)年には東京府会議長に当選した。[30]こうした事例は赤塚だけではなく、裕福な農家の長男で、浴場業を始め、後に東京府会議員を務めた者もいる。[31]

ここで焦点をあてたのは新潟県出身者であるが、地方出身者が公衆浴場業に従事する多くの場合、すでに浴場業を営んでいる者を頼り、見習いとして働く必要があった。その際に築かれた関係性が、先にふれた親分・子分制度である。新潟県出身者が浴場業に参入したシステムは親分・子分制度のひとつの事例であり、[32]同郷者をより一層結束させるものでもあった。「親分・子分」制度とはいうものの、浴場業に従事する当事者が「親分」、「子分」と呼び合うことはなく、親方・番頭・中番頭・小僧というような階層があった。番頭になれば一人前の三助と認められた。[33]

ただし、すべての人が必ず独立できるというわけでもなかった。一人前と認められた後、親方から世話され浴場を持つ者もいたが、一人前になった後に「部屋」と呼ばれる公衆浴場業従事者専門の職業紹介所(派遣所)に所属して、公衆浴場業に携わる者もいた。「部屋」は、合資会社「寄子請負業」の出張所の形式で各地に散在していた。「部屋」については第四章でも説明したが、東京ではその形態が少し異なっていた。部屋には三助あがりの親分がおり、取引先の公衆浴場へ、所属する三助を順番に派遣していた。一九二九年の「部屋」の数は東京府下に三七〜三八軒、東京市内に二五〜二六軒あった。当時それぞれの「部屋」は、取引先の公衆浴場を五〇〜六〇軒持っていた。三助はこうした「部屋」に住み、はじめて「部屋」に所属する際(「部屋入り」といわれる)、所属料として三円を払う必要があった。一度「部屋」に入れば、「部屋」の親分がすべて責任をもった。「部屋」の経営費として、住み込みの三助から一円、親分から一円、仕事をせず「部屋で遊んでゐる」三助から二円五〇銭を徴収したといわれる。[34]

地方から浴場業に就く場合は、ほとんどの場合、すでに東京で公衆浴場を営んでいる者を頼らなくてはならず、かつ親分（親方）から小僧（見習い）にまでの分かれた階層のなかに位置づけられた。同郷の親方を中心とした管理体制の下に置かれていたともいえる。同郷者集団かつ同業団体が重なり合うかたちで、公衆浴場営業者たちは結束していた。同郷者の紐帯が強いぶん、営業者の内部には異なる出身ごとの対立をはらんでもいたことが推測される。

第三項　公益浴場

これまでみてきたように東京の浴場営業者は結束し、行政と対立することもあった。このようななかで、公設浴場はどのように設置され展開されていったのだろうか。

東京では、社会事業行政を担当する社会局によって公設浴場が設置される以前に、慈善団体によってつくられる浴場があった。[35]

それが、一九一一（明治四十四）年に東京市浅草区橋場町につくられた辛亥救済会による浴場である。一九三七（昭和十二）年の『東京府史』に、「本府下における公益浴場は、辛亥救済会の貸長屋に附設された浴場をもってその嚆矢とする」とある。[37] 辛亥救済会の住宅は、[38] 一九一一年四月、浅草区と下谷区にわたる大火[39]によって生じた多くの罹災者のために、建設されたものである。[40]

そして、辛亥救済会の浴場は、「公益浴場」として記されている。[41]「公益浴場」について東京府は、一九二二

（大正十一）年の『東京府社會事業概観　第二輯　管内防貧的施設ノ部』において次のように説明している。(42)

公益浴場としては府下に見るべきものなし。只僅に辛亥救濟會貸長屋中に存する共同浴場と東京府社會事業協會經營日暮里小住宅内共同浴場とするのみ、然れどもこれ等は公設浴場と稱すべき程のものにあらず。只将来の計畫としては東京府社會事業協會に於て市内並に郡部に四ヶ所公設浴場の計畫あり。

「東京府社会事業協会」は東京府の外郭団体である。右の記述をみると、辛亥救済会の浴場、東京府社会事業協会の浴場は、公設浴場というべきほどのものではないと位置づけられている。

右に述べている日暮里小住宅内共同浴場を経営した「東京府社会事業協会」は、東京府の外郭団体であり社会事業を担当した。次節では、東京府及び東京市の社会事業の進展と、公設浴場の設立についてみていこう。

第二節　社会事業の進展と公設浴場設立の背景――入浴料をめぐる争い

本節では東京府及び東京市の社会事業行政について、年代を追ってみていく。

東京府では、一九一五（大正四）年に、内務官僚で地方改良運動の推進者である井上友一が府知事に就任し、社会事業行政の進展が目指された。井上が府知事に就任した後、一九一七（大正六）年四月には、東京府慈善協会が、「東京府管内慈善救済事業ノ連絡普及並其ノ改良発達ヲ資ケ兼ネテ斯業従事者ノ慰籍奨励ヲ図ル」ことを目的に設立された。東京府慈善協会は東京府の外郭団体であり、東京府における社会事業施設の建設を担当した。会長は東京府知事、副会長は東京府内務部長が就任し、東京府庁庶務課が事務を担当した。東京府慈善協会が建設した社会事業施設は、福利事業として位置づけられており、福利事業のなかには経済保護事業と失業保護事業が包含されていた。なかでも浴場の設置は、経済保護事業に位置づけられていた。(43)

一九一七年には東京府内務部のなかに救済課が設置されるものの、社会事業が大きく進展することとなったのは、やはり一九一八（大正七）年の米騒動以降のことであった。米騒動が起きた際、東京府慈善協会は八月に米穀廉価供給所を東京府下の一九箇所に開設し、十七日間にわたって米を販売した。また同年、東京府慈善協会には、米騒動の際に集まった寄付金のうち二〇万円が交付され、細民地区改善事業が計画された。細民地区改善事業の一環として、小住宅、託児所、日用品廉価供給所がつくられ、それらとともに共同浴場は設置されていった。(44)(45)

東京府は細民の住宅に附設するものとして公益浴場を計画した。(46)一九一八年は物価が騰貴しており入浴料も高騰していた。こうした状況のなか、家族の構成員が多い細民が入浴することは難しくなっていたことが問題視されており、その対応として公益浴場が設置されていったのである。(47)では当時の入浴料がどのような手続きを経て定められていたのか、そして料金の上昇はどれほどのものであったのか整理しておこう。

一九一七年に警視庁は「湯屋営業取締規則」を改定し、新たに入浴料に関する手続きを定めた。第十二条に、「入浴料ハ所轄警察署ヲ經テ警視廳ニ願出認可ヲ受クヘシ」と、入浴料の設定には警察の認可が必要とすることが新たに加えられた。そして、「公益上必要ト認ムルトキハ入浴料ノ變更ヲ命スルコトアル」ことも定められ、入浴料に対し、警察が介入できるようになった。(48)さらに、「湯屋営業取締規則」は一九二〇（大正九）年に廃止され、同時に「浴場及浴場営業取締規則」が制定されたが、入浴料を警察が認可する点は引き継がれた。この「浴場及浴場営業取締規則」において、「浴場ト稱スルハ〔中略〕公衆ノ入浴ニ供スル営業ヲ謂フ」と明記されており、この取締規則で浴場とは公衆を入浴させる施設であることが明確に規定された。(49)

こうした法規制が定められたのと同時期に、浴場営業者と行政との入浴料をめぐる争いが新聞などでたびたび報道されていた。一九一九（大正八）から一九二〇年にかけて、浴場組合の方から入浴料値上げを申請する動き

図 6–1 東京市社会局組織図の変移

1919 ～ 1920 年

東京市社会局
- 総務課（庶務掛・調査掛）
- 公営課（市場・住宅）
- 救護課（救済・保護）
- 労働課 [1920 年～]

1920 年～

東京市社会局
- 総務課（庶務・調査・経理・工務）
- 公営課（市場・住宅・食堂）
- 救護課（保護・救済）
- 労働課（紹介・協調・労働調査）

があった。一九一九年十月には、東京市及び郡部の浴場組合が申請していた入浴料の値上げが認められ、十月二十日より一銭値上げされることとなった(50)。さらに一九二〇年二月に、東京市の浴場組合は再び入浴料の値上げを決定し、五銭から六銭に値上げすることとし(51)、十一月にまた入浴料値上げを警視庁に申請している(52)。このようにたびたび入浴料を上げる理由として、東京市の浴場組合は燃料及び水道料の高騰を挙げていた。

一九三七年の『東京府史』には、こうした入浴料の値上げによって「細民、殊に家族の多い細民の入浴」が「不可能」になり、「國民保健上誠に憂ふべき事態」が招かれることとなったと指摘しており、「無料若くは低廉なる料金」で入浴させる「公益浴場」が、東京府慈善協会及び東京市によって計画され、その多くが「公益住宅」に附設されることとなった(53)。

一九一九年から、公益浴場や住宅の設置などの社会事業を専門的に扱う部署が東京府と東京市に設置されていった。一九一九年十一月に東京府救済課は社会課と改称され、また、一九二〇（大正九）年には「東京府慈善協会」は「東京府社会事業協会」と改称された。

一方、東京市は、東京府が社会課を設置した一月後の一九一九年十二月に社会局を設置した(54)。

図6—1をみるとわかるように、東京市社会局は、総務課（庶務

掛・調査掛）、公営課（市場・住宅）、救護課（救済・保護）の三課から組織されており、一九二〇年には労働課が新たに増設された。そして十一月の「庶務細則」の改訂により、総務課（庶務・調査・経理・工務）、公営課（市場・住宅・食堂）、救護課（保護・救済）、労働課（紹介・協調・労働調査）として組織し直された。[55] また、社会局は東京市施療病院、児童保護所、公設市場、簡易食堂などの社会事業施設を建設し、さらに東京市の人口が増加するなかで生じた住宅の不足を補うものとして、公設住宅が計画され実行された。まず、一九二〇年に京橋区の市有地である月島二號地の一部に公設住宅（図6―2）が建築された。一九二二（大正十一）年に月島二號地第二期住宅（図6―3）が建設され、この住宅に附設して浴場も建設された。[56] これが、東京市が設置した最初の公設浴場である。また、同一九二二年、深川区に古石場住宅が計画され、そこに浴場も附設され、開場を準備していた（図6―4）。東京市の当初の公設浴場は市営住宅に附設されるものであった。

公設浴場が設置された後も、入浴料をめぐる争いは続いていた。一九二一（大正十）年から一九二二年にかけては入浴料の値下げを求める動きが繰り返し報道されるようになった。一九二一年四月一日より入浴料は、大人小人それぞれ一銭ずつ値上げされ、大人は六銭になった。[57] 一九二二（大正十一）年の秋、行政は湯銭の値下げを求めたが、浴場組合が反発し、折り合いがつかなくなるという事態が生じた。一九二二年九月一日に、警視庁、東京府、東京市、実業連合会、商業会議所連合により物価調節会議が開かれ、物価調節において第一に着手すべきものに、湯銭、家賃、麵類が挙げられている。[58] 物価調節会議は、日用必需品の卸値段と小売値段を調査し、「公正なる価格」を定めることを目的としていた。[59] 一九二二年九月に、東京市内の小学校校長一一名が「小学校生徒に對して湯屋の入浴料を半額にする」よう警視庁に陳情している。[60] 児童の入浴については関東大震災後も問題視されることとなり、小学校に浴場をつくることが計画された。[61]

こうした入浴料値下げの提案や要求に対して、東京浴場組合組合長の赤塚五郎は、「諸物価が下がってゐないのに湯銭だけ下げる訳にはいきません」と述べ、東京市内の浴場で入浴料の値下げは実現しないようにみえた。[62]

けれども、警察と一部の浴場営業者の間で入浴料の協議が行なわれた。一九二二年十月には、日本堤署長と管内の湯屋組合の幹部が入浴料の値下げの協議をし、また浅草区では近いうちに入浴料が値下げされるのではと報道された[63]。同年十月二十日の『讀賣新聞』の「警視廳の英斷で湯錢一錢の値下――近く新廳令を出して」という記事では、警視庁と一五〇〇軒からなる浴場組合との協議では折り合いがつかず、警視庁は、入浴料の値下げを命じる庁令を出すことにしたとある。そして、十月二十二日に、新たに値下げの勧告を行なうことが検討されるものの[64]、十月二十三日には、東京市内の浴場営業者が入浴料値下げに対し強く反対しているため[65]、入浴料値下げに関して折り合いがついていないと報道された[66]。しかし、浴場営業者も全員一致して入浴料の値下げを反対していたわけではなく、地域によって入浴料設定の方針は異なっており値下げを行なう地域も出てきた。十月二十四日

図 6–2　月島市営住宅（出典：東京市社会局『東京市社會局年報　大正 10 年』東京市社会局、1922 年）

図 6–3　月島市営住宅（出典：東京市社会局『東京市社會局年報　第 5 回（大正 13 年度）』東京市社会局、1925 年）

図 6–4　古石場浴場（出典：同前）

に赤坂表町署管内の浴場営業者たちは、浴場組合の決議に反対し値下げを行なうこととした。[67] 十月二十五日、浴場組合はついに妥協案を提示した。すでに警視庁から「十四歳以上五銭」、「十四歳未満四銭」、「四歳未満二銭」という案が提示されていたが、それに対し浴場組合は「四歳以上は全部五銭」、「四歳未満二銭」を提案した。この提案を警視庁も認め、十一月一日から実行するということで決着した。[68] しかし、入浴料をめぐる騒動は十一月以降も収束することはなかった。というのも入浴料値下げを実行しない公衆浴場が多かったためである。[69] さらには年がかわると値上げする公衆浴場さえ現れるという状況だった。[70]

以上の経緯から、東京市内では年齢区分ごとの入浴料が提案されており、東京市などの行政、浴場組合、小学校校長の間でとくに児童の入浴料が問題視されていたことがわかる。このような背景をもとに、入浴料が安価な公益浴場や公設浴場の設立が計画され、それらは市営住宅などに附設されることとなった。ただ、公設浴場が建設されるにあたって、浴場組合からの反発は相当のものであった。一九二二年一月には、公設浴場が設けられる場所の近隣の浴場から、公設浴場設置の中止を請願する運動が行なわれた。[71] また一九二三年六月に東京市が公設浴場を建設しようと市会で審議した際に、浴場組合の反対によって否決されたことが報道されている。[72] そのうち、本所区に公設浴場が建設されようとした際には、本所区内の浴場営業者から東京市会議員に賄賂があったという贈収賄事件が報道された。[73]

また、行政は入浴料を値下げしない浴場及び浴場組合に対し、積極的な罰則を設けてはいなかった。当時、浴場間には距離制限が定められていた。[74] これを「営業者側に有利な条項」だとして「彼等が頑固ならこの有利な条項を取消」すべきだという主張もあった。[75] しかし、警視庁の保安部長は「制限を廃止すれば、結果は自由競争になる〔中略〕業者が万一失敗した時の事を考へ今迄よりもより以上の利益を得やうとすれば、それは当然お客の頭にかかつて来る」と、浴場業を自由競争にさせない意図をはっきりと述べている。加えて「彼等の最後の手段である同盟休業でもやられたら迷惑するのは一体誰だ市民の利益を計つたことが結果は反つて市民の困ることになるのではないか」と述べた[76]。折りしも、同じ頃神戸において浴場業者が値下げを拒否し、浴場が一斉に休むという同盟休業の事態が生じていた[77]。浴場営業者が同盟休業することは決して絵空事に過ぎないと一蹴できるものではなく、行政は同盟休業する可能性を恐れていたとも受け取れる。

以上みてきたように、行政は「細民」の衛生のために入浴料を規制していたが、この規制どおりに上意下達で入浴料が決まったのではない。実際は警察と浴場営業者たちとの関係性、直接的かつ間接的な相互干渉のなかで入浴料は設定されていった[78]。

東京府社会事業協会が設置した日暮里町住宅の附設浴場、東京市社会局の月島浴場、開場の準備中であった古石場浴場[79]は、一九二三年の関東大震災により損壊・焼失した。東京では、関東大震災後、行政を中心にして、罹災者のために浴場が設置されていくことになる。その過程を次節でみてみよう。

第三節　東京市の公設浴場——関東大震災と仮設浴場

東京で社会事業施設が設置されている最中の一九二三年九月一日、関東大震災が起きた。昼の十一時五十八分に地震が発生し多くの火災を引き起こした。東京市内では一三四ヶ所から出火し、東京市一五区の約六割の建物が焼失し四割以上の面積が焼失した。東京府全体においては、一〇万人を超える死者・行方不明者が生じ、四四万以上の住宅が焼失するに至った。また、電灯やガス、水道も壊滅状態に陥った。水道の鉄管の焼失、破裂、漏水によって水道水の供給が難しくなり、消火栓及び給水栓も破損、消失した[81]。政府は、震災の翌日の九月二日に、「臨時震災救済事務局」を設置し、「罹災救助資金」として九五〇万円の支出を決定した[82]。

そして、多くの罹災者は、震災直後に広場、空地、山の手地域、郡部の方へ避難した[83]。上野公園には約五〇万

図 6–5　関東大震災の際、瓦礫のなかで水浴びをする女性たち（出典：花王石鹼発売株式会社資料室編『日本清浄文化史』花王石鹼株式会社、1971 年）

人、東京駅前には約一〇万人、日比谷公園には約五万人、芝公園には約五万人、靖国神社境内には約五万人もの人々が避難していたといわれる(84)。このほか、丸の内ビルディング、各種学校、寺院などが開放されたが、罹災者数は開放された避難地域の収容能力を超えていた。また罹災者の管理もままならなかったこともあってか、警視庁は罹災者に対し屋内への避難、地方への疎開などを奨励した。また他府県も、こうした疎開を余儀なくされた罹災者を受け入れた。たとえば、京都には七〇〇名余りの罹災者が到着したが、その多くには身寄りがいなかったため西本願寺高倉会館や東本願寺法話会の建物が彼らのために開放された。また大阪では、大阪駅に到着した罹災者に対し、大阪市社会課・大阪市救援部が彼らに職業を斡旋しほとんどを就職させたという(85)。警視庁は九月六日に罹災者に対し主な避難場所を発表した(86)。

また臨時救済事務局は、彼らを収容するためのバラック、つまり仮設住宅の建築を東京府、東京市、警視庁建築課に命じた。東京府では、一〇日間以内の竣工を目指して、九月八日から工事にとりかかり、芝離宮、芝公園、青山外苑にバラックをつくった。東京市は、洲崎埋立地、小石川植物園、上野公園、浅草公園、深川公園、安田邸内、猿江御料地に建設した。警視庁建築課は、日比谷公園内、上野公園内（竹ノ台・池ノ端）、靖国神社前に、合計六三九棟のバラックを建てた(87)。

当然ながら民間の公衆浴場も多大な被害を受けた。震災以前、東京市内の公衆浴場数は九七一軒であったが、

表 6-1　関東大震災前後の東京市内浴場数の変移

区　名	震災以前	焼　失	残　存
麹　町	26	16	10
神　田	66	61	5
日本橋	52	52	0
京　橋	63	62	1
芝	78	35	43
麻　布	42	0	42
赤　坂	27	14	13
四　谷	37	0	37
牛　込	55	0	55
小石川	64	1	63
本　郷	56	14	21
下　谷	75	54	21
浅　草	115	113	2
本　所	128	122	6
深　川	87	87	0

出典：内務省社会局編『大正震災志（上）』内務省社会局、1926 年。

六三一軒が焼失し三四〇軒が残るのみとなった。[88] 東京市内の各区の浴場数の変化は表6―1を参照されたい。

前に述べたように、震災以前には行政が設けた日暮里町住宅附設浴場、月島浴場があり、古石場浴場も準備されていたが、これらの浴場も破壊、焼失した。震災後、東京市内のすべての浴場数は震災前の三分の一に減ってしまったのである。こうした状況をうけ、行政のとった対応はいかなるものだったのだろうか。

九月十六日に、警視庁は罹災者の「衛生保健」のために「仮設浴場」を開設することとし、その方針を定めたと新聞で発表した。[89] 方針は次のようなものである。[90]

一、バラック収容所又は其の附近に設置のこと
二、浴場営業者中のリサイ者に対し營業のこと
三、向二週間以内に開設せしむること
四、存続期間はバラック存立期間とすること但し時期により何時でも廃止を命ずる事あり
五、入浴料は大人三錢小人一錢位とすること
六、設備はくわ防風俗衛生上相當の注意をなすこと

七、煙突の高さは五十尺以上となすこと
八、九月廿日迄に平面図を添へ願出づること

仮設浴場は、罹災者の仮設住宅に設置するか、その附近に設置することとされ、二週間以内に開場し、営業は罹災した浴場営業者に任せられた。

『東京市社會局年報（大正十二年）』には、以下のような仮設浴場設立の趣意が掲載された。[91]

帝都の大半を灰燼に歸せしめた九月一日の大震火災は、總ての機關を破壊し〔中略〕罹災者の頭髪肌膚は流汗に塗みれ〔中略〕、されば一般に入浴癖を有する帝都市民の痛苦は、遂に日晝苦滑らかなる御堀に若き婦人に打交じり肌を洗ふの悲惨を見るに至れり、依りて之に應急の救済として、假設浴場の施設を計畫するに至れり。

仮設浴場は、都市の細民を含む東京市の罹災したあらゆる「市民の衛生保健」のための施設として設置された。[92]仮設浴場の建設費として臨時震災救護事務局は、三一万八〇〇〇円を交付した。[93]こうした仮設浴場を設置するほか、京阪地方から据風呂一二八個、燃料用の薪炭が送られた。[94]

同年九月二十七日に、警視庁によって、仮設浴場の設置について詳細に規定した全七条からなる「假設浴場取締規則」が定められた。仮設浴場とはすべてこの規則に従って建てられる浴場を意味しており（第一条）、仮設浴場を新設及び改築する際には、必要な事項を記し所轄警察署を経て警視庁に申請し認可を受けることが定められた（第二条）。必要な事項とは、建築主の住所・氏名・年齢・職業、浴場の名称、建築地の地名、敷地及び建物の坪数、建物及び附属設備の配置図、平面図、断面図、構造仕様の概要、汚水排除の方法、竣工期日、移転または

新設の場合は敷地付近の略図と四隣浴場との距離を示す実測図が必要とされた。

そして竣工前に建設地を変更する際には警視庁に、敷地及び建物の坪数と汚水排除の方法を変更する際には所轄警察官署に申請して認可を受け（第三条）、新設・改築・竣工の際には警視庁に、増築・変更・修繕工事竣工の際は所轄警察官署に届け出て認可を受けなければ、使用を禁じられた（第四条）。

仮設浴場の構造については次のような八点の制限が設けられた（第五条）。一、浴室は平屋建とすること、二、出入口・脱衣室・浴室は男女別にし、外部からみえないような構造にすること、三、浴室の水槽又は湯槽は禄高床上一尺五寸以上、容量を一升五合以上とし、手桶を各三個以上置くこと（但しこれに代わる設備がある場合はこの制限を受けない）、四、汚水を屋外の下水に流下させる設備にすること、五、火焚場は平屋建とし、周壁をコンクリート造、煉瓦造、石造、鉄鋼コンクリート造または鉄板張造にすること、六、灰捨場をコンクリート造、煉瓦造又は石造とし、不燃質材料で覆うこと、七、煙突の高さを五〇尺以上にし、煤煙防止の装置を設備させること、八、第二条及び第四条に違反した者は拘留又は科料に処す。そして、本令に規定するもののほか浴場及浴場營業取締規則の第五条、第六条、第八条乃至第十条の規定を除いて仮設浴場とその営業に適用する（第七条）こととされた。

「仮設浴場取締規則」をみると、仮設浴場は、営業認可、建設地、構造に関して警察の徹底した管理下にあった。その構造は、従来の浴場と同様に男女を別にし外部から内側を不可視にすること、防火という観点から不燃物で築造することが定められており、汚水の処理の設備についても規定されていた。仮設浴場は簡易的なものながら、防火的・衛生的観点から注意が払われた構造であった。

同年十月十二日に、東京市内二二箇所に罹災者のために仮設浴場がつくられることが発表された。一九二三年中に工事され開場したが、水道の復旧の遅れや漏水のため浴場用の給水が十分でないため、月島浴場と橋場浴場は井水を利用して開場され、古石場浴場は水道の完成をまって開場された。加えて震災直後に東京浴場組合が建

表 6-2　関東大震災後の仮設浴場

浴場名	場　所	発足年月日	廃止年月日	入浴人数
1　九段浴場	麴町区靖国神社内	1923/12/20	1924/9/30	223,663
2　青山浴場	赤坂区明治神宮外苑内	1923/12/25	1925/2/15	376,213
3　日本橋浴場	日本橋区坂本町公園内	1923/12/28	1925/3/31	360,072
4　若宮浴場	本所区若宮公園内	1924/1/8	1924/12/31	226,152
5　両国浴場	日本橋区内両国公園内	1924/1/12	1924/12/31	295,592
6　芝離宮浴場	芝区芝離宮内	1924/1/14	1924/10/30	287,889
7　数寄屋橋浴場	京橋区数寄屋橋公園内	1924/1/15	1924/12/31	222,914
8　日比谷公園浴場	麴町区日比谷公園内	1924/1/16	1924/11/20	223,262
9　築地浴場	京橋区築地西本願寺内	1924/1/23	1925/1/31	246,673
10　浅草浴場	浅草区東本願寺境内	1924/2/2	1924/12/31	216,543
11　お茶の水浴場	本郷区お茶の水公園内	1924/2/10	1924/12/31	209,751
12　林町浴場	本所区林町３丁目	1924/2/11	1924/12/31	337,347
13　土州橋浴場	日本橋区蠣殻町２丁目	1924/2/12	1924/12/31	311,071
14　霊岸町浴場	深川区霊岸寺境内	1924/2/20	1925/3/31	265,462
15　西平井町浴場	深川区西平井町	1924/2/20	1925/3/31	319,295
16　小伝馬町浴場	日本橋区新高野山境内	1924/2/23	1924/12/31	222,229
17　濱町浴場	日本橋区濱町２丁目	1924/2/25	1924/12/31	199,294
18　番場町浴場	本所区妙源寺境内	1924/2/28	1924/12/31	177,826
19　押上浴場	本所区押上町大雲寺境内	1924/2/28	1925/3/25	286,165
20　緑町浴場	本所区緑町５丁目	1924/3/1	1925/3/25	225,737
21　金杉浴場†	下谷区金杉下町	1924/3/3	1925/3/25 (97)	206,839
22　西町浴場	下谷区西町	1924/3/7	1924/12/31	265,515
23　月島浴場†	京橋区月島２号地	1924/6/3	1924/12/31 (98)	122,152
24　橋場浴場	浅草区橋場総泉寺境内	1924/6/11	1925/3/31	142,041
25　芝公園浴場	芝区芝園橋際	1924/6/12	1925/10/31	130,812
26　日比谷南浴場	麴町区日比谷公園内	1924/6/12	1925/3/31	155,785
27　池ノ端浴場	下谷区池ノ端	1924/6/12	1925/1/10	114,184
28　浅草公園浴場	浅草区観音堂裏	1924/6/12	1924/12/15	119,843
29　古石場浴場†	深草区古石場町	1924/7/15		97,836

東京市社会局『第５回（大正拾参年度）　東京市社會局年報』東京市社会局、1925 年から引用し作成。†印は仮設浴場撤廃後も公設浴場として存続

設した芝公園をはじめとする三ヶ所の仮設浴場を買収し、統一して東京市が経営することになった。[96] 設置された仮設浴場については表6—2を参照されたい。

仮設浴場の実際の営業には、「仮設浴場経営に関する命令条項」が定められた。[99] 注目すべきは、その経営が罹災した浴場営業者のなかから選抜され、委託されることとなった点である。[100] 任命された浴場営業者は「清潔衛生ニ注意シ一般公衆ニ便益ト快感ヲ與フル事ニ努ムヘシ」とされた。[101] 衛生だけではなく、入浴の「快感」という慰安を提供することが求められている。浴場は無料で貸与されたが、保証金として五〇〇円または相当する有価証券を納付しなくてはならず、燃料、給水料、電燈料をはじめとする費用及び修繕費などはそれぞれが負担することが定められた。仮設浴場の入浴料は、大人三銭、十四歳未満二銭、四歳未満一銭という「低廉」な額に設定された。[102]

仮設浴場事業は震災後の応急的なもので約一年程度の中間的な施設であった。一九二四（大正十三）年の夏には民間の公衆浴場の多くが復興し、[103] 一九二四年十月に東京市は震災後につくられた仮設浴場のほとんどを閉鎖することを発表した。[104] その二ヶ月後の十二月二十二日、職種は定かではないが東京市民六名によって「公設浴場存廢ニ関スル件質問趣意書」が東京市会副議長である近藤達兒に提出された。[105] これは「公設浴場整理ニ関シ遺憾ノ点」があるため提出されたものである。二日後、近藤は東京市長である中村是公にこの質問趣意書を同日市会に提出した旨を伝えている。質問は「市設浴場ノ今後如何」として、「現在ノ市設浴場ノ個数、今日マテノ浴客統計、今後ノ存續期間、浴場ニ對スル市ノ今後ノ方針如何」という内容であった。市設浴場とは「現在ノ市設浴場」とあることから、仮設浴場を意味しているだろう。

同日の市会では、「市設浴場存続に関する建議」が東京市長から東京市会議長に提出された。[106] そのなかでは「浴場ノ如何カ市民ノ保健衛生ニ直接重大ノ關係ヲ有スルコト論シ候タス」と、浴場が、東京の「市民」の「保健衛生」に直接的な大きな関係を持つことが述べられた。[107] そして、東京市が建設した仮設浴場は震災直後の「民間」の浴場の不足を補うものであり、当初の目的を達成したものの、この不況下に浴場の撤廃がなされることは公共の利益に反するとして、市設浴場の存続が求められた。ただし、存続の場所は「理事者」に一任することとされた。[108] ただしこの理事者に関しては、どういった人間を指すのかが明記されていない。

仮設浴場の表の閉鎖時期と齟齬があるのだが、表が掲載されていたのと同じ大正十三年度の『東京市社会局年報』には震災時に設けられた仮設浴場のうち、金杉浴場、月島浴場、古石場浴場をを除くすべての浴場が、一九二五年三月までに閉場されたとある。[109] 仮設浴場は「市民に利便を與へ」るものと考えられたこと、[110] 金杉、月島、古石場の浴場が残存したのには、次のような理由があった。仮設浴場は「市民に利便を與へ」るものと考えられたこと、市営住宅の所在地付近にあること、また浴場付近の大火がひどかったことである。[111]

存続することとなった仮設浴場はその後どのような経過を辿ったのだろうか。

これらの三浴場は、内務省より無償交付を受けていたが、[112] そのうち金杉浴場は一九二五年に、「建物其他一切を同敷地無料提供業務経営したる土地所収者」に有料で払い下げられ、古石場浴場と月島浴場はこれまで通り民間に委託経営されることが決定した。[113] そして、月島浴場は一九二六年六月末日でいったん閉鎖され、一九二六年五月に古石場浴場は「仮設浴場」から「市営住宅附設浴場」と位置づけが変更された。つまり、一九二六年に「仮設浴場」と位置づけられる浴場がすべてなくなった。[114]

罹災者対策の仮設浴場とは別に、帝都復興事業のなかで浴場事業が一九二四年から一九二八（昭和三）年にかけて進められていた。これは「細民地區改善の一施設として其の衛生狀態を改善」するという目的をもつものである。[115] 帝都復興事業としては一〇軒の公設浴場の建設が計画されていた。[116] けれども、土地の選定などが区画整理の関係などにより簡単ではなかった。一九二四年度には、月島と下谷区龍泉寺町が選定され浴場の設計も済んでおり、工事に着手することとなっていた。ただし、理由は定かではないが龍泉寺町に浴場が建設されることはなかった。また帝都復興事業とは別に内務省交付金による一軒の浴場の建設が東京市によって計画され、本村町

（猿江）浴場が設置された[117]。

一〇軒の計画予定であった公設浴場は、予定地の住民の反対運動が大きかったため中止に至った。一九二八（昭和三）年に、担当者は次のように語ったと報道されている[118]。

> 十ヶ所の公衆浴場工費六十万は通過してゐるのですが、敷地難のため中止するやうになると思ふ、それに浴場は種々困難な事情があつて中々市営としては困難な仕事です、残つた予算はどうするか決つてゐません

結局、東京市の公設浴場は、一九二七年（昭和二）年三月に、新たに京橋区月島二号地に月島浴場（図6―6、

図6–6　月島浴場新築工事の様子（出典：復興事務局「東京市帝都復興事業概要（1)」復興事務局、1927年）

図6–7　月島浴場。中央が浴場全景、最下が浴場内部。なお、最上は大塚質屋。（出典：東京市社会局「東京市施設社會事業要覧　昭和3年」東京市社会局、1928年）

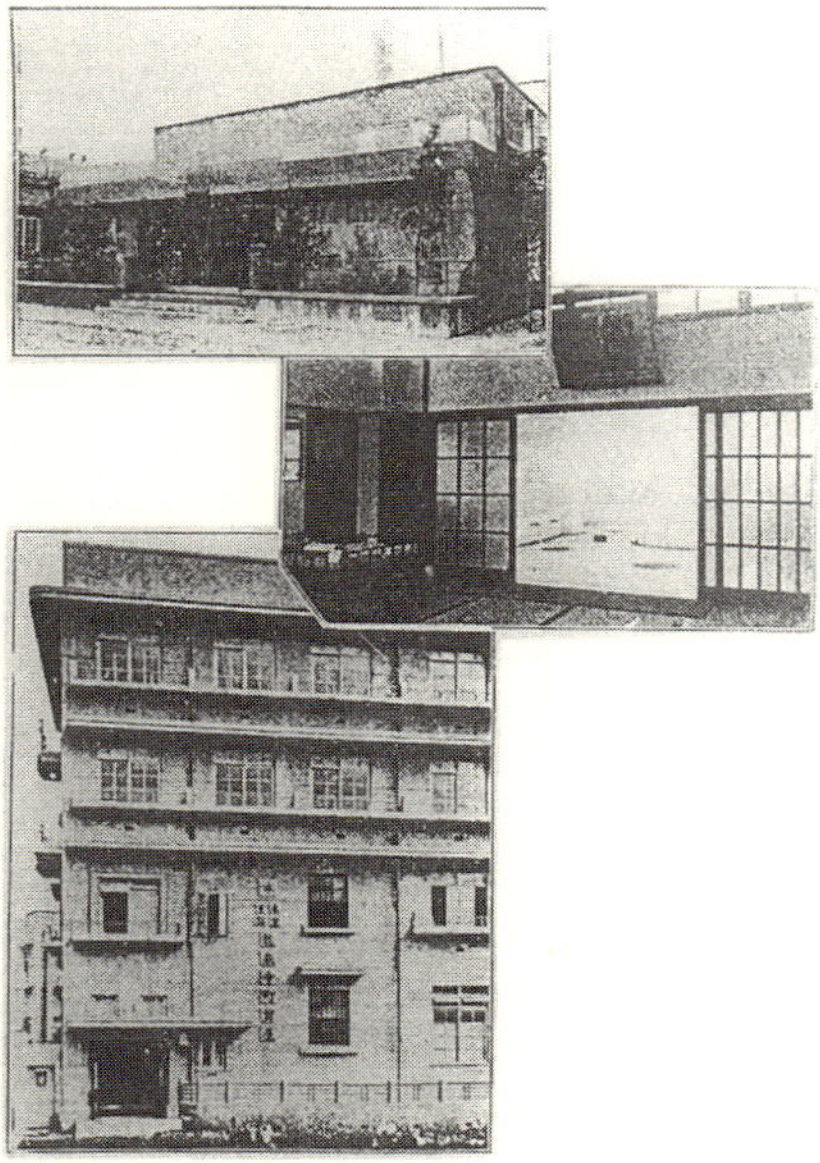

右——図 6–8　昭和 10 年頃の深川の様子、労働紹介所（出典：東京市社会局「東京市社會局年報　第 16 回（昭和 10 年度）」東京市役所）。左——図 6–9　古石場浴場。最上が全景、中央が内部。なお最下は龍泉寺町質屋。（出典：東京市社会局「東京市施設社會事業要覧」東京市社会局、1930 年）

6—7）、一九二七年四月に深川区本村町に本村町浴場の二軒が開場するにとどまった。[119] 図6—8は同じ深川の一九三五（昭和十）年頃の様子である。

仮設浴場をほぼそのまま受け継いだといえる古石場浴場と合わせると、一九二七年に確認される公設浴場は、古石場浴場、月島浴場、本村町浴場の三軒であった。これらの経営は委託され、入浴料は大人四銭、十四歳以下二銭と定められた。これらの浴場は毎月浴場使用料を払わなければならず、古石場浴場が八〇円、月島浴場が二三五円、本村町浴場が二三五円の使用料であった。[120] 経営を誰にどのように委託するかについてこの当時の行政資料には明記されていないが、後述する一九三三（昭和八）年に定められた「東京市設浴場経営委託ニ関スル規程」から浴場営業者であったと推察される。

一九二八（昭和三）年には古石場浴場の改良工事が決定され、一九三〇（昭和五）年二月に竣工した[121]（図6—9）。東京市が設立した公設浴場以外に、東京府社会事業協会によって経営された和田堀小住宅附設浴場もあったことが確認されている[122]。

一九二九（昭和四）年度、東京市社会局は公設浴場の入浴人数の減少を問題視していた。一九二九年度は前年度と比較して入浴者数が七万八〇五二人減少しており、入浴料収益も二三〇九円減少していた。社会局はこうした状況について、「此の如きは一般經済社会の不況に影響せらるゝところにして一方保健衛生の点より見れば憂ふべき減少なりと云はざるを得ず」と述べている[123]。勝木・天澤・篠野は、東京市社会局のこうした浴場事業を、「経済的な動向が入浴に直接影響することは、社会局が浴場事業を実施せざるを得なかった一因を例証する」ものであると位置づけ、「都市生活者にとって入浴は、欠くべからざるものと社会局によって捉えられていた」と指摘している[124]。すでに第三章から第五章でみてきたように東京のみに限らず都市の社会事業に関わる専門家や行政は都市の貧民や労働者のための慰安として入浴を位置づけていた。東京市の公設浴場は当初、都市の細民のためとして設置されたが、関東大震災によって公衆浴場数が大幅に減少することによって、社会事業の対象となる細民や労働者といった一部の人々のためだけではなく、東京という都市の市民すべての「保健衛生」のために施設として一時的に設置された。東京市民すべてのために公設浴場が設置されたのは、行政にとっても浴場営業者にとっても大きな出来事であった。そして公設浴場は、行政と浴場営業者の争いの焦点となった入浴料の設定に関わる重要な施設になっていくのである。

第四節　東京市の公設浴場における入浴料値下げ問題

一九二〇年代を通して日本は何度も不況に陥るが、一九二九年末も不景気であり、そこで民間の浴場浴場のなかには、貧困者などに入浴の無料券や割引券を配布するものもあった[125]（図6―10）。

一方で、一九二九年末から地代及び家賃をはじめとする値下げ運動が全国的に生じており、そのなかで入浴料の値下げも求められた。一九三〇年六月には、深川区の東大工町・霊岸町・元加賀町が「湯銭値下運動」を起こしていた。この「湯銭値下運動」が起こった経緯を『東京朝日新聞』は次のように説明している。関東大震災以後、東大工町の硝子湯は湯銭を「大人三銭、子供二銭、幼児一銭」として営業していた。硝子湯は東京浴場組合に加入しておらず、このような安価な料金で営業していたが、硝子湯附近の民間の公衆浴場三軒も硝子湯と同様に値下げし数年にわたって営業していた。しかし一九三〇年五月二十五日、硝子湯以外の三軒の公衆浴場が突如組合の規定通りの五銭に値上げし、同日、硝子湯は廃業した[126]。硝子湯はもともと、震災直前までガラス製造をしていた長谷川小平が、震災直後ガラス製造用の湯を利用して、付近の住民を無料で入浴させ、その後、公衆浴場として改築し営業していたものであった[127]。長谷川は五月三十日に病で急死している。硝子湯が廃業したのは、深川浴場組合が硝子湯の営業者を買収したためだとされ、町民たちはこの内情を知り、「湯屋の独占打破、湯銭直下運動」を起こすこととなった[128]。

六月五日、元加賀小学校において、東大工町、霊岸町、元加賀町連合の「湯銭値下町民大会」（図6―11、6―12）が開かれた。大会の参加者は七〇〇人を越え、入浴料の三銭から五銭への値上げが生活のなかでどれほど大きな負担であるか、住民により訴えられた。そして大会において「入浴上大人三銭銭、十二歳以下二銭、四歳以下一銭」にするよう決議され、翌六日に警視庁、東京市社会局、深川浴場組合に陳情する旨、確認された[129]。六月十二日には住民と浴場営業者との妥協案として、東大工町、霊岸町、元加賀町の町民に対して、大人三銭、子供二銭、幼児一銭の割引券を発行することで、六月五日に生じた深川の「湯銭値下運動」は、一週間後には一応の決着をみることとなった[130]。

ただし、こうした入浴料の値下げを求める運動は引き続き生じていくことになる。一九二九年度の東京市の公設浴場の入浴者数は決して増加していたわけではなかった[131]。これに対し、東京市社会局は、「市内より一銭宛入浴料低廉なるにもかゝはらず、公衆浴場は毎年漸次収入減を示しつゝあり」とし、公設浴場の改築に踏み切り、その後一時的に収益は増加した[132]。

けれども不況による物価の低落に伴い、公設浴場の公設浴場の入浴者人数と収益は翌年再び減少した。そこで東京市社会局は一九三二（昭和七）年に、公設浴場の入浴料の値下げという、より積極的な策を打ち出すことに

失業者にお湯を無料で
貧しい人達には大人三銭、子供二銭
淀橋署管内の湯屋組合で

図 6–10　浴場で入浴割引券交付（『東京朝日新聞』1930（昭和 5）年 8 月 16 日）

図 6–11　「湯銭値下町民大会」の様子（『東京朝日新聞』1930（昭和 5）年 6 月 6 日）

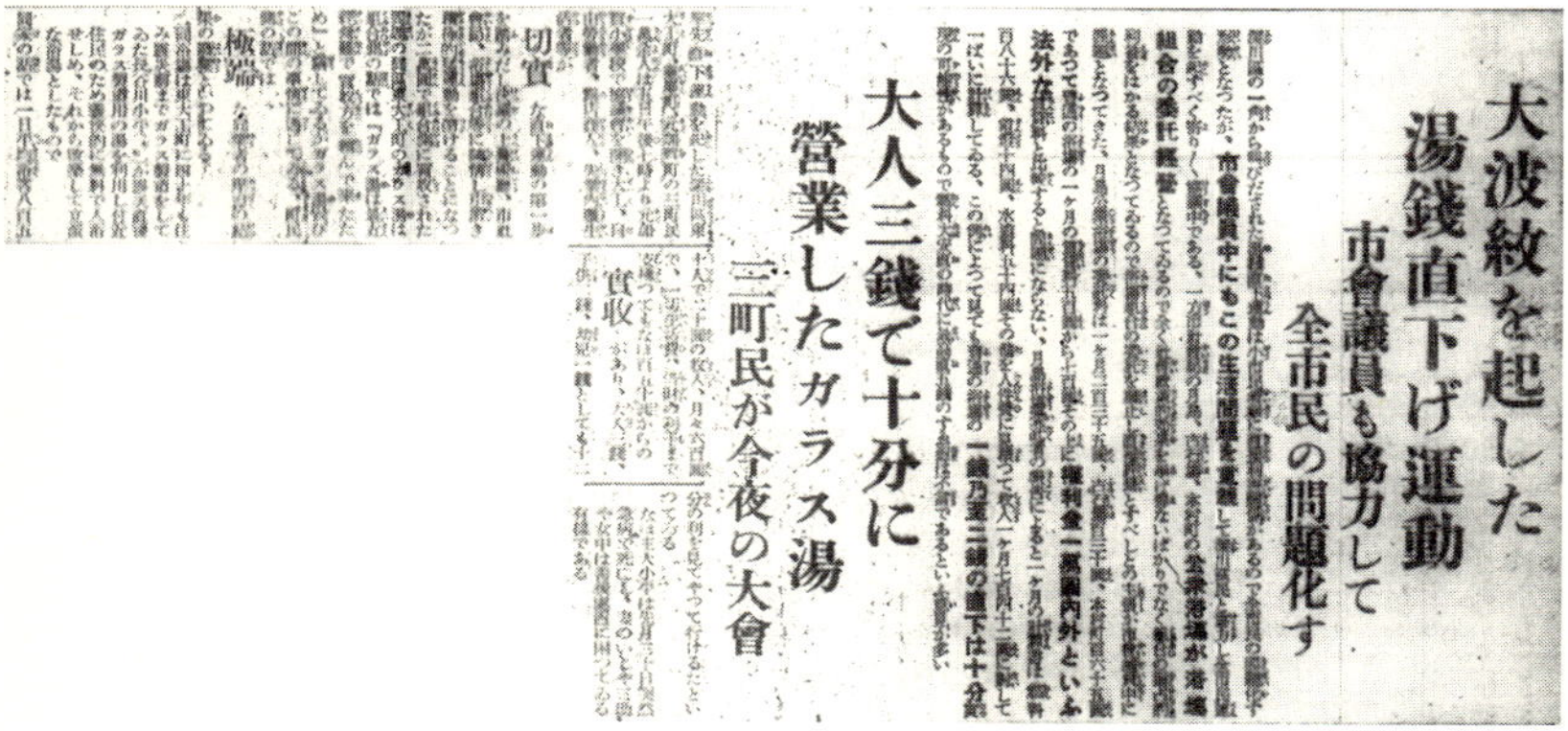

図 6–12　深川区の湯銭値下げ運動（『東京朝日新聞』1930（昭和 5）年 6 月 6 日）

なる。一九三二年五月二十四日に、東京市は月島、古石場、本村町の公設浴場の入浴料を、大人四銭、小人二銭から大人三銭、小人一銭に値下げすることを決定した。これを聞いた東京浴場組合は反対運動を開始し、公設浴場の値下げを止めるよう東京市に陳情した[133]。東京浴場組合が公設浴場の値下げに反対したのは、市の公設浴場が値下げを行なうと、民間の公衆浴場の収益の減少につながることや、影響を受けて値下げを求める運動が生じるなどと危惧したからだと考えられる。

一九三二年六月十三日、東京市の公設浴場の値下げについて、公設浴場の委託経営者は東京市に対し、「一般浴場の湯銭に影響するから値下の代りに従来細民街に発行してゐる無料入浴券並に割引券の発行を増加する方法を」とってほしいと述べたものの、東京市はこれを「一蹴」し、六月十七日に委託経営者に改めて回答するように命じた。その際、公設浴場の委託経営者が入浴料の値下げに応じない場合は、委託経営を廃止し、東京市の直営としての値下げを行なうとした[134]。東京市のこの決定は、二つの意味で重要である。第一に、細民に対する入浴の施策を浴場営業者が提案しているにもかかわらず、それを一蹴しているということは、ここで争点となったのが社会事業的な公設浴場だけではなく、「一般浴場」の料金を下げ、市民が入浴しやすいようにすることだったということである。第二に、行政が入浴料をめぐる主導権を得たという点で、行政すなわち東京市と浴場営業者との関係性における転機ともいうべき出来事であったということである。東京市は公設浴場を設置しその経営を浴場営業者に委託することで、浴場営業者の権益に介入する機会を得た。

この決定を契機として、湯銭値下げの運動の気運が再び高まり始める。神田区では、一九三〇年以降入浴料の値下げ運動を行なっていたが浴場組合の反対により成功していなかった。神田区の数百名の有志が民生党本部に集まり協議し、六月十六日には神田公会堂で「湯銭値下区民大会」を開き、「湯銭を大人参銭、子供一銭に値下すること」、「浴場設置の距離制限廃止」、「盗難防止のため湯屋の見張人は営業主または相当責任者たること」の三点が決議された。この決議は警視庁、東京市に陳情され、浴場組合に通告されることとなった[135]。

公設浴場の入浴料値下げについて東京市社会局は、翌年、次のように述べている。

市設公衆浴場の入浴料金は、従来大人四錢、小人二錢、髪洗八錢なりしが、現下の不況と物価の低落に伴ふ社會事業施設としての使命を完ふする為、警察當局の同意と輿論の後援により、民間浴場側の猛烈なる反対運動を排撃して、十月一日より入浴料金を大人三錢、小人一錢、髪洗七錢に値下實施せり[136]。

公設浴場は不況に伴う社会事業施設であるという使命を果たすために、入浴料の値下げに踏み切り、そのためには民間の浴場営業者たちの「反対運動を排撃」したという、いわば行政の「成功」体験が記述されている。そして公設浴場の入浴料の値下げによって、入浴者人数が三割から五割、増加するという結果がもたらされた。入浴料をめぐって東京市と浴場組合とが争う事例は、東京の一般民衆の値下げ運動ともあいまって、東京市が浴場営業者の権限を縮小させていこうとする意図をかなえたことを示唆するものであるといえよう。

第五節　「東京市設浴場」に対する法規制

大阪市、京都市では、公設浴場の設置とともに公設浴場に対する条例が定められたが、東京における公設浴場に対する法規制は、公設浴場が設置されてから数年たって行なわれることになった。一九二七年に公設浴場が設置されてから六年後の一九三三（昭和八）年七月十八日に、「東京市設浴場條例」が東京市会に提出された。[137]「東京市設浴場條例」設定の焦点として、次の三点が挙げられている。この条例を定める理由、入浴料金を設定する基準、浴場の委託経営に関する事項についてである。

「東京市設浴場條例」を定める理由は、これまで東京市設浴場を管理する規則がなかったため、「管理上支障」をきたしており、入浴料金や経営を委託する件について、明確にしておく必要があるからだとされた。

そして、入浴料金の設定については以下のように説明された。

市設浴場ハ浴場ガ一般市民ノ保険衛生ニ重大ナル関係ヲ有スル事ヲ確認シ現在比較的細民居住地ニ設置セラレ民間浴場ヨリ入浴料ヲ一錢安價ニ定メタリシモ本浴場ハ民間浴場ノ湯錢高價ナルヲ牽制シ之カ値下ヲ促進スル條令ヲ有スル[138]〔後略〕

つまり、公衆浴場すなわち東京市設浴場は、一般市民の保健衛生のための施設であり、現在は細民が居住する地域に設置されており入浴料を安く設定しているが、単なる保健衛生の施設にとどまらなかった。市設浴場は民間の浴場の入浴料が高くなるのを「牽制」する役割を担っていた。換言すると「東京市設浴場條例」は民間の公衆浴場の値下げを促進させるために位置づけられていた。

「東京市設浴場條例」はほぼ提出案どおり、一九三四（昭和九）年三月に制定され発布された。[139]この条例は、東京浴場組合、すなわち浴場営業者による浴場営業の独占状態に、東京市が新たに介入する法的規制であったともいえる。

「東京市設浴場條例」は全七条から成る。その内容は、「市設浴場」とは公衆の入浴を提供するものとされ[140]（第一条）、入浴料金は「大人四錢」、「十四歳未滿二錢」の範囲内で市長が定めることとされた（第二条）。また、料金に関しては、市長は必要であると認める者に対しては入浴料を減免することがあるとされた[141]（第三条）。入浴時間は正午から午後十一時まで、休日は毎月二十六日とされ、必要あるときは市長が変更することもあるとされた（第四条）。そして、次の項目に該当する者は入浴することができないとされた。それは、「看護ヲ要スヘキ老幼者ニシテ附添人ナキ者」、「他人ノ嫌忌スヘキ疾病アル者」、「泥酔者」、「其ノ他市長ニ於テ入浴ヲ許スヘカラスト認ムル者」であった。そして、市設浴場は市長が適当と認める者に経営を委託することがあり[142]（第六条）、本条例の施行に関して必要な事項は市長によって定められることとされた（第七条）。第六条の入浴を拒否する対象に関しては、「浴場及浴場營業取締規則」でも定められていたが、「東京市設浴場條例」では、市長が認めない者の入浴が拒否されることが加えられている。

なかでも注目したいのは、市設浴場の経営を委託するという点である。具体的にどのような者に経営を委託したのだろうか。市設浴場の委託経営については、「東京市設浴場條例」と同時に設けられた「東京市設浴場経営委託ニ関スル規程」と「市設公衆浴場委託ニ関スル規約」に詳しく定められている[143]。「東京市設浴場経営委託ニ関スル規程」は、委託経営の際の手続きについて詳細に定めたものであり、「市設公衆浴場委託ニ関スル規約」は、浴場営業に関する内容を中心に定めたものである[144]。その内容をみていこう。

「東京市設浴場経営委託ニ関スル規程」において、市設浴場の経営は市長が適当と認める者に委託されることと定められ、浴場経営の委託を受けるものは本規程に依拠し市長の許可を受けなくてはならなかった。市長の許可を受ける資格として、二年以上継続して独立して営業に従事していること、そして営業収益の税金を年額一五円以上納めていることが必要とされた。

市設浴場の経営を委託されるものは浴場営業者であったが、確実に営業している者であることを示す保証が求められた。市長より許可を受けた者は、七日以内に次の手続きを行なわなければ浴場業務ができないとされた。すなわち、「保證金」[145]として「納付金」[146]の四ヶ月分相当を納付すること、そして「保證人」二名の連署のある調書を提出することである。この「保證人」は東京市内に居住しており「資産信用」のある者である必要があり、「保證人」は委託経営を認可された「受託者」とこの規程の定める責任をともに負担することが求められ、浴場の委託経営の権利を譲渡してはならないことが定められた。

そして、入浴料と髪洗料は受託者の収入になり、受託者は「東京市設浴場條例」と「浴場及浴場營業取締規則」を遵守することが求められていた。

また[147]、浴場は市長が指定した日に開業することとされ、建物と附属物の変改は東京市の許可を受けなければならず、市長の承認を受けていない場合、営業時間の伸縮や指定休日以外に休業することは禁じられた。そして、受託者は日報及び月報を調整し、事業に関する事項を東京市に報告する義務があり、月報は毎月五日までに提出しなくてはならなかった[148]。

次の項目に当てはまる際は、受託者は委託の資格を失い浴場を返還しなくてはならなかった。それは、納付金を指定の期日内に納付していないとき、この規程又はこれに基づく規則命令に違反した場合、東京市が管理上必要あると認めた場合であった。また、東京市が事業を執行するうえで必要だと認めた際、浴場の経営を停止あるいは休止させる場合があり、受託者か「傭人」が故意か過失によって浴場及びその附属物を毀損した場合には速やかに修復し、東京市に及ぼす損害である場合は賠償しなくてはならないことが定められていた。

同時に設けられた「市設公衆浴場委託ニ関スル規約」は、「東京市設浴場條例」が定めていた浴場営業の内容をより詳細に定めるものである。規約の内容は次のようなものである。条例と規程と内容が重複しているものもあるのだが、浴場の経営が委ねられた受託者は「公衆浴場の設置の主旨を體し十分清潔衛生に注意し一般公衆の便益に勤めること」と明確に記述されている。入浴料は大人四銭、十四歳未満二銭と設定されていたが、東京市が必要と認めるときは変更することもあり、東京市と受託者が協議したうえで無料あるいは割引入浴券を発行することもあるとされた。加えて、次の項目に当てはまる者は入浴してはならないとされた。これは「東京市設浴場條例」で定められていたのとほぼ同様の「看護ヲ要スヘキ老幼者ニシテ附添人ナキ者」、「他人ノ嫌忌スヘキ疾病アル者」、「泥酔者」であったが、ひとつ異なるのが「其他入浴ヲ許スヘカラスト認ムル者」であった。「東京市設浴場條例」では「市長ガ認ムル」となっていたが、規約から、浴場営業者に入浴の許否の判断が委ねられたことが推察される。そして、経営委託の期間は一九三二年四月一日から一九三三年三月三十一日までとされ、更新されることもあるとされた。貸付料は一ヶ月一三〇円とし、毎月十八日までに納付することとされた。また貸付料を変更する必要が生じた際には東京市と受託者が協議した上で指定されることとなった。受託者は貸付物件又はその一部を譲渡してはならないとされた(149)。

以上から、公設浴場の経営に関して、東京市長の権限が広範にわたって言及されていることがわかる。行政は、公設浴場の入浴料制定について東京浴場組合と軋轢も生じさせながら、相互的に関与してきた経緯をふまえ、東京市設浴場の管理形態を明確にしておく必要があると認識したのではないだろうか。そして、東京市設浴場は、東京市の公衆のための衛生施設であると位置づけられたのである。

第六節　東京における公設浴場の位置づけ——小括

東京では明治期以前にすでに湯屋営業者が結束し営業しており、明治期以降も多くの浴場が営業していた。東京の浴場営業者たちは、水道改良などの行政事業が行なわれる際には行政側が設けた説明会に出席し、入浴料をめぐっては反対運動を行なうなど、行政に対して影響力をもっていた。大正期に、大阪や京都と同様に東京でも、社会事業がすすむなかで公設浴場の設置が進められ、「細民」を対象とする公設住宅に附設されていくこととなった。しかし、東京市は、この点においても浴場営業者と対立することとなった。公設浴場の設置計画のなかには、浴場組合の反対によって設置が見送られるものもあり、公設浴場の設置に対しても浴場営業者の影響は大きかったといえる。

東京において公設浴場の設置が進んだのは、一九二三年の関東大震災後の罹災者への救護・生活支援対策のなかであった。このときつくられた仮設浴場は罹災者の衛生のためであり、また罹災した浴場営業者の職業保障の側面を備えていたといえる。ただし、民間の公衆浴場の復興もあり、震災後三年ほどで仮設浴場のほとんどが閉鎖された。仮設浴場を引き継ぐかたちで、東京市は新たに公設浴場の設置に取り組むこととなった。ここでも入浴料をめぐって浴場営業者の影響が強く、東京市は公設浴場における権限を確立するために、「東京市設浴場條例」を制定することとなった。この条例のなかで公設浴場は、公衆のための衛生施設として位置づけられた。東京市設浴場は入浴料の上昇を牽制し、地域住民の衛生のために入浴を促す役割を担っているとされた。また行政は、公設浴場の運営を浴場営業者に委託させるというかたちをとった。ここで東京市は公設浴場の管理について大きな権限を得て、公設浴場を通じて浴場業者に介入していくことができるようになった。そして、「東京市設浴場條例」、「東京市設浴場経営委託ニ関スル規定」「市設公衆浴場委託ニ関スル規約」を定めることで、その管理を公的に明確にした。このような過程を経て、行政は浴場組合との入浴料をめぐる争いと東京市下の浴場管理についての主導権を握ることをかなえたのである。入浴料について主導権をとり、その値下げ問題に終止符をうち、安価に入浴を提供するということは、すべての東京市民につまり公衆に入浴を通して衛生習慣を与えるということを意味していた。と同時に、公衆の入浴に行政がそれまで以上に介入できるようになったことも示していたといえよう。

註

（1）勝木祐仁・天澤維・篠野志郎「東京市社會局による公設浴場事業の経緯と都市衛生施設としての史的位置づけ」『日本建築学会計画系論文集』第五〇六号（一九九八年）、一五五～一六〇頁。
（2）江戸町年寄は、江戸町奉行と各町の名主の中間にいる町奉行の補佐役のことである。
（3）このとき、三八組五二〇軒が組織された。全国公衆浴場業環境衛生同業組合連合会『公衆浴場史』全国公衆浴場業環境衛生同業組合連合会、一九七二年。
（4）全国公衆浴場業環境衛生同業組合連合会、前掲註3、九二頁。
（5）戸沢行夫「湯屋株と町共同体――江戸の地域と商業」『亜細亜大学経済学紀要』第二五巻第一号（二〇〇〇年）、七一～九六頁。
（6）戸沢、前掲註5、九三頁。
（7）全国公衆浴場業環境衛生同業組合連合会、前掲註3、二一四頁。
（8）「東京警視本署布達甲第三十二号　湯屋取締規則」『東京警視本署布達全書　第三冊』一八八六年、一二三～一二八頁。
（9）「東京府知事五十人の湯屋に取巻かる」『讀賣新聞』一八九一年十二月三日発行、「湯屋却て知事に説諭を」『讀賣新聞』一八九一年十二月七日発行。
（10）一八九八（明治三十一）年にも、湯屋営業者たちは、水道料の減額を要求するために、東京市会を訪れている。「東京市會」『讀賣新聞』一八九八年八月二十八日発行、「水料減額に關する湯屋の運動」『讀賣新聞』一八九八年八月二十八日発行。
（11）「今回府下の同業者八百有余軒結合して東京浴場組合本部を日本橋区上槙町廿一番地に設立したりと云ふ」『讀賣新聞』一九〇〇年十月二十四日発行、『讀賣新聞』一九〇一年二月十四日発行。
（12）東京浴場組合の組合史として、以下のものが挙げられる。全国公衆浴場業環境衛生同業組合連合会『公衆浴場史』全国公衆浴場業環境衛生同業組合連合会、一九七二年、東京都公衆浴場商業共同組合・東京都公衆浴場業環境衛生同業組合『三十年のあゆみ』一九八〇年。
（13）このときの浴場組合長は小沢弘清であった。

(14) 全国公衆浴場業環境衛生同業組合連合会、前掲註3、二一四頁。

(15) 一九一二年の組合会長は松崎権四郎であったといわれる。東京都公衆浴場商業共同組合・東京都公衆浴場業環境衛生同業組合、前掲註12、一八頁。

(16) 赤塚は一九一六年に幹事長に就任している。一九二一年の幹事長は田村和三郎、副幹事長は水谷金次郎、一九二四年の幹事長は田村和三郎、副幹事長は島本竹次郎、一九二五年の幹事長は田村和三郎、副幹事長には坂下卯三郎が就任した。東京都公衆浴場商業共同組合・東京都公衆浴場業環境衛生同業組合、前掲註12、一八頁。

(17) 全国都市浴場組合連合会との記述もある。一九三五(昭和十四)年には、第十四回全国都市浴場連合大会が開催され、また全国地方浴場連合会というものが戦後一九四七(昭和二十二)年に開催されたとの記述もある。改訂中之口村誌編集委員会編『改訂中之口村誌』新潟県西蒲原郡中之口村、一九八七年、六八八頁、全国公衆浴場業環境衛生同業組合連合会、前掲註3、二一四〜二一五頁。

(18) 東京都公衆浴場商業共同組合・東京都公衆浴場業環境衛生同業組合、前掲註12、一八頁。

(19) 東京都公衆浴場商業共同組合・東京都公衆浴場業環境衛生同業組合、前掲註12、一八頁、改訂中之口村誌編集委員会編、前掲註17、六八八頁。

(20) 西村欣三「小林金吾さんと中之口村」中之口先人館所蔵。

(21) 谷口貢「都市における同郷者集団の形成と故郷観――新潟県西蒲原地方の出郷者と東京の風呂屋・銭湯の展開」松崎憲三編『同郷者集団の民俗学的研究』岩田書院、二〇〇一年、宮崎良美「石川県南加賀地方出身者の業種特化と同郷団体の変容――大阪府の公衆浴場業者を事例として」『人文地理』第五〇巻第四号(一九九八年)、三九六〜四一二頁。

(22) 大島美津子・佐藤誠朗・古厩忠雄・溝口敏麿『新潟県の百年』山川出版社、一九九〇年、二三八頁。

(23) 『讀賣新聞』一九二二年四月二十九日発行。

(24) 西蒲原地方の農業地帯は中之口川、西川、大通川などの河川に囲まれており、耕地は低湿で、加えて冠水などの水害の多い地域でもあった。そのためこの地域は、三年に一度しか米がとれないなどといわれることもあった。また同地域に大地主はそれほどおらず、小作農の多い地域であった。長沼三郎「過ぎ去れば走馬灯の如し」字誌編集委員会『字誌河間の今昔』新潟県西蒲原郡中之口村大字河間、一九九一年、七四〜七七頁、改訂中之口村誌編集委員会編、前掲註17、七〇九頁。

(25) 小林は二人の子どもを連れて行ったが、うち一人は女児であった。西村は「この形は今まで他では見られない発想であった」と述べている。とくに女児は、男児が働きに出るなかで残されることが多かった。貧しい農家では、女児を売って生活の支えにせざるを得ないこともあった。小林のおかげで女を売らなくてすんだと中之口村では小林を顕彰している。東京へ出た女児は、結婚するまで故郷の実家へと仕送りをしたといわれる。西村欣三、前掲註20。

(26) 改訂中之口村誌編集委員会編、前掲註17、七〇八～七〇九頁。

(27) 西村、前掲註20、改訂中之口村誌編集委員会編、前掲註17、七〇八頁。

(28) 長沼、前掲註24、七四～七七頁。

(29) 長沼、前掲註24、七四～七七頁。

(30) 改訂中之口村誌編集委員会編、前掲註17、六八八頁。

(31) 赤塚と同様の経歴を辿ったのが田村虎太郎である。田村は新潟県旧松永村大字姥島の出身で、一八八五（明治十八）年田村家の長男として生まれた。田村家は地主兼自作農であり、比較的裕福であった。田村は高等小学校まで通い卒業後は農業に従事する。だが、両親が健在であり、それほど手助けを必要としておらず、すでに赤塚は東京の浴場業で成功しており、また友人の小野塚勇吉という人物も東京で浴場業を営んでいたことから、田村は一九一二年に上京し浴場業を始めた。田村も赤塚と同様に東京浴場組合の会長などを務め、東京府会議員も務めた。改訂中之口村誌編集委員会編、前掲註17、六九五～六九六頁。

(32) 親分子分研究に関しては、山村における親分子分関係を論じたものがある。佐藤康行「新潟県一山村における「亭主役」と親分子分慣行——新潟県妙高原町杉野沢地区の事例」『社会学研究』第五一号、一九八七年、一二一～一四四頁。

(33) 星野剛『湯野番五十年　銭湯その世界』草隆社、二〇〇六年。

(34)『讀賣新聞』一九二九年一月六日発行。

(35) 勝木・天澤・篠野、前掲註1、一五七頁。

(36) 辛亥救済会の目的はこの大火の罹災者と「一般細民」に低廉な賃貸料で住宅を供給し、居住者のために浴場設備を提供し、託児保護事業を行なうことであった。

(37) 東京府『東京府史　行政篇第六巻』東京府、一九三七年、二四一頁。

(38) 一九一四年八月の辛亥救済会の住宅住居人数は、大人二五五人、小児一八七人であった。この浴場には託児所と「共同浴場」が附設されていた。この浴場の入浴料は大人小児ともに二銭であった。

(39) この火災は新吉原より出火し、延焼一〇時間、約一五、〇〇〇戸が焼失するという大火であった。『讀賣新聞』一九一一年四月十一日発行。

(40) 義捐金八万八七四〇円をもとに、罹災者のための住宅（長屋）が東京市長の監理で建設された。なお、辛亥救済会の浴場は一九一三年に廃止されている。この辛亥救済会の長屋・浴場とは別に、罹災した浅草玉姫小学校生徒五〇〇名のために、東京市特殊小学校後援会の融通金三六〇〇円をかけ、玉姫神社境内に大長屋が急造された。この長屋にも男女別の「湯殿」があり、大火の後に貸長屋に附随するかたちで浴場が複数建てられていた。この長屋の構造は、木造建築で屋根はトタン張りのものが三棟であり、一棟ごとに中央に中庭を設け、一棟二八室から成る。三棟全体で八四室あり、家賃は一日四銭であった。浅草区玉姫町に東京市設貧民長屋が竣工されたとある。この長屋には附設して浴場が設けられた。この浴場は「外郭を石造と蒸滊機關を用ゐる男湯と女湯とを区別し浴場は一時に八人を入れるるも窮屈ならず」とある。そして、この長屋建設のために、下水工事等がなされた。この長屋にも男女別の「湯殿」があり、大火の後に貸長屋に附随するかたちで浴場が複数建てられていた。『讀賣新聞』一九一一年四月二十四日発行、「市設貧民長屋成る」『讀賣新聞』一九一一年九月二十六日発行。

また、浴場営業者の側からもこの火災の罹災者に対し入浴機会を与える動きがあった。浅草区で、湯銭が一銭の慈善湯が開かれ、これをもとに一銭浴場組合を組織することが計画された。この背景には、当時、東京浴場組合と東京浴場睦組合という組合があったことと、東京浴場組合の共済金の問題があると思われる。組合には保険部があり、不慮の災害に備えて各浴場主は必ず保険を契約しなければならなかった。しかし、大火の後、その保険金は支払われず、一銭の浴場を設けるに至ったとされた。「一錢湯の新同盟」『讀賣新聞』一九一一年十一月一日発行、「一錢湯の紛擾　組合の規約を無視せる櫻湯」『讀賣新聞』十二月十七日発行。

(41) 辛亥救災会の浴場が、公益浴場の嚆矢とされているが、辛亥救災会に府及び市がどのように関わっていたのかは定かではない。

(42) 東京府社会事業協会「東京府社會事業概要　第二輯　管内防貧的施設ノ部」東京府社会事業協会、一九二二年、四七頁（近現代資料刊行会『日本近代都市社会調査資料集成（2）東京市・府社会調査報告書（1）大正11年（1）』近現代資料刊行会、一九九五年）所収。

(43)「経済保護事業」は「社会中層階級の経済的負担の軽減を目的とし、更に進んでその救済に資せんとするもの」と説明される防貧的な事業であった。東京府、前掲註37、二一六頁。

(44) 東京府においても融和事業は行なわれたが、そのなかに浴場設置は含まれていなかった。東京府、前掲註37、二一四〜二一六頁。

(45) 一九一九（大正八）年に竣工した日暮里小住宅附設共同浴場もそのなかの施設のひとつである。細民地区改善事業における小住宅は、東京府慈善協会が直接運営を担当した。小住宅は、労働者階級に低廉な家賃で供給された。日暮里小住宅は、北豊島郡日暮里町大字金杉大下に建設され、四九戸を収容し、共同浴場付き洗濯場が附設されていた。このほか、日用品供給所、集会所、授産場などが附設されており、土地を貸し託児所の運営にもあてていた。日暮里の住宅に附設された浴場は、関東大震災のときに破壊されてしまった。東京府、前掲註37、二四二頁、水沼淑子「東京府社会事業協会の日暮里小住宅について」『日本建築学会大会学術講演梗概集』一九九三年、一四三七頁。

(46) 東京府、前掲註37、二四一〜二四二頁。

(47) こうした住宅事業のほかに、職業紹介所や簡易宿泊所、公設市場の建設などの事業が、東京府慈善協会によって実施されていくようになる。

(48) このほか、「入浴料は浴客の睹易き場所に掲示」することが定められた。「警視廳令第六號　湯屋營業取締規則」『警視廳東京府広報　第七百七號』一九一七年五月八日発刊。

(49) 「警視廳令第二十四號　浴場及浴場營業取締規則」『警視廳東京府広報　第千参百六號』一九二〇年九月十四日発刊。

(50) 「湯銭愈値上　來る二十日より実施」『讀賣新聞』一九一九年十月十六日発行。

(51) 「入浴料の値上　營業時間も短縮」『讀賣新聞』一九二〇年二月十三日発行。

(52) 「又も総監に値上陳情」『讀賣新聞』一九二〇年十一月十日発行。

(53) 東京府、前掲註37、二四一頁。

(54) 東京市では、米騒動の翌一九一九（大正八）年十月に社会局設置の建議が東京市会に提出されていた。東京市社会局『東京市社會局年報　大正九年』東京市社会局、一九二一年、三〜四頁。

(55) 手塚は、社会局が組織されてから、東京府及び東京市が「社会調査の重要性を認め、その計画を樹立し現実に立脚した基礎的、実証的調査にもとづいて事業を進めるようになったことで、都市社会事業の質的転換に大きな役割を果した」と評価している。手塚龍麿「東京都における都市社会施設の源流」『都市問題』第四八巻第一号（一九五八年）、七四〜八二頁。

(56) 東京市社会局『東京市社會局年報　第五回（大正十三年度）』東京市社会局、一九二五年、一六四頁。

(57) この湯銭の値上げについては、警察と湯屋組合との癒着があったと報道されている。そのため湯屋組合の役員が検事局に召喚された。「湯屋組合の役員召喚」『讀賣新聞』一九二一年四月二九日、「湯屋組合の幹部召喚」『讀賣新聞』一九二一年五月三日発行。

(58) 『讀賣新聞』一九二二年九月二日発行。

(59) 一九二二年九月七日の『讀賣新聞』には、入浴料と理髪料の値下げについて警視庁が調査した上で「断乎たる処置に出る」という記事が掲載された。行政が具体的な案をもって、入浴料に介入しようとしたのには、内務省所管の物価調節策が背景にあったと考えられる。

(60)「湯錢値下の断行を先づ小学校長から迫る」『讀賣新聞』一九二二年九月六日発行。

(61)「小學校に浴場を作り児童に辦當を與ふ」『讀賣新聞』一九二三年九月三十日発行。時代がやや下り、一九三五年の板橋区岩の坂の調査においても地域の小学校の教育方針のひとつに「特に衛生思想の涵養に留意すること」が掲げられていた。小学校では、校内に浴場を設け、週に一度、「極貧児童」を入浴させる活動を行なっていた。岩の坂は細民が多く暮らす地域として問題視されていた。そこで行なわれていた教育活動のひとつに児童の入浴があったことから、細民集落のなかで子どもの入浴にいかに注意が向けられていたかがうかがえる。東京市板橋区役所「特色ある貧民部落　板橋区岩の坂」『戦前期日本社会事業調査資料集成第四巻』勁草書房、一九九五年、一一二七〜一一六四頁。

(62)『讀賣新聞』一九二二年十月十三日発行。

(63)「湯錢値下げの魁は淺草からか?」『讀賣新聞』一九二二年十月十八日発行。

(64)新聞には、「新廳令を起草して愈々値下げの命令を廿三日出すさうだ」とされるものの、警視庁総監の「廳令を下すよりも〔中略〕自發的に値下げする方が好ましいから二十二日最後の勧告をしてそれでも聞き入れなければ一両日中に斷乎として値下げの廳令を發することに決定した」と掲載された。「廿三日廳令で湯錢値下を發表する事に決定」『讀賣新聞』一九二二年十月二十二日発行。

(65)「折合はぬ湯錢値下」『讀賣新聞』一九二二年十月二十三日発行。

(66)『讀賣新聞』一九二二年十月二十三日発行。この後、湯銭を値上げしたことによって湯屋の収入が一ヶ月あたり二〇〇円程度増収したとある。「湯屋は儲かり過ぎて大喜び」『讀賣新聞』一九二二年四月十九日発行。

(67)「赤坂表町署の管内では湯錢値下げ断行」『讀賣新聞』一九二二年十月二十四日発行。

(68)「妥協案が出て湯錢は五錢に」『讀賣新聞』一九二二年十月二十五日発行。

(69)「湯錢値下げは實行しない者が多い」『讀賣新聞』一九二二年十一月二日発行。

(70)『讀賣新聞』十一月三日、十一月五日、十一月七日、十一月十六日、十一月十九日、十一月二十三日、十二月一日、一九二三年二月二日発行。

(71)『時事新報』一九二二年一月三十日。

(72)「公設浴場否決の裏面に醜事ありと聞き込み名誉職五名をを取調べ」『讀賣新聞』一九二三年六月十四日発行。

(73)「又も湯屋問題で本所の二市議告発」『讀賣新聞』一九二三年七月十一日発行、「湯屋から収賄したといふ嫌疑の市議の取調」

『讀賣新聞』一九二二年七月十二日発行。

東京において公衆浴場に距離制限が最初に設けられるのは、一八八六（明治十九）年八月十日警察令第十六号によるものである。この規則では「湯屋営業ノ儀ハ土地ノ繁閑人口ノ多寡及同業者トノ距離ヲ測リ許否スルモノニ付従来営業者ト雖モ現在建物ノ朽敗又ハ焼失ニ罹リタルトキハ移転ヲ命シ若クハ再築ヲ許サヽルコトアル可シ」とあり、地域の繁閑によって距離制限をするが、拒む者には再築の許可をしない、または移転を命じるといった権限を警察が持つこととなった。これ以降の「湯屋取締規則」には、浴場間に距離制限が定められている。一八九〇（明治二十三）年の「湯屋取締規則」では浴場を建設する際に「四隣及ヒ最近同業者ノ距離」を記載しなくてはならず、浴場間は「市部ハ直径二丁以上」（約二二〇m以上）、「郡部ハ直径二丁半以上」（約二七五m以上）の距離をおくことが定められた。ただし、「土地ノ状況」によっては許可することもあると記載されている。この文言は、一九一二（明治四十五）年の湯屋営業取締規則まで変更はなかった。一九一二年には、浴場の距離間が「市部ニ在リテハ百間以上」（約一八〇m以上）、「郡部ニ在リテハ百二十間以上」（約二一五m以上）とされた。加えてこれまでになかった「其ノ公益ノ為移転セムトスルトキ亦同シ」という文言が付け加えられた。この時の改正によって浴場間の距離が以前より短くなっていることは注目される。一九一〇年四月三日の『讀賣新聞』によると、東京市内の浴場数は一八〇〇軒であり、明治初期の倍近くの数になっている。こうした距離制限の制定について、東京浴場組合の関与の有無については今後も検討する必要がある。

(75)『讀賣新聞』一九二二年十一月三日発行。

(76)『讀賣新聞』一九二二年十一月十日発行。

(77)『讀賣新聞』一九二二年十一月九日発行。

(78) 入浴料の規制は戦中を通してより厳しいものになっていく。浴場営業者たちは、営業するのが困難であると入浴料の値上げを求めるが、警視庁はそれを許可しなかった。

(79) すでに一九二一年十月二十四日の『讀賣新聞』に「深川古石場に市營住宅」という記事が掲載されている。「深川古石場に市營住宅」『讀賣新聞』一九二一年十月二十四日発行。

(80) 内務省社会局編『大正震災志（上）』内務省社会局、一九二六年、三三一～三三二頁。

(81) 東京都百年史編集委員会『東京百年史　第四巻』一九七二年、東京都、一一二七～一一二八頁。

(82) 臨時震災救護事務局には、総務部、食糧部、材料部、飲料水部、運輸交通部、通信連絡部、衛生材料部、消防部などが置かれ、各市町村及び警察が、東京・東京附近の食糧などを管理し、罹災者に配給することとされた。東京都百年史編集委員会、前掲註

81、一一四一頁。

(83) 政府は、罹災者が地方へ避難することを奨励し、交通費を公費でまかなうことを決定した。九月十日頃には、地方へ避難した罹災者は、七〇〜八〇万人に及び、東京市民の人口は震災以前の三分の二に減少したといわれる。東京都百年史編集委員会、前掲註81、一一六六〜一一六七頁。

(84) 内務省社会局編、前掲註80、三九三〜三九四頁。

(85) 東京都百年史編集委員会、前掲註81、一一六九頁。

(86) 東京都百年史編集委員会、前掲註81、一一七〇〜一一七一頁。

(87) 東京都百年史編集委員会、前掲註81、一一七二頁。

(88) 内務省社会局編、前掲註80、五一九頁。

(89) この当時、仮設住宅に収容される予定の罹災者は一八万人であったといわれる。「假浴場の建設は条件附きで」『讀賣新聞』一九二三年九月十六日発行。

(90) 「假浴場の建設は条件附きで」『讀賣新聞』一九二三年九月十六日発行。

(91) 東京市社会局『東京市社會局年報　第四回（大正十二年度）』東京社会局、一九二四年、一七七頁。

(92) 内務省社会局編、前掲註80、五一八頁、東京市調査課『東京市震災状況概要』東京市、一九二四年、九五頁。

(93) これは、一九二三年九月十六日の勅令第四百十四号、同年九月十七日の内務省令第三十三号によるものである。これらの法は、東京における罹災地を定め、罹災者のために応急的に設ける施設について定めたものであった。内務省印刷局『大正年間　法令全書（第一二巻―四）』原書房、一九九四年、六五頁。

(94) 東京市社会局、前掲註91、一七七〜一七八頁。

(95) 「入浴料三錢で市設浴場廿二ヶ所決る」『讀賣新聞』一九二三年十月十二日発行。

(96) 東京市社会局、前掲註56、一九七頁。

(97) 金杉浴場の閉鎖日は、一九二五年三月二十五日とあるが、大正十四年度の『東京市社會局年報』には、一九二五年六月三十日とある。

(98) 月島浴場の閉鎖日は一九二四年十二月三十一日とあるが、大正十五年度の『東京市社會局年報』には一九二六年六月末とある。

(99) 東京市社会局、前掲註91、二一四〜二一六頁。

(100) 委託経営そのものはめずらしいものではなかった。明治期に地方出身者が積極的に浴場業に参入するだけではなく、迎え入れる側の土地や建物の所有者からの誘致も行なわれていた。岩本が検討した東京府豊島郡南千住町の汐入地域はもともと農業に従事する村だったが、大正期において宅地化が進んだ。その背景には南千住町が、一九〇六年の東京紡績会社の進出により急速に都市化が進み、関東大震災後には被災者が一時移転するなどして、一年間で戸数が急増したことがある。関東大震災後から汐入の住民は耕地を宅地化し、地主や大家として収入を得るようになった。汐入には二軒の公衆浴場があったが、それは地主によって建てられた「借湯屋」である。「借湯屋」とは、公衆浴場の家主と経営者が分かれている形態のものである。明治期以降、宅地化の進んだ地域ではこうした「借湯屋」の経営があった。戦後にも「借湯屋」は続いており、星野は、このような形態を公衆浴場業界では「預かり」と呼んだと述べている。星野によると「預かり」は、敷金及び家賃を払って営業されるが、契約に関するすべての手続き、たとえば大家との話し合い、借家人の保証、敷金の手配などは、親方の裁量に任されていた。敷金と家賃は、建物の規模や築年数は重要なことではなく、立地条件がよく売上高が大きければ、敷金及び家賃は高く設定されたという。家賃を決定するにあたっては営業者である借家人の経費を計算し、それに借家人の儲けを加算したうえで、設定された。つまり、売上高と家賃の差額が借家人の生活費になるように設定されたのである。敷金の設定は明確な基準がなく、家賃の半分くらいの見当をつけて設定されていた。独立する営業者にとっては、大家と親方の間で賃貸条件はすべて決まり、営業に必要な備品の調達程度しかすることはなかったという。岩本通弥「風呂屋に働くひとびと——銭湯の民俗誌的考察」山田幸一監修『いま、むかし・銭湯——ゆ』ＩＮＡＸ、一九八八年、星野、前掲註33、一六四頁。

(101) 東京市社会局、前掲註91、二一五頁。
(102) 東京市社会局「東京市設社會事業要覧　昭和三年」東京市社会局、一九二八年、八九頁（近現代資料刊行会『日本近代都市社会調査資料集成（2）東京市・府社会調査報告書（23）昭和3年（6）』近現代資料刊行会、一九九五年）所収。
(103) 東京市社会局、前掲註56、一九七頁。復興事務局「東京市帝都復興事業概要（一）」一九二七年、二六六頁（近現代資料刊行会『日本近代都市社会調査資料集成（2）東京市・府社会調査報告書（16）昭和2年（3）』近現代資料刊行会、一九九五年）所収。
(104) 「今年限りの市の浴場」『讀賣新聞』一九二四年十月二十五日発行。
(105) 「公設浴場存廃に関する質問趣意書」『大正十三年議事　市会　冊ノ四』一九二四年、東京都公文書館所蔵（請求番号三〇五・D二・一三）
(106) 「市設浴場存続に関する建議」『大正十三年議事　市会　冊ノ四』一九二四年、東京都公文書館所蔵（ＤＶＤ番号Ｄ四二九、請求番号三〇五・Ｄ二・一三）
(107) 『大正十三年議事　市会　冊ノ四』前掲註106。

(108)『大正十三年議事　市会　冊ノ四』前掲註106。
(109)東京市社会局、前掲註56、二一九頁。
(110)東京市社会局、前掲註102、八九頁。
(111)東京市社会局、前掲註56、二一九頁。
(112)東京市社会局、前掲註56、四九八頁。
(113)東京市社会局、前掲註56、二〇八頁。
(114)東京市社会局『東京市社会局年報　第七回（大正十五年昭和元年度）』東京市社会局、一九二七年、一三四頁。
(115)復興事務局、前掲註103、二六六頁。
(116)東京市の公設浴場の建設予定地としては、下谷区龍泉寺町も挙げられていた。東京市によるこれらの浴場の工事は入札で請負会社が選ばれた。本村町（猿江）の工事は延長されてもいる。浴場建設の認可は警視庁が行なった。本村町では、電灯工事、水栓工事も行なわれた。東京市社会局、前掲註114、二〇八頁。
(117)東京市社会局、前掲註114、一三四頁。
(118)『東京朝日新聞』一九二八年五月三日発行。
(119)東京市社会局、前掲註115、一三四頁。
(120)これらの浴場は、毎月浴場使用料を支払う必要があり、月島浴場は二三五円、本村町浴場の浴場が一六五円、古石場浴場が八〇円であった。東京市社会局『東京市設社會事業要覧　昭和三年』東京市社会局、一九二八年、八九頁（近現代資料刊行会『日本近代都市社会調査資料集成（2）東京市・府社会調査報告書（23）昭和3年（6）』近現代資料刊行会、一九九五年）所収。
(121)東京市社会局『東京市社會局年報　第十回（昭和四年度）』東京市社会局、一九三〇年、三九頁。
(122)東京市社会局保護課「東京府管内社會事業施設一覧」東京市社会局保護課、一九二八年、三〇頁（近現代資料刊行会『日本近代都市社会調査資料集成（2）東京市・府社会調査報告書（26）昭和3年（9）』近現代資料刊行会、一九九五年）所収。
(123)東京市社会局、前掲註120、三九頁。
(124)勝木・天澤・篠野、前掲註1、一五八頁。
(125)『東京朝日新聞』一九二九年十一月三日発行。「府下荏原長の北部及び荏原町両浴場組合では不景気で入浴出来ない気の毒な町内の人々に無料浴券二千枚を配る事となり、二日組合代表者が荏原署に出頭、その分配方を以来した、同署では喜んで各交番から配布させることにしたが組合では今後たびたび無料券を配布する由」

(126)『東京朝日新聞』一九三〇年六月五日発行。
(127)『東京朝日新聞』一九三〇年六月六日発行
(128)『東京朝日新聞』前掲註127。
(129)『東京朝日新聞』前掲註127。
(130)深川区の「湯銭値下運動」が起こってすぐに、これを東京市全市民の問題として捉えようとする動きがあった。市会議員が深川区民と協力して全市民運動を起こそうと協議し、深川だけでなく、神田、本所、下谷においても湯銭値下にむけて協議し始めた。『東京朝日新聞』一九三〇年六月六日発行、『東京朝日新聞』六月七日発行。
(131)東京市社会局が毎年発行する『東京市社會局年報』においては東京市が実行した社会事業施設について、章ごとに分類されており、一九二五年から、市が設けた浴場については「公衆浴場」という分類がなされていた。「公衆浴場」の定義は厳密にはなされておらず、一九三二年から「浴場」という分類になり、一九四〇(昭和十)年からは「市設浴場」と記載され入浴者人数と入浴料の収益のみ記録されるようになった。
(132)一九三〇年には本村町、古石場の公設浴場が改築され「十分なる衛生施設をなしたるため最近の経済不況にも影響されず」として、改築したことによって入浴者人数が増加していることを説明している。また改築していない月島浴場は収益が減少しているが、本村町浴場と古石場浴場の収益は増加していると提示している。東京市社会局『東京市社會局年報　第十一回(昭和五年度)』東京市社会局、一九三一年、三五~三六頁。
(133)『東京朝日新聞』一九三二年五月二九日発行。
(134)『東京朝日新聞』一九三二年六月十四日発行。
(135)『東京朝日新聞』一九三二年六月十四日発行、『東京朝日新聞』一九三二年六月十七日発行。
(136)東京市社会局『東京市社會局年報　第十三回(昭和七年度)』東京市社会局、一九三三年、五〇頁。
(137)「第二七四号　市会議案提出の件　東京市設浴場条例設定の件」『議事　市会　冊ノ九』一九三三年、東京都公文書館所蔵(請求番号三二六・C五・一九)。
(138)『議事　市会　冊ノ九』前掲註137。
(139)東京市社会局『東京市社會局年報　第十四回(昭和八年度)』東京市社会局、一九三四年、四八頁。
(140)「東京市設浴場條例」の見消し版においては、「一般市民」という言葉から「公衆」という言葉に変えられていることが確認される。『議事　市会　冊ノ九』前掲註103。

(141) 第三条の文言は、市長が必要と認めるときは「無料」か「割引入浴券」を発行することがあるというものであったが、それが削除され、必要と認める者に対しては入浴料を減免することと変更された。

(142) 第六条は「適當ト認ムルトキハ納付金ヲ徴収シ必要ナル監督ノ下ニ之ヲ委託経営ト為スコトトシ得」と、文言が一端変更されたが、原文のままとされた。

(143) 前者は全二十三条、後者は全十九条から成る。

(144)『議事　市会　冊ノ九』前掲註137。

(145) 浴場を返還する際に未納の納付金か賠償金がある場合は「保證金」から控除されることとされた（第十二条）。

(146) 納付金は三〇〇円以内のうちに市長が定め、納付金は毎月二十八日までに納付することとされ、経営が一ヶ月に満たない月の場合は日割で計算して納めることとされた。

(147) 受託者が浴場を返還しようとする場合は一ヶ月前に市長に届け出て検査を受け、もし市長の承認がなく、変改した場合は原型に戻すこととされた。

(148) 受託者は帳簿を検閲の際に提示することが定められた。

(149)『議事　市会　冊ノ九』前掲註137。

終章

ここまでみてきた大まかな流れをまず確認しよう。日本の公衆浴場は、明治初期に公衆浴場に対する法規制が整備され始め、明治期半ばから衛生家を中心に欧米の入浴の役割が紹介されていった。当時、欧米では、入浴は身体衛生や清潔さの維持において重要だと考えられるようになっていた。欧米との比較によって、彼らは自らの入浴習慣を「清潔」であるとみなし、古くから入浴を行なっていた日本人は清潔好きであると捉えるようになった。さらに大正期には社会事業家を中心に、当時欧米で進められていた公衆浴場運動（Public Bath Movement）が日本に導入され、行政によって公設浴場が設置されていくようになった。公設浴場は、都市に暮らす貧民、労働者、被差別部落住民、細民のための衛生的施設として設けられた。とりわけ、入浴は労働者のための「慰安」に欠かせないものとして位置づけられ、彼らの労働能率の回復のための施設として機能することが期待されていた。

それだけではなく、公設浴場の運営は、その地域の融和団体や浴場営業者などに任せるという「公設民営」のかたちをとった。行政は公設浴場を設置することで、その収入を運営団体などに与え経済支援を行なうと同時に、運営団体や浴場組合の権益に介入する装置を得ることになった。

各章の内容を今一度おさえ、歴史的経緯を整理したい。

第一章では江戸期から明治期にかけての湯屋の法規制を中心に分析した。江戸期における湯屋の規制は、幕府による散発的な取締にとどまっていた。明治期になると湯屋は警察の管轄下に置かれ、一八七九（明治十二）年の東京府の湯屋取締規則をはじめとして、各府県で包括的な法規制により管理されていくようになる。とくに防火設備が事細かに整備され、ほかに湯水の処理、感染症疾患者に対する入浴禁止などの規制が行なわれた。湯屋の構造設備や営業方法は、府県ごとに標準化され、行政から管理されるようになった。

第二章では、江戸期から明治期にかけての入浴及び湯屋に対する認識の変容について、江戸期の養生書と明治期の衛生家の言説をもとに分析した。江戸期には体内の気が重視され、熱い湯での入浴と頻繁な入浴に対して注意が喚起されているなど、「養生」の観点から入浴が語られており、明治初期においても同様の記述は続いていた。

しかし明治期半ばから、欧米を視察した日本の衛生家により、新たに衛生的な観点が導入されるようになった。欧米で入浴が衛生的な意味を持っていると知られるようになり、入浴習慣の少ない欧米と比較して日本人は「古くから入浴習慣をもつ」、「入浴を好む」、「清潔好き」であるといったことが肯定的に評価され、語られるようになっていった。家庭衛生の領域においても同様の傾向があり、このことは入浴と清潔さを関連づける言説がより浸透していったことを示している。また同時に、衛生家を中心に衛生習慣を啓蒙する活動が行なわれており、施設としての公衆浴場が清潔で衛生的かどうかが問題視されるようになった。日本の公衆浴場は多人数が共用するものであり、こうした浴場は病気を伝播させる可能性があるとして衛生家を中心に注意が喚起され、公衆浴場の湯に対して衛生的な観点から化学分析が行なわれるようになった。こうした水質調査においても問題視されたことだが、明治末期から大正期にかけて、都市の労働者や細民の入浴環境が衛生的でないことが露わになりつつあった。加えて、彼らの入浴回数が少ない点が問題であると認識されるようになり、彼らのための公衆浴場の設置が必要であると衛生家を中心に求められていった。

第三章では、まず、欧米の公衆浴場運動について、その背景や思想をふまえたうえで、イングランド、ドイツ、フランス、アメリカでの展開に関して整理した。明治末期から社会事業家たちが欧米の「公衆浴場運動」（Public Bath Movement）でつくられた公衆浴場を視察し、同様の浴場を日本に移植しようとする言説を追った。

衛生家たちの浴場に対する衛生的な観点からの言説の登場とほぼ同時期に、社会事業家を中心に欧米の都市の公衆浴場が紹介され始めた。欧米で十九世紀後半から展開された公衆浴場運動では、都市に居住する入浴をしない／できないとされる貧民、労働者、移民たちを清潔にするために、浴場改良者を中心に公設浴場が建設されていった。公設浴場は、貧民や労働者たちを清潔にすることで、衛生的な改善だけではなく、彼らの道徳性を向上させることも意味していた。公衆浴場は当時の中産階級の抱く衛生的・社会的脅威を払拭するという意味も含む施設であった。入浴し、清潔さを獲得することで貧民たちは市民化され、入浴習慣により清潔さが維持される社会は道徳性の高い社会だと考えられた。

日本でも明治後期から都市の発展にともない労働者や細民が増加し、その生活環境が問題視されるようになった。そして、社会事業家を中心に彼らのための公衆浴場を設けるべきだとする主張が現れ始め、その後、都市を中心に行政が公設浴場を労働者や貧民のために建設していくようになる。欧米の公衆浴場運動から影響を受けながら、日本でも公設浴場の設置されていったこの過程は、日本における公衆浴場運動でもあったと位置づけられるだろう。ただし、公衆浴場運動を通して推進された清潔さは、日本では欧米とは異なる意味を持つようになる。欧米においては「市民性」につながるものであったが、日本では清潔さは国民性と強く結びつくようになっていった。

これを推進した代表的な人物である生江孝之は、欧米の入浴が単に衛生的な視点だけではなく、道徳的な観点からも重視されていることを踏まえたうえで、日本にも「浴場問題」があると指摘していた。生江は、労働者個人だけではなくその家族までが入浴困難であるとし、彼らのために公衆浴場の設置が必要であると主張した。労働者と入浴の関係は、労働力の保持という点と大きく関わっている。生江は、また「特殊部落」の例を挙げ、公衆浴場の運営がその地域の住民の生活保障になることも指摘していた。このことは公設民営という日本の公設浴場の特徴を先取りしていたといえる。さらに簡易保険局積立金運用課が一九二一（大正十）年に行なった「公設浴場に関する調査」から、都市を中心に広く公設浴場の設置が計画されていたことを確認した。

第四章では生江らの言説が現れた後、一九一九（大正八）年に、日本で最初に設置された大阪の公設浴場について検討した。大阪市の公設浴場は労働者を対象とするものであった。また大正末期から、被差別部落に対し融和事業として公設浴場が設けられていくこととなり、大阪市では都市労働者を対象とする公設浴場と被差別部落を対象とする公設浴場が併設されていた。大阪市では労働者調査が進んでおり、浴場で働く労働者に対する調査もあった。そこから浴場労働者の労働環境や「部屋」といわれる労働力の供給システムがあったことを明らかにした。

第五章と第六章では、都市の貧民に対する公設浴場の設置とその運営の展開について、京都府及び京都市と東京府及び東京市を対象に検討した。

第五章では、京都府・市の公設浴場の設置とその運営過程について扱った。京都府・市では被差別部落を対象に社会事業が展開され、京都市が拡張するなかで公設浴場は被差別部落のなかに設置されていった。被差別部落では公設浴場が設置される以前に共同浴場が設置されており、行政はそれらを引き継ぐかたちで公設浴場を建設し、その運営を被差別部落の改善団体に委託した。京都の公設浴場には清潔を目的とする浴場施設だけではなく、集会場、理髪所なども附設され、被差別部落における地域の中心となる場としての役割が付与されていた。これは明らかに社会事業家たちが準備してきた路線に沿うものだが、実際に行政が公設浴場という施設を設ける際には、様々な目的の付与が行なわれていた。

そのひとつが水道である。公設浴場の設置とともに上水道が整備され、公設浴場は被差別部落のインフラ整備など環境の改善が行なわれる契機となる施設でもあった。また、公設浴場の収益は被差別部落の融和団体の財源とされ、地域の生活環境改善のために使われることが定められていた。公設浴場の運営を地域に委ねることによって、地域の財政支援を行なうのと同時に、この収益を使用する際は行政の許可が必要となった。公設浴場の設置は、被差別部落の生活環境を衛生的に改善するためのものであり、彼らの財源の確保を目的とするものであると同時に、被差別部落の財政を行政の管理下に置くものでもあった。京都府・市では、行政と被差別部落が相互に呼応しながら公設浴場の設置は進められていったのである。

第六章では、東京府・市の公設浴場が設置される過程とその運営をめぐる民間の公衆浴場との相互関係から公設浴場の位置づけについて検討した。東京市においても、一九一八（大正七）年の米騒動の後に社会事業が進展していくなかで、細民にむけた市設住宅に附設されるかたちで浴場が設置されてきた。公設浴場は、細民や彼らの家族に十分な入浴機会を与えるという目的から、一般の公衆浴場より低廉な入浴料を設定していたが、東京浴場組合からは入浴料に関してしばしば反対意見が提出されていた。東京の公設浴場の設置は、おそらく民間の公衆浴場数が多かったことと、東京浴場組合の結束が強く、公設浴場の入浴料について行政と対立していたこともあり、大阪や京都に比べ進んでいなかった。

東京で公設浴場の設置が進展するのは、一九二三（大正十二）年の関東大震災後のことである。罹災者対策として低廉な料金の仮設浴場が設置され、その運営は罹災した公衆浴場営業者に委託された。仮設浴場は、細民だけではなく罹災した東京市民すべてに、入浴機会を与えるために設置されたものである。仮設浴場は細民の居住地域にある一部を除き、ほとんどが閉鎖されたが、公衆浴場営業者に運営の委託を継続し、公設浴場というかたちで数軒が残された。仮設浴場は、行政がその設立と運営を通じて浴場業に介入することが可能になる準備段階として位置づけられる。その後も行政と浴場営業者の入浴料をめぐる争いは続いた。ついに公設浴場の入浴料の値下げが決定された際、東京浴場組合は一般の公衆浴場にも影響が及ぶとして反対したが、東京市は公設浴場の委託経営廃止を盾に取って値下げを断行した。行政が浴場営業者をこれまでよりも強く管理下に置いた出来事だったともいえる。東京市の公設浴場は、「東京市設浴場條例」に明記されているように、入浴料金の高騰を牽制し住民の衛生のために入浴を促す施設として位置づけられた。このとき公衆浴場は、社会事業が対象としてきた労働者や細民だけではなく、一般住民の衛生のための施設として位置づけられるようになったのである。このことは、行政による公衆衛生的管理が一歩進んだ段階にはいったことを示唆している。

以上、公衆浴場に衛生的側面が付与されていく歴史的経緯を整理した。明治期以前から湯屋として存在していた公衆浴場は、明治期半ば以降にとくに都市住民の公衆衛生のための施設として、制度化され再構築されていった。公設浴場はそれが最も凝縮されて実現した施設である。ただし、公設浴場は衛生事業というよりも社会事業の枠組みのなかで設置された。公設浴場は住民の「清潔」のために設置されるものであると行政は明言しており、やがてその清潔さは日本では国民性と強く結びつき内在化されていった。

また公設浴場は、単に行政の主導で設けられていったのではなく、設置される地域の住民、対立する公衆浴場営業者などとの相互的な活動のなかでつくり上げられていったものである。公設浴場の設置・運営形態の特徴は、都市によって少しずつ異なる。その背景には、それぞれの行政が都市問題とみなしていた対象の差異、社会事業の進め方の差異があった。本書で取りあげた大阪、京都、東京の三都市は、それぞれ労働者と被差別部落住民、被差別部落住民、細民そして罹災者であるすべての人々を公設浴場の利用対象とみなしており、この視点は当時の都市問題とその対策を代表しているといえる。注目すべきは、公設浴場が原則として公設民営であり、運営を委託した融和団体や公衆浴場営業者の経済保障という側面を付与されると同時に、彼らの収入源や営業権に行政が関与することを可能にしたという点である。こうして、公設浴場の設立と運営を通して、公衆浴場は公的な管理下にそれまで以上に置かれていった。同時に公衆衛生的な規範が人々により広く深く浸透していっただろう。

日本の公衆浴場運動とは、単に行政が公設浴場をつくっていた過程を指すのではない。公設浴場の設立と運営をめぐって、行政、専門家、民間の公衆浴場、利用する人々が軋轢を含む相互関係のなかで、入浴することにそれまでとは異なる近代的な意味を見出し、それを内面化させていくことである。公設浴場は労働者を清潔にすることを目的としており、清潔さが衛生的かつ社会的意味を持つと生江孝之は認識し日本の労働者の入浴問題を注視した。大正期には、内務省社会局長であった田子一民に代表されるように、公設浴場の必要性を説く際、日本人が清潔な国民であることが前提となっていたことが明らかとなった。

日本の入浴をめぐる清潔さは、日本人が入浴を好むすなわち清潔を好む国民・民族であるという認識と結びついたことで、「日本」的道徳性を内包しナショナリズムの称揚に向かっていったのではないだろうか。本書で扱ったのと同時代に日本の植民地政策も始まる。本書で取りあげた生江孝之も中国に対して「不潔」であるというような記述を残しており[1]、植民地支配と入浴することを含む清潔さとはさらに密接に結びついていくようになることが予想される。清潔さとナショナリズムと植民地支配との関連性を、さらに入浴及び浴場を通して検討することで、その実態を明らかにすることが可能になると考えられるが、この点については今後の課題としたい。

註

(1) 杉山博昭『キリスト教福祉実践の史的展開』大学教育出版、二〇〇三年、一六九頁。

あとがき

本書は、二〇一一年度に立命館大学大学院先端総合学術研究科に提出した博士論文「近代日本における公衆浴場の衛生史的研究」を大幅に加筆修正したものである。

公衆浴場をテーマにし、研究を始めたのは大学院に進んだ二〇〇三年の春であった。公衆浴場という研究テーマはありそうでなかったものだったからか、なぜこれをテーマに選んだのかということを、研究を始めたときから現在まで幾度も尋ねられてきた。いま振り返れば、このテーマ設定には自分の過ごしてきた入浴にまつわる経験が関わっていたように思う。

私は神奈川の海のそばで育った。もちろん市内に銭湯がないわけではなかったのだが、当時の私は気づかなかった。進学のためにやって来た京都には、銭湯があちらこちらにあった。このことは私にとって非常に新鮮だった。もしかしたら東京に進学していても同じような印象を持ったかもしれないが、「古都」京都で銭湯があちこちにあるという光景が私の目にはより一層興味深く映ったのかもしれない。下宿のガスが使えなくなったときや、友人が泊まりに来たときなど、学生時代には近所の銭湯によく行ったものだった。下宿から歩いて二分のところにあったその銭湯は、いまはもうない。

研究を進めていくなかで、銭湯を経営されている方・いた方に何人かお会いし、現代で銭湯を営業していくことの困難を目の当たりにすることもあった。内風呂の普及に伴い銭湯を日常的に利用する人が減っていったことから、一九六〇年代をピークに公衆浴場数は全国的に減少の一途をたどっている。近年、集団で入浴することが恥ずかしいという人もいるようだが、その意識には日常的に集団で入浴することが減っているという背景も関係しているのかもしれない。公衆浴場が存続するためには銭湯愛好者だけでなく、愛好者を越えて一定の利用者を維持し続けることが欠かせないだろう。銭湯経営者、営業者の方は日々営業努力をされている。銭湯好きな人はもちろん、そうでない人も、本書を手にとった方が近所の銭湯に足を向けてくれるなら、これほど嬉しいことはない。

公衆浴場をテーマとしたのには、ほかの理由もあった。それは単に「お風呂に入るのが好き」、「銭湯が好き」という動機とは異なるものだった。近代化によって日本の一般の人々の生活環境が大きく変化していく過程において、彼らの価値観や規範、とりわけ自覚できないほど身体に染み付いた清潔規範がどのように変化したのかを辿りたいという思いだった。できれば法律の条文や思想からのみではなく、日常生活に密着しているものから捉えたいと考えた。身体すべてをさらけ出すような浴場という場所は清潔規範がわかりやすい場所なのではないかと思い、温泉などの非日常性が高い場所ではなく（温泉を日常的に利用する地域もあるが）日常性の高い場所、街中の銭湯すなわち公衆浴場を研究テーマとして設定したのであった。清潔規範の変容についての着眼点はすでによくあるもので、ある程度の研究蓄積があったが、研究を始めてみると日本の公衆浴場を通じた清潔規範の検討はほとんどなされていないことに気づいた。

公衆浴場について研究し始めた当初、研究内容がこのようなものになるとはまったく想像していなかった。公衆浴場に関する歴史研究は多いようで少なく、とりわけ明治期以降のものはほとんど見当たらなかったため、資料調査もどこからとりかかっていいのか、どう分析したらいいのかわからない期間が長く続いた。

転機となったのは、日本だけではなく海外の公衆浴場も含めて調べたこと、そして大正期の社会事業と公衆浴場に何か関わりがあるかもしれないと気づいたことだった。当初は公衆衛生史という視点からのみ公衆浴場をとらえようとしていた。しかし研究を進めていくなかで、近代日本の公衆浴場は単一のディシプリンのなかではその全体像が摑めないことがわかり、行き詰まりを感じていた。より広い射程のなかで公衆浴場を考えようとしていたときに出会ったのが海外の「公衆浴場運動」だった。

日本にはもともと民間の公衆浴場が多く存在するにも関わらず、ある時期から行政が「公設浴場」を建設していく。公設浴場の設立を通じて、行政と民間の公衆浴場と利用者の相互関係が変化していく。そのなかで入浴をとおして清潔規範が気づかないうちに内面に浸透していく。そのような過程が日本の公衆浴場運動といえるのではないか。これが本書の内容になった。運動というと自らの意思に基づいて行われるものだと認識されている人がいるかもしれない。公衆浴場運動の最初の一歩を踏み出した社会改良主義者たちには、海外の動向の影響を受けつつも単なる模倣ではなく、清潔で衛生的な公衆浴場をつくろうという意思がたしかにあったかもしれない。しかしその後は彼らに触発された人たちがお互いに干渉しあいながら、清潔で「快適」な公衆浴場での入浴体験をとおして自覚しないままに清潔規範を構築していったのではないかと考えている。

いま振り返ってみても、公衆浴場というテーマは当初思い描いていた以上の、また想像してもいなかった多様な景色を見せてくれるものであった。もちろん本書でその多様な側面すべてを十分に描き出せたわけではない。とりわけ民間の公衆浴場については課題が残されている。明治大正期の公衆浴場営業者や利用者についてはさらに検討する必要があり、また戦時中や戦後の公衆浴場についてはほとんど手付かずのままである。

博士論文を提出したのは二〇一一年五月末のことであった。その二ヶ月と少しまえに東日本大震災が起きた。ちょうどその頃、まさに本書第六章の関東大震災直後の東京でつくられた仮設浴場について執筆していた。電話やメールがなかなかつながらなかった地元の家族や友人とようやく連絡がとれた後、テレビに映る東北の様子とインターネットで知る帰宅難民であふれる東京の様子から目が離せなかった。そのとき書いていた関東大震災のことも具体的に考えずにはいられなかった。当時は昼間だったせいでお昼ご飯の準備をしている人が多く、そのせいで火事が多く起きたこと、被災したひとたちが東京のあちこちで身を寄せあったこと、さらには東京を離れほかの場所に行かなければならなかったこと、事実無根の流言に多くの人が流され被害者を生み出したことを想起した。

また地震によって、祖父のことを思わずにはいられなかった。父方の祖父は関東大震災と同年の大正十二年十月の生まれだった。震災後一ヶ月後くらいのことである。曾祖母がどうにか震災をこえて、祖父は生まれた。自分がいま書いている内容は祖父の生きた時代の話でもあったのだと改めて実感した。同じように、他の祖父母から聞いていた幼少期の話が、より具体的なかたちをもって迫ってくるものに感じられた。こうして、いままで以上に現代につながっているものとして歴史を認識するようになった。

関東大震災直後に生まれた祖父は、本書の刊行をみることなく亡くなった。祖父の死後初めて、地域の人々と協力しながら祖父が市内のし尿処理施設の建設に尽力したことを知った。祖父の仕事内容は本書と重なる点があったように思う。祖父が生きていたら本書に目を通してくれただろう。読んでなんと言ってくれたか、それが聞けないのが残念だが、きっと他の祖父母と同様に喜んでくれたと思う。

研究を始めた当初は、なぜいま清潔規範に注目するのかということを言われたが、いままた時代が大きく変わりゆくなかで価値観や規範が転換しつつあり、このテーマは再び問い直される必要があるのではないだろうか。歴史を検討することは現代の私たちを照射することでもあるのだ。

謝辞

本書は多くの方々の手助けなしには決して完成しませんでした。博士論文執筆の際には、立命館大学大学院先端総合学術研究科の主査である松原洋子先生には、言い表せないほどお世話になりました。小泉義之先生、土屋貴志先生、サトウタツヤ先生、そして二〇一一年に急逝された遠藤彰先生からも丁寧にご指導いただきました。また博論の副査として、さらには大学院修了後には日本学術振興会特別研究員の受入教員をお引き受けくださった瀧澤利行先生にも本当にお世話になりました。瀧澤先生には継続してご指導いただきました。博論審査にあたって下さり、テーマ設定をポジティブにとらえてくださった天田城介先生にも深謝致します。

そして、私の視野を広げてくれたのは、医学・社会・環境研究会での脇村孝平先生、瀬戸口明久氏、市川智生氏、廣川和花氏、横田陽子氏、さらに国際学会で報告する機会をくださった橋本明氏の助言が非常に大きかったと思います。博論提出まで何度も報告する機会をいただき心から感謝しています。また、博士論文提出の際には、先端総合学術研究科院生であった篠木涼氏、鄭喜慶氏、吉田幸恵氏をはじめとする皆さんにお世話になりました。

出版にむけては、香川知晶氏、大谷いづみ氏に助言いただき、また励ましていただきました。自分では博士論文をいずれ刊行したいと思っていましたが、お二人に大きく背中を押して下さったことが出版の糸口につながったと思っています。研究内容にコメントをいただき、本書の内容をそれまでとは違う視線でみることができました。また改稿作業中では、社会福祉政策研究会の村上貴美子先生をはじめとする先生方が、社会事業史や社会政策史について親切に丁寧に教えて下さいました。出版にむけての改稿作業では、中倉智徳氏、山口真紀氏に本書の内容だけではなく、公私ともに支えていただきました。

そして、研究の道に進むきっかけをくださった江川ひかり先生と江川ゼミの皆さんにも感謝致します。

資料の収集及び閲覧については、国立国会図書館、国立公文書館、京都府立総合資料館、京都部落史研究所、京都市役所情報公開コーナー、東京都公文書館、東京都水道歴史館、中之口先人館、東京都浴場組合に大変お世話になりました。なかには資料の閲覧のみならず、資料調査に尽力していただいた方もおり、本当に感謝しております。また、この間お世話になった公衆浴場経営者の方々にも厚くお礼申し上げます。

本書に関わって下さったすべての方に改めて万謝致します。

本書は「第二回法政大学出版局学術図書出版助成」をいただき刊行されました。同出版局編集者の高橋浩貴さんは原稿を懇切丁寧にチェックしてくださり、また私がうっかりしているところが多いにも関わらず細やかにフォローしていただきました。本当にお世話になり感謝しています。心からお礼申し上げます。

七月吉日　猛暑の京都にて

初出一覧

各章の初出は下記のとおりであるが、各論文を大幅に加筆修正している。

第一章　湯屋の法規制の変遷——江戸期から明治期を中心に
『湯屋取締規則』及び『湯屋營業取締規則』に関する考察」『コア・エシックス』第二号（二〇〇六年）、五九—七三頁。
「公衆浴場の法的規制における欠格条項の変遷」『コア・エシックス』第四号、（二〇〇八年）、四〇七—

四一五頁。

第二章　清潔にする場としての浴場――衛生的側面の導入

「明治・大正期における公衆浴場をめぐる言説の変容――衛生・社会事業の観点から」『立命館人間科学研究』第二一号（二〇一〇年）、一一九―一三二頁。

第三章　社会事業としての公衆浴場――日本における公設浴場の成立

「明治・大正期における公衆浴場を巡る言説の変容――衛生・社会事業の観点から」『立命館人間科学研究』第二一号（二〇一〇年）、一一九―一三二頁。

「Public Bath Movement と近代日本の公衆浴場設立――身体観・道徳観に注目して」『生命倫理』第二五巻第一号、通巻二六号（二〇一五年）、一三三―一四〇頁。

第五章　京都における公設浴場の成立

「京都における公設浴場の設置過程及び運営に関する考察」『コア・エシックス』第五号（二〇〇九年）、八九―九八頁。

索　引

あ行

か行

さ行

た行

な行

は行

ま行

や行

ら行

参考文献

和文献

秋定嘉和「1930年代前後における都市部落の状態と同和事業について」『部落解放研究』第1号（1972年）、52–75頁。

秋定嘉和編『近代部落史史料集成　第3巻　自由民権と解放運動』三一書房、1987年。

K・アシェンバーグ（鎌田彷月訳）『図説　不潔の歴史』原書房、2008年。

足立寛『育児談』日本赤十字社、1891年。

A・アンベール（高橋邦太郎訳『新異国叢書第Ⅰ輯（15）幕末日本図絵（下）』雄松堂書店、1979年。

飯島半十郎『家事經濟書』博文館、1890年。

飯田直樹「近代大阪の地域支配と社会構造――近代都市の相対的把握をめざして」『部落問題研究』第194号（2010年）、2–29頁。

池田敬正「中央慈善協会の成立」『社会福祉学』第31巻第1号（1990年）、128–154頁。

石川貞吉『如何にして最良最大の精神作業を為し得るか』同文館、1911年。

石黒忠悳『医事鈔』東京府書籍館、1871年。

石黒忠悳『長生法』有喜書屋、1873年。

市瀬幸平「キリスト教と社会事業――生江孝之の社会事業観」『関東学院大学人文科学研究所報』第4号（1981年）、5–18頁。

一番ケ瀬康子「生江孝之著『社会事業綱要』と山口正著『社会事業研究』」『社会福祉研究』第8号（1971年）、98–101頁。

伊藤ちぢ代「衛生行政と健康に関する法制度」『日本大学大学院総合社会情報研究科紀要』第6号（2005年）、439–448頁。

伊藤之雄「都市経営と京都市の改造事業の形成1885～1907」伊藤之雄編『近代京都の改造――都市経営の起源1850–1918年』ミネルヴァ書房、2006年、31–82頁。

井上秀子『最新家事提要』文光社、1925年。

今西一『近代日本の差別と性文化――文明開化と民衆世界』雄山閣出版、1998年。

今村亮『脚気摘要』敬業館、1887年。

岩生成一監修『京都御役所向大概覺書（上）』清文堂、1973年。

岩本通弥「装い――穢れと清潔」新谷尚紀・波平恵美子・湯川洋司編『暮らしの中の民俗学（1）一日』吉川弘文館、2003年。

S・W・ウィリアムズ（洞富雄訳）『新異国叢書第Ⅰ輯（8）ペリー日本遠征随行記』雄松堂書店、1978年。

上野千鶴子『スカートの下の劇場』河出文庫、1992年。

内山直三・淺川範彦「理髪所又は浴場に於て病毒を傳染することあり之れを予防する簡便なる方法」『大日本私立衞生會雑誌』第184号（1898年）、497頁。

海野幸徳『輓近の社会事業』内外出版、1924年。

江夏弘『お風呂考現学』TOTO出版、1997年。

江守敬寿『衛生要談』江守敬寿、1889年。

恵良速『風呂——其構造と施工法』工業図書、1935年。

大阪師範学校『大阪師範学校規則』大阪師範学校、1876年。

大島美津子・佐藤誠朗・古厩忠夫・溝口敏麿『新潟県の百年』山川出版社、1990年。

大谷渡編著『大阪の近代——大都市の息づかい』東方出版、2013年。

大場修『物語　ものの建築史——風呂のはなし』鹿島出版会、1986年。

緒方正清『通俗家庭衛生妊娠の巻』岡島書店、1905年。

荻原園子「大正後半期における貧困観の旋回——『社会貧』認識の形成をめぐって」『龍谷大学研究紀要社会学・社会福祉学』第20号（2013年）、37–54頁。

落合茂『洗う風俗史』未來社、1984年。

小田康徳「近代都市大阪の形成と公害問題」現代資料刊行会『近代都市環境研究資料叢書（1）近代都市の衛生環境（大阪編）別冊（解説編）』近現代資料刊行会、2008年。

小原信三・松崎宗信「日本國民の衞生状態に就て」『大日本私立衞生會雜誌』第239号（1903年）、165–171頁。

小野芳朗『〈清潔〉の近代——「衛生唱歌」から「抗菌グッズ」へ』講談社選書メチエ、1997年。

大日方純夫『明治前期警視庁・大阪府・京都府警察統計（Ⅰ）』柏書房、1985年。

大日方純夫『明治前期警視庁・大阪府・京都府警察統計（Ⅱ）』柏書房、1985年。

大日方純夫『明治前期警視庁・大阪府・京都府警察統計（Ⅲ）』柏書房、1985年。

大日方純夫『明治前期警視庁・大阪府・京都府警察統計（Ⅳ）』柏書房、1985年。

大日方純夫『日本近代国家の成立と警察』校倉書房、1992年。

R・オールコック（山口光朔訳）『大君の都——幕末日本滞在記（上）』岩波文庫、1962年。

R・オールコック（山口光朔訳）『大君の都——幕末日本滞在記（中）』岩波文庫、1962年。

改訂中之口村誌編集委員会編『改訂　中之口村誌』新潟県西蒲原郡中之口村、1987年。

貝原益軒「養生訓」石川謙校訂『養生訓・和俗童子訓』朝倉書店、1961年、9–191頁。

花王石鹼株式会社資料室『日本清浄文化史』花王石鹼、1971年。

片岡優子「原胤昭の生涯とその事業——中央慈善協会における活動を中心として」『関西学院大学社会学部紀要』第103号（2003年）、85–100頁。

加藤昌彦「被差別部落と共同浴場」『比較日本文化研究』第5号（1998年）、22–64頁。

加藤政洋『大阪のスラムと盛り場——近代都市と場所の系譜学』創元社、2002年。

勝木祐仁・天澤維・篠野志郎「東京市社會局による公設浴場事業の経緯と都市衛生施設としての史的位置づけ」『日本建築学会計画系論文集』第506号（1998年）、155–160頁。

鹿野政直『健康観にみる近代』朝日新聞社、2001年。

亀井重麿「入浴装置の改良を望む」『大日本私立衞生會雜誌』第234号（1902年）、759頁。

河石久造「東京市ノ公衆浴場ノ衛生學的検査ニ就テ（第一回報告）」『日本衛生學會雑誌』第10巻第3号、23–70頁。

河石久造「東京市ノ公衆浴場ノ衛生學的検査ニ就テ（第二回報告）」『日本衛生學會雑誌』第10巻第4号、29–80頁。

河上利勝『風呂と人間』メヂカルフレンド社、1977年。

川上俊彦『浦潮斯徳』大倉保五郎、1892年。

川端美季「『湯屋取締規則』及び『湯屋營業取締規則』に関する考察」『コア・エシックス』第2号（2006年）、59–73頁。

川端美季「公衆浴場の法的規制における欠格条項の変遷」『コア・エシックス』第4号（2008年）、407–415頁。

川端美季「京都における公設浴場の設置過程及び運営に関する考察」『コア・エシックス』第5号（2009年）、89–98頁。

川端美季「明治・大正期における公衆浴場をめぐる言説の変容——衛生・社会事業の観点から」『立命館人間科学研究』第21号（2010年）、119–132頁。

川端美季「Public Bath Movementと近代日本の公設浴場設立——身体観・道徳観に注目して」『生命倫理』第25巻第1号、通巻26号（2015年）、133–140頁。

上林茂暢「公衆衛生の確立における日本と英国——長与専斎とE・チャドウィックの果たした役割」『日本医学史雑誌』第47巻第4号（2001年）、665–696頁。

喜田貞吉「湯屋と風呂屋と温泉」『地球』第2巻第1号（1924年）、48–61頁。

北川立平・白松徹『医宝十表』足立寛、1893年。

喜田川守貞「守貞謾稿　巻之二十五」朝倉治彦・柏川修一編『守貞謾稿　第四巻』東京堂出版、1992年、39–72頁。

木村寿「社会事業史上における生江孝之の位置について」『歴史研究』第17号（1980年）、35–45頁。

清洲覚太郎編『應用衛生學一斑』清洲覚太郎、1897年。

近畿融和連盟編『都市的融和事業ニ関スル要綱』近畿融和連盟、1937年。

J・クセルゴン（鹿島茂訳）『自由・平等・清潔——入浴の社会史』河出書房新社、1992年。

窪田静太郎「衛生事務の要綱」内務省地方局編纂『地方改良事業講演集（下）』内務省地方局、1911年。

窪田静太郎『窪田静太郎論集』日本社会事業大学、1980年。

畔柳昭雄『海水浴と日本人』中央公論新社、2010年。

攻法学会編『警官実務必携』東京出版社、1912年。

小林恵子「飯島半十郎の生涯と思想（その一）——『幼稚園初歩』の著者」『幼兒の教育』第76巻第9号（1977年）、40–45頁。

小林恵子「飯島半十郎の生涯と思想（その二）——『幼稚園初歩』の著者」『幼兒の教育』第76巻第10号（1977年）、16–22頁。

小林恵子「飯島半十郎の生涯と思想（その三）——『幼稚園初歩』の著者」『幼兒の教育』第76巻第11号（1977年）、8–14頁。

小林丈広『近代日本と公衆衛生——都市社会史の試み』雄山閣出版、2001年。

小松梧樓「アイヌ種族の衛生状態（2）」『大日本私立衛生會雑誌』第423号（1918

年）、340–356頁。

A・コルバン（山田登世子・鹿島茂訳）『新版　においの歴史——嗅覚と社会的想像力』藤原書店、1990年。

西滸答案・吉田熹六『歐州之風俗　社會進化』大庭和助、1887年。

佐賀朝『近代大阪の都市社会構造』日本経済評論社、2007年。

佐竹誠「文部省社会教育と内務省社会事業」『日本研究』第19号（2006年）、17–36頁。

佐藤康行「新潟県一山村における『亭主役』と親分子分慣行——新潟県妙高高原町杉野沢地区の事例」『社会学研究』第51号（1987年）、121–144頁。

山東京伝「賢愚湊銭湯新話」神保五彌校注『浮世風呂・戯場粋言幕の外・大千世界楽屋探』岩波書店、1989年、439–450頁。

式亭三馬・神保五彌校注『浮世風呂・戯場粋言幕の外・大千世界楽屋探』岩波書店、1989年。

柴田承桂「第二總會海外衛生上景況ノ報道（前號ノ續）」『大日本私立衛生會雑誌』第14号（1884年）、13–24頁。

芝田祐祥「人養問答」三宅秀・大沢謙二編『日本衛生文庫（3）第5輯・第6輯』日本図書センター、1979年、41–95頁。

柴田紀子「都市社会事業の成立期における社会事業サービスの領域設定とその認識——大阪方面委員制度を事例として」『金沢大学文学部地理学報告』第7号（1995年）、41–51頁。

松寿主人編『開知日用便覧　初編』雁信閣、1873年。

白石太良『共同風呂——近代村落社会の入浴事情』岩田書院、2008年。

白石正明「柳原町と部落改善運動」『柳原銀行とその時代』崇仁地区の文化遺産を守る会、1991年、35–113頁。

進藤玄敬『育児必携　乳の友』博文館、1894年。

神保五彌校注『浮世風呂』角川書店、1968年。

神保五彌『江戸シリーズ10　浮世風呂——江戸の銭湯』毎日新聞社、1977年。

E・S・スエンソン（長島要一訳）『江戸幕末滞在記』新人物往来社、1989年。

杉本弘幸「日本近代都市社会事業行政の成立——京都市社会課を中心として」『待兼山論叢史学編』第37号（2003年）、25–50頁。

杉本弘幸「府県社会事業行政における都市社会事業の構造と展開——京都府・京都市社会事業行政と財団法人京都共済会の関係をめぐって」『世界人権問題研究センター研究紀要』第10号（2005年）、43–64頁。

杉山博昭『キリスト教福祉実践の史的展開』大学教育出版、2003年。

V・スミス（鈴木実佳訳）『清潔の歴史——美・健康・衛生』東洋書林、2010年。

祐成保志『〈住宅〉の歴史社会学——日常生活をめぐる啓蒙・動員・産業化』新曜社、2008年。

鈴木淳『町火消たちの近代——東京の消防史』吉川弘文館、1999年。

鈴木則子「江戸の銭湯にみる養生と清潔」吉田忠・深瀬泰旦編『東と西の医療文化』思文閣出版、2001年、197–215頁。

鈴木理恵「幕末・明治初期の裸体習俗と欧米人」『日本歴史』第543号（1993年）、62–78頁。

須藤康恵「生江孝之社会事業思想に関する基礎的研究」『東北大学大学院総合福祉学研究科社会福祉学専攻紀要』第1巻（2004年）、44–51頁。

関天籟「特殊部落の衛生に就いて」『大日本私立衛生會雑誌』第368号（1913年）、18–20頁。

関一『工業政策（下）』寳文館、1912年。

全国公衆浴場業環境衛生同業組合連合会『公衆浴場史』全国公衆浴場業環境衛生同業組合連合会、1972年。

全国公衆浴場業環境衛生同業組合連合会『全浴連三十年史』全国公衆浴場業環境衛生同業組合連合会、1990年。

全国社会福祉協議会九十年通史編纂委員会『慈善から福祉へ――全国社会福祉協議会九十年通史』全国社会福祉協議会、2003年。

瀧澤利行『健康文化論』大修館書店、1998年。

瀧澤利行「明治期健康思想と社会・国家意識」『日本医史学雑誌』第59巻第1号（2013年）、35–55頁。

武田勝蔵『風呂と湯の話』塙書房、1967年。

武島一義『社會事業叢書　第4巻　経經保護事業』常盤書房、1938年（『戦前期社会事業基本文献集（2）経済保護事業』日本図書センター、1995年、復刻版、所収）。

田子一民『社會事業』帝国地方行政学会、1922年。

立川健治「外からみた我々の身体性（1）――かつての裸体と混浴」『富山大学人文学部紀要』第24号（1996年）、77–98頁。

田中義能『家庭教育学』同文館、1912年。

田波幸男『公衆衛生の発達――大日本私立衛生会雑誌抄』日本公衆衛生協会、1967年。

谷口貢「都市における同郷者集団の形成と故郷観――新潟県西蒲原地方の出郷者と東京の風呂屋・銭湯の展開」松崎憲三編『同郷者集団の民俗学的研究』岩田書院、2001年。

玉井金五『防貧の創造――近代社会政策論研究』啓文社、1992年。

手塚龍麿「東京都における都市社会施設の源流」『都市問題』第48巻第1号（1957年）、74–82頁。

H・P・デュル（藤代幸一・三谷尚子訳）『裸体とはじらいの文化史』法政大学出版局、1990年。

東京都公衆浴場商業共同組合・東京都公衆浴場業環境衛生同業組合『三十年のあゆみ』1980年。

戸沢行夫「湯屋株と町共同体――江戸の地域と商業」『亜細亜大学経済学紀要』第25巻第1号（2000年）、71–96頁。

中井信彦「寛政の混浴禁止令をめぐって――近世都市史の一断章」『史学』第44巻第3号、1972年、115–129頁。

中井道夫「19世紀における公衆浴場政策の日英米比較」『山梨学院大学法学論集』第68号（2011年）、143–160頁。

永岡正己「山口正と社会事業史の研究」『戦前期社会事業基本文献集（1）社会事業史』日本図書センター、1995年。

中桐確太郎『日本風俗史講座　第10巻　風呂』雄山閣出版、1929年。

中野明『裸はいつから恥ずかしくなったか――日本人の羞恥心』新潮選書、2010年。

中野栄三『銭湯の歴史』雄山閣出版、1970年。

長沼三郎「過ぎ去れば走馬灯の如し」字誌編集委員会『字誌河間の今昔』新潟県西蒲原郡中之口村大字河間、1991年。

中原恭弥編『医家宝典』下巻、細謹舎、1891年。

永橋爲介「1910年代の大阪にみる『浮浪者』と『貧民窟』に関する言説――社会事業及び住宅政策の展開の前史として」『都市計画論文集（都市計画別冊）』第33号（1998年）、415–420頁。

永橋爲介「1920年代の大阪市の社会事業及び住宅政策の展開にみる『都市下層』社会への統治術の検証」『都市計画論文集（都市計画別冊）』第34号（1999年）、571–576頁。

中村優一「『公的救済』について」日本社会事業大学編『窪田静太郎論集』日本社会事業大学、1980年。

灘尾弘吉『社会事業叢書（2）社会事業行政』常盤書房、1940年。

生江孝之『歐米視察――細民と救濟』博文館、1912年。

生江孝之『社會事業綱要』厳松堂、1923年（『生江孝之著作集第4巻　社会事業綱要』学術出版、2014年、所収）。

生江孝之・佐藤信一「社会事業秘録対談覚え帖4――外国の社会事業と日本的な社会事業」『社会事業』第36巻第1号（1953年）。

生江孝之先生自叙伝刊行委員会『わが九十年の生涯』大空社、1988年。

成沢栄寿「部落改善運動と政策」『部落問題研究』35号（1972年）、18–43頁。

西澤晃彦『貧者の領域――誰が排除されているのか』河出書房新社、2010年。

西村欣三「小林金吾さんと中之口村」中之口先人館所蔵。

日本女子家政学院編『家庭の栞』日本女子家政学院、1915年。

布引敏雄「大阪の融和運動・融和事業」「大阪の部落史」編纂委員会編集『新修大阪の部落史　下巻』解放出版社、1996年、262–302頁。

野口援太郎『教育的国史観』明治圖書株式會社、1937年。

野口友紀子「窪田静太郎にみる救済制度観の変遷」『東洋大学大学院紀要社会学研究科』第37集（2001年）、251–263頁。

野口友紀子「社会事業に見る経済保護事業の位置づけ――職業紹介事業の対象者の変化から」『長野大学紀要』第27巻第3号（2005年）、41–49頁。

野口友紀子「社会事業の定義にみる固有性と多様性――大河内理論以前の社会事業理論から」『長野大学紀要』第29巻第1号（2007年）、33–46頁。

野田忠廣「水と衞生」『大日本私立衞生會雑誌』第193号（1899年）、425–448頁。

W・ハイネ（中井晶夫訳）『新異国叢書第II輯（2）世界周航日本への旅』雄松堂書店、1983年。

長谷川博「明治期の攻玉社――亀井重麿を中心として」『第9回日本土木史研究発表会論文集』第9巻（1989年）、79–88頁。

花咲一男・町田忍『「入浴」はだかの風俗史――浮世絵で見るお風呂の歴史と文化』講談社、1993年。

羽仁もと子『家庭小話』内外出版会、1903年。

原田四郎・岡本芳太郎「公衆浴水の衞生學的調査」『國民衞生』第11号（1923年）、30–44頁。

T・ハリス（坂田精一訳）『ハリス日本滞在記（中）』岩波文庫、1953–1954年。

深作安文『国民道徳要義』弘道館、1916年。

福田琴月『家庭百科全書　第31編　衛生と衣食住』博文館、1911年。

福地復一『衛生新論』島村利助、1888年。

藤浪剛一『東西沐浴史話』人文書院、1931年。

藤野豊『同和政策の歴史』解放出版社、1984年。

藤森照信『明治の東京計画』岩波現代文庫、2004年。

G・ヴィガレロ（見市雅俊監訳）『清潔になる〈私〉――身体管理の文化誌』同文館出版、1994年。

J・R・ブラック（ねずまさし・小池晴子訳）『ヤング・ジャパン――横浜と江戸（1）』東洋文庫、1970年。

J・E・ヘインズ（宮本憲一監訳）『主体としての都市――関一と近代大阪の再構築』勁草書房、2007年。

F・ベーコン（服部英次郎・多田英次訳）『学問の進歩』岩波書店、1974年。

M・C・ペルリ（土屋喬雄・玉城肇訳）『日本遠征記（4）』岩波文庫、2003年。

M・C・ペリー（オフィス宮崎助訳）『ペリー艦隊日本遠征記（上）』万来社、2009年。

M・C・ペリー／F・L・ホークス編纂（宮崎壽子監訳）『ペリー提督日本遠征記（下）』角川文庫、2014年。

E・ベルツ／E・T・ベルツ編（菅沼竜太郎訳）『ベルツの日記（上・下）』岩波文庫、1979年。

G・H・ホープ（楢林建三郎訳）『医師ノ来ル迄』大成館、1874年。

星野剛『湯屋番五十年　銭湯その世界』草隆社、2006年。

松下孝昭「京都市の都市構造の変動と地域社会――一九一八年の市域拡張と学区制度を中心に」伊藤之雄編『近代京都の改造――都市経営の起源1850～1918年』ミネルヴァ書房、2006年、250–290頁。

松下孝昭「都市社会事業の成立と地域社会――1920年代前半の京都市の場合」『歴史学研究』第837号（2008年）、1–19頁。

松下禎二『衛生百話』博文館、1920年。

松寿主人編『開知日曜便覧　初編』雁信閣、1873年。

松本良順『養生法』国際日本文化研究センター所蔵、1864年。

曲直瀬玄朔「延寿撮要」大塚敬節・矢数道明編『近世漢方医学書集成　六』名著出版、1979年、438–447頁。

三浦浄心、中村和伯校注『江戸資料叢書　慶長見聞集』新人物往来社、1969年。

三浦守治『脚気治療法』南江堂、1897年。

水内俊雄「工業化過程におけるインナーシティの形成と発展――大阪の分析を通じて」『人文地理』第34巻第5号（1982年）、1–25頁。

水沼淑子「東京府社会事業協会の日暮里小住宅について」『日本建築学会大会学術講演梗概集』1993年、1437頁。

宮崎良美「石川県南加賀地方出身者の業種特化と同郷団体の変容―大阪府の公衆浴場

業者を事例として」『人文地理』第50巻第4号、1998年、398–412頁。

無記名「列國デモクラヒー會議」『大日本私立衛生會雑誌』第136号（1894年）。

無記名「沐浴の沿革及其衛生の必要」『大日本私立衛生會雑誌』第172号（1897年）、716–717頁。

無記名「餘白録」『大日本私立衛生會雑誌』第402号（1916年）、26頁。

無記名「錢湯と尿の比較分析」『大日本私立衛生會雑誌』第438号（1919年）、550頁。

無記名「東京市公設浴場」『大日本私立衛生會雑誌』第439号（1919年）。

村井純之助「東京市の浴場試験成績」『中外薬報』第64号（1903年）、3–4頁。

E・S・モース（石川欣一訳）『日本その日その日（1）』東洋文庫、1970年。

本井子承「長命衛生論」三宅秀・大沢謙二編『日本衛生文庫（2）第3輯・第4輯』日本図書センター、1979年、247–391頁。

山本與一郎「家庭衛生論」瀧澤利行編『近代日本養生論・衛生論集成（15）』大空社、1993年。

横山源之助『日本之下層社會』教文館、1899年。

横田陽子『技術からみた日本衛生行政史』晃洋書房、2011年。

芳田茂「崇仁地区年表」崇仁地区の文化遺産を守る会編『柳原銀行とその時代』崇仁地区の文化遺産を守る会、1991年、161–188頁。

吉田集而『風呂とエクスタシー——入浴の文化人類学』平凡社、1995年。

A・ワーナー／T・ウィリアムズ（松尾恭子訳）『写真で見るヴィクトリア朝ロンドンの都市と生活』原書房、2013年。

渡辺信一郎『江戸の女たちの湯浴み——川柳にみる沐浴文化』新潮選書、1996年。

著者未詳「通仙延寿心法」三宅秀・大沢謙二編『日本衛生文庫（3）第5輯・第6輯』日本図書センター、1979年、90–91頁。

外国語文献

Crook, T. “Schools for the moral training of the people: Public Baths, Liberalism and the Promotion of Cleanliness in Victorian Britain,” *European Review of History*, 13–1 (2006): 21–47.
Glassberg, D. “The Design of Reform: the Public Bath Movement in America,” *American Studies*, 20 (1979): 5–21.
Hoy, S.*Changing Dirt* (Oxford: Oxford University press, 1997).
Kim, S. K. “An Antiseptic Religion: Discovering A Hybridity on the Flux of Hygiene and Christianity,” *Journal of Religion and Health*, 47–2 (2008): 253–262.
Morris, William and Mary *Morris Dictionary of Word and Phrase Origins* (HarperCollins, New York) 1977.
Perry, A. G. “Helping the Poor Emerge from ‘Urban Barbarism to Civic Civilization’: Public Bathhouses in America, 1890–1915,” *Yale Journal of Biology and Medicine*, 77 (2004): 133–141.
Sheard, S. “Profit is a Dirty Word: The Development of Public Baths and Wash-houses in Britain 1847–1915,” *Social History of Medicine*, 13 (2000): 63–86.

Smith, V. *Clean a history of personal hygiene and purity*, (Oxford University Press, 2007).
Tiltman, A. H. *Public Bath and Wash-houses* (printed by Harrison & Sons, St. Martin's Lane) 1895.
Williams, M. T. *Washing "The Great Unwashed" Public Baths in Urban America, 1840–1920* (Columbus: Ohio State University Press, 1991).

行政資料

内務省・厚生省資料

内務省印刷局『職員録』内務省印刷局、1921年。

内務省印刷局『大正年間　法令全書（第12巻–4）』原書房、1994年。

内務省警保局『庁府県警察沿革史（1）』原書房、1973年。

内務省社会局編『大正震災志（上）』内務省社会局、1926年。

内務省社会局社会部「經濟的保護施設概況」1926年、208頁。（社会福祉調査研究会『戦前日本社会事業調査資料集成（8）』勁草書房、1993年、所収）。

内務省地方局『歐米自治救濟小鑑』内務省地方局、1910年、185–186頁。

厚生省医務局『医制百年史』ぎょうせい、1976年。

厚生省五十年史編集委員会『厚生省五十年史（記述編）』財団法人厚生問題研究会、1993年。

厚生省五十年史編集委員会『厚生省五十年史（資料編）』財団法人厚生問題研究会、1993年。

大阪府・大阪市資料

大阪市『明治大正大阪市史　第2巻　経済編（上）』日本評論社、1935年。

大阪市『明治大正大阪市史　第3巻　経済編（中）』日本評論社、1934年。

大阪市社会部「社會部報告102号　大阪市社會事業概要」大阪市社会部、1924年（近現代資料刊行会『日本近代都市社会調査資料集成（3）大阪市社会部調査報告書（16）昭和4年（5）』近現代資料刊行会、1996年、所収）。

大阪市社会部「大阪市社會施設分布図」大阪市社会部、1929年（近現代資料刊行会『日本近代都市社会調査資料集成（9）大阪市・府社会部調査報告書（24）昭和4年（1）』近現代資料刊行会、2006年、所収）。

大阪市社会部「社會部報告第210号　六大都市社會事業要覧」大阪市社会部、1936年（社会福祉調査研究会『戦前日本社会事業調査資料集成（10）』勁草書房、1995年、所収）。

大阪市社会部庶務課「社會部報告216号　大阪市設社會事業要覧」大阪市社会部庶務課、1937年（近現代資料刊行会『日本近代都市社会調査資料集成（3）大阪市社会部調査報告書（45）昭和12年（2）』近現代資料刊行会、1996年、所収）。

大阪市社会部調査課「社會部報告103号　大阪市社會事業綱要」大阪市社会部調査課、1924年（近現代資料刊行会『日本近代都市社会調査資料集成（3）大阪市社会部調査報告書（14）昭和4年（3）』近現代資料刊行会、1996年、所収）。

大阪市社会部調査課「六大都市市営社會事業概要」大阪市社会部調査課、1924年（近現代資料刊行会『日本近代都市社会調査資料集成（3）大阪市社会部調査報告書（15）昭和4年（4）』近現代資料刊行会、1996年、所収）。

大阪市社会部調査課「大阪市私設社會事業便覧」大阪市社会部調査課、1928年（近現代資料刊行会『日本近代都市社会調査資料集成（3）大阪市社会部調査報告書（10）昭和3年（6）』近現代資料刊行会、1996年、所収）。

大阪市社会部調査課「社會部報告第94号　六大都市市會社會事業概要」1929年（近現代資料刊行会『日本近代都市社会調査資料集成（3）大阪市社会部調査報告書（15）昭和4年（4）』近現代資料刊行会、1996年、所収）。

大阪市社会部調査課「本市に於ける浴場労働者の生活と労働」大阪市社会部調査課、1931年（近現代資料刊行会『日本近代都市社会調査資料集成（3）大阪市社会部調査報告書（27）昭和6年（7）』近現代資料刊行会、1996年、所収）。

大阪市社会部労働課「大阪市設社會事業要覧」大阪市社会部労働課、1935年（近現代資料刊行会『日本近代都市社会調査資料集成（3）大阪市社会部調査報告書（39）昭和10年（2）』近現代資料刊行会、1996年、所収）。

大阪市民生局『大阪市民生事業40年史』大阪市民生局、1962年。

大阪市役所社会部「大阪市社會事業統計　昭和2年」大阪市役所社会部、1928年。

大阪市役所社会部「社會部報告214号　本市に於ける救護状況調査」大阪市役所、1936年（近現代資料刊行会『日本近代都市社会調査資料集成（3）大阪市社会部調査報告書（42）昭和11年（3）』近現代資料刊行会、1996年、所収）。

大阪市役所社会部「大阪市社會事業概要」大阪市役所社会部、1923年。

大阪市役所社会部庶務課『社會事業史』大阪市役所社会部庶務課、1924年（近現代資料刊行会『日本近代都市社会調査資料集成（9）大阪市・府社会調査報告書（11）大正13年（4）』近現代資料刊行会、2006年、所収）。

大阪社会福祉協議会『大阪府社会事業史』大阪社会福祉協議会、1958年。

新修大阪市史編集委員会『新修大阪市史　第5巻』大阪市、1991年。

古屋宗作編『類聚大阪府布達全書　第1編第10巻』1896年。

京都府・京都市関係資料

京都市「京都市會議事録」1903年3月10日、京都市所蔵。

京都市「京都市市會會議録　第11号　市参事會意見書」1923年6月26日、京都市所蔵。

京都市「京都市會會議録　第85号議案　浴場管理規則制定の件」1923年6月、京都市所蔵。

京都府「京都府広報」京都府、1921年11月25日発行。

京都府「京都府布令書」府令甲第20号、京都府、1882年1月24日。

京都府「京都府布令書」府令甲第32号、京都府、1886年3月22日。

京都府「部落改善奨励規定」「京都府広報」1921年11月25日発行。

京都市「社會事業要覧」京都市、1927年（近現代資料刊行会編『日本近代都市社会調査資料集成（4）京都市・府社会調査報告書Ｉ（18）昭和2年（1）』近現代資料刊行会、2001年、所収）。

京都市「社會事業要覧」京都市、1928年（近現代資料刊行会編『日本近代都市社会調

査資料集成（4）京都市・府社会調査報告書Ⅰ（24）昭和3年（1）』近現代資料刊行会、2001年、所収）。

京都市編『京都の歴史（10）年表・事典』学藝書林、1976年。

京都市編『史料京都の歴史（3）政治・行政』平凡社、1979年。

京都市編『史料京都の歴史（4）市街・生業』平凡社、1981年。

京都市編『史料京都の歴史（6）北区』平凡社、1993年。

京都市編『史料京都の歴史（12）下京区』平凡社、1981年。

京都市編『史料京都の歴史（13）南区』平凡社、1992年。

京都市教育部社会課「京都市社會事業要覧」京都市教育部社会課、1929年（近現代資料刊行会編『日本近代都市社会調査資料集成（4）京都市・府社会調査報告書Ⅰ（27）昭和4年（2）・5年・6年』近現代資料刊行会、2001年、所収）。

京都市教育部社会課「調査報告No. 6　不良住宅密集地区に関する調査（昭和2年5月–4年3月調査）」京都市教育部社会課、1929年（近現代資料刊行会『日本近代都市社会調査資料集成（5）京都市・府社会調査報告書Ⅱ（3）』近現代資料刊行会、2002年、所収）。

京都市教育部社会課「京都市教育部社會課季報No. 11　自1月至3月」京都市教育部社会課、1930年（近現代資料刊行会編『日本近代都市社会調査資料集成（4）京都市・府社会調査報告書Ⅱ（29）昭和5年（1）』近現代資料刊行会、2001年、所収）。

京都市教育部社会課「京都市教育部社會課季報No. 12　自4月至6月」京都市教育部社会課、1930年（近現代資料刊行会編『日本近代都市社会調査資料集成（4）京都市・府社会調査報告書Ⅱ（29）昭和5年（1）』近現代資料刊行会、2001年、所収）。

京都市教育部社会課「季報No. 14　自1月至3月」京都市教育部社会課、1931年（近現代資料刊行会編『日本近代都市社会調査資料集成（5）京都市・府社会調査報告書Ⅱ（34）昭和6年（4）』近現代資料刊行会、2002年、所収）。

京都市教育部社会課「季報No. 15　自4月至6月」京都市教育部社会課、1931年（近現代資料刊行会編『日本近代都市社会調査資料集成（5）京都市・府社会調査報告書Ⅱ（34）昭和6年（4）』近現代資料刊行会、2002年、所収）。

京都市教育部社会課「京都市教育部社會課季報No. 13　7–9月、10–12月合冊」京都市教育部社会課、1931年（近現代資料刊行会編『日本近代都市社会調査資料集成（5）京都市・府社会調査報告書Ⅱ（31）昭和5年（3）・6年（1）』近現代資料刊行会、2002年、所収）。

京都市教育部社会課「京都市教育部社會課季報No. 16　7–9月、10–12月合冊」京都市教育部社会課、1932年（近現代資料刊行会編『日本近代都市社会調査資料集成（5）京都市・府社会調査報告書Ⅱ（36）昭和7年・8年（1）』近現代資料刊行会、2002年、所収）。

京都市社会課「市設浴場一件　第1冊」複写版、1922–1931年、京都部落史研究所所蔵。

京都市社会課「京都市社會事業概要　大正12年4月」京都市社会課、1923年（近現代資料刊行会編『日本近代都市社会調査資料集成（4）京都市・府社会調査報告書Ⅰ（7）大正12年（1）』近現代資料刊行会、2001年、所収）。

京都市社会課「市設崇仁浴場一件　第1冊」複写版、1923–1931年、京都部落史研究所所蔵。

京都市社会課「市設崇仁浴場一件　第2冊」複写版、1923–1931年、京都部落史研究所所蔵。

京都市社会課『京都市社會課叢書第13編　京都の湯屋』京都市社会課、1924年（近現代資料刊行会編『日本近代都市社会調査資料集成（4）京都市・府社会調査報告書Ⅰ（11）大正13年（1）』近現代資料刊行会、2001年、所収）。

京都市社会課「京都市社會事業要覧　昭和11年度」京都市社会課、1936年（近現代資料刊行会編『日本近代都市社会調査資料集成（4）京都市・府社会調査報告書Ⅰ（37）昭和11年（2）』近現代資料刊行会、2001年、所収）。

京都市社会課「竹田公設浴場一件」複写版、1933–1936年、京都部落史研究所所蔵。

京都市社会課「京都市社會事業要覧　昭和12年度版」京都市社会課、1937年（近現代資料刊行会編『日本近代都市社会調査資料集成（4）京都市・府社会調査報告書Ⅱ（45）昭和12年（4）』近現代資料刊行会、2002年、所収）。

京都市役所「京都市水道図譜」1932年、京都府立総合資料館所蔵。

京都市役所「京都市三大事業誌」1932年、京都府立総合資料館所蔵。

京都市役所社会課「京都市施設社會事業概要」京都市社会課、1925年（近現代資料刊行会編『日本近代都市社会調査資料集成（4）京都市・府社会調査報告書Ⅰ（15）大正14年（1）・15年（1）』近現代資料刊行会、2001年、所収）。

京都市役所社会課「京都市設社會事業概要」京都市役所社会課、1925年。

京都市役所社会課「京都市施設社會事業概要　大正14年9月」京都市役所社会課、1925年（近現代資料刊行会編『日本近代都市社会調査資料集成（4）京都市・府社会調査報告書Ⅰ（15）大正14年（1）・15年（1）』近現代資料刊行会、2001年、所収）。

京都市参事会編「伯林市行政ノ既往及現在」京都市参事会、1901年。

京都市庶務部社会課「京都市社會事業要覧　昭和9年版」京都市庶務部社会課、1934年（近現代資料刊行会編『日本近代都市社会調査資料集成（4）京都市・府社会調査報告書Ⅱ（38）昭和9年』近現代資料刊行会、2002年、所収）。

京都市水道局編『京の水道——給水開始70周年記念』京都市水道局、1982年。

京都市庶務部社会課「京都市社會事業要覧　昭和8年版」京都市庶務部社会課、1933年（近現代資料刊行会編『日本近代都市社会調査資料集成（4）京都市・府社会調査報告書Ⅰ（28）昭和7年・8年（1）』近現代資料刊行会、2001年、所収）。

京都市総務部庶務課『京都市政史』京都市役所、1941年。

京都部落史研究所『京都部落史年表　近代篇Ⅱ（稿本）』京都部落史研究所、1982年。

京都部落史研究所『京都部落史年表　近代篇Ⅲ（稿本）』京都部落史研究所、1983年。

京都部落史研究所『京都部落史年表　近代篇Ⅳ（稿本）』京都部落史研究所、1984年。

京都部落史研究所『京都の部落史（7）史料近代（2）』京都部落史研究所、1985年。

京都部落史研究所『京都の部落史（8）史料近代（3）』京都部落史研究所、1987年。

京都部落史研究所『京都の部落史（10）年表・索引』京都部落史研究所、1989年。

京都府町村会編『京都府町村含七十年史』京都府町村会、1991年。

京都府立総合資料館『京都府市町村合併史』京都府、1968年。

京都府警察史編集委員会『京都府警察史　第2巻』京都府警察本部、1975年。

京都部落史研究所『京都の部落史（2）近現代』京都部落史研究所、1991年。

財団法人京都府方面事業振興会「京都府方面委員制度の概況」財団法人京都府方面事業振興会、1933年（近現代資料刊行会『日本近代都市社会調査資料集成（4）京都市・府社会調査報告書Ⅰ（28）昭和7年・8年（1）』近現代資料刊行会、2001年、所収）。

著者未詳『都之記（上）』京都府立総合資料館所蔵。

東京府・東京市資料

「警視廳令　第6號　湯屋營業取締規則」『警視廳東京府広報　第707號』1917年5月8日発刊。

「警視廳令　第24號　浴場及浴場營業取締規則」『警視廳東京府広報　第1306號』1920年9月14日発刊。

『大正13年議事　市会　冊ノ四』1924年、東京都公文書館所蔵。

『議事　市会　冊ノ九』1933年、東京都公文書館所蔵。

「公設浴場存廃に関する質問趣意書」『大正・昭和戦前期索引簿（11議会）』1924年、東京都公文書館所蔵。

「東京警視本署布達　甲第32號　湯屋取締規則」『東京警視本署布達全書　第3冊』1886年、23–28頁。

警視庁「警視庁史稿」1893年（内務省警保局『庁府県警察沿革史』原書房、1973年、復刻）。

警視庁『警視庁令類纂　第6冊』1898年。

財団法人東京市政調査会「帝都の制度に関する調査資料　一」1923年（近現代資料刊行会『日本近代都市社会調査資料集成（2）東京市・府社会調査報告書（4）大正12年（3）』近現代資料刊行会、1995年、所収）。

復興局土木部・太田圓三「帝都復興事業に就いて」1924年（近現代資料刊行会　1995『日本近代都市社会調査資料集成（2）東京市・府社会調査報告書（8）大正13年（3）』近現代資料刊行会、1995年、所収）。

復興事務局「東京市帝都復興事業概要（1）」復興事務局、1927年（近現代資料刊行会『日本近代都市社会調査資料集成（2）東京市・府社会調査報告書（16）昭和2年（3）』近現代資料刊行会、1995年、所収）。

東京警視本署『東京警視本署布達全書』1878年。

東京市「万国衛生及民勢学會参列及歐米都市衛生視察復命書」東京市、1908年。

東京市社会局「東京市社會局年報　大正9年」東京市社会局、1921年。

東京市社会局「東京市社會局年報　大正10年」東京市社会局、1922年。

東京市社会局「東京市社會局年報　第4回（大正12年度）」東京市社会局、1924年。

東京市社会局「東京市設社會事業一覧」東京市社会局、1925年（近現代資料刊行会『日本近代都市社会調査資料集成（1）東京市社会調査報告書（10）大正13年（2）』近現代資料刊行会、1995年、所収）。

東京市社会局「東京市社會局年報　第5回（大正13年度）」東京市社会局、1925年。

東京市社会局「東京市社會局年報　第6回（大正14年度）」東京市社会局、1926年。

東京市社会局「東京市社會局年報　第7回（大正15年昭和元年度）」東京市社会局、1927年。

東京市社会局「東京市社會局年報　第10回（昭和4年度）」東京市社会局、1930年。

東京市社会局「東京市社會局年報　第11回（昭和5年度）」東京市社会局、1931年。

東京市社会局「東京市社會局年報　第13回（昭和7年度）」東京市社会局、1933年。

東京市社会局「東京市社會局年報　第14回（昭和8年度）」東京市社会局、1934年。

東京市社会局「都市社會事業関係規定類集」東京市社会局、1927年（近現代資料刊行会『日本近代都市社会調査資料集成（1）東京市社会調査報告書（19）昭和2年（2）』近現代資料刊行会、1995年、所収）。

東京市社会局「東京市設社會事業要覧　昭和3年」東京市社会局、1928年（近現代資料刊行会『日本近代都市社会調査資料集成（2）東京市・府社会調査報告書（23）昭和3年（6）』近現代資料刊行会、1995年、所収）。

東京市社会局「東京市社會事業施設年表」東京市社会局、1929年（近現代資料刊行会『日本近代都市社会調査資料集成（1）東京市社会調査報告書（22）昭和4年（2）』近現代資料刊行会、1995年、所収）。

東京市社会局「東京市施設社會事業要覧」東京市社会局、1930年（近現代資料刊行会『日本近代都市社会調査資料集成（2）東京市・府社会調査報告書（32）昭和5年（2）』近現代資料刊行会、1995年、所収）。

東京市社会局「東京市内社會事業施設調査」東京市社会局、1936年（近現代資料刊行会『日本近代都市社会調査資料集成（1）東京市社会調査報告書（52）昭和11年（4）』近現代資料刊行会、1995年、所収）。

東京市社会局「東京市社會事業要覧　昭和12年度」東京市社会局、1938年（近現代資料刊行会『日本近代都市社会調査資料集成（1）東京市社会調査報告書（60）昭和13年（2）』近現代資料刊行会、1995年、所収）。

東京市社会局保護課「東京府管内社會事業施設一覧」東京市社会局、1928年（近現代資料刊行会『日本近代都市社会調査資料集成（2）東京市・府社会調査報告書（26）昭和3年（16）』近現代資料刊行会、1995年、所収）。

東京市調査課「東京市震災狀況概要」東京市、1924年。

東京市役所「東京市社會局年報　第16回（昭和10年度）」東京市役所（『東京市社会局年報（8）』柏書房、1992年、所収）。

東京市役所「東京市社會事業施設年表」東京市役所、1939年（近現代資料刊行会『日本近代都市社会調査資料集成（1）東京市社会調査報告書（64）昭和14年（2）』近現代資料刊行会、1995年、所収）。

東京府『東京府史　行政篇第3巻』東京府、1935年。

東京府『東京府史　行政篇第6巻』東京府、1937年。

東京府社会事業協会「東京府社會事業概觀　第2輯　管内防貧施設ノ部」東京府社会事業協会、1922年（近現代資料刊行会『日本近代都市社会調査資料集成（2）東京市・府社会調査報告書（1）大正11年（1）』近現代資料刊行会、1995年、所収）。

東京府社会事業協会・松下吉衛「東京府管内社會事業要覧（1）」（近現代資料刊行会『日本近代都市社会調査資料集成（2）東京市・府社会調査報告書（11）大正14年（2）』近現代資料刊行会、1995年、所収）。

東京都編『東京市史稿　市街篇50』東京都、1961年。

東京都百年史編集委員会『東京百年史　第四巻』東京都、1972年。

その他

岩手県警察部「現行岩手県警察要規（下）」岩手県警察部、1893年。

簡易保険局積立金運用課「公設浴場に関する調査」1921年（社会福祉調査研究会『戦前日本社会事業調査集成（8）』勁草書房、1993年、所収）。

簡易保険局積立金運用課『歐米の公共浴場』1924年。

中央融和事業協会「融和事業年鑑　大正15年度」中央融和事業協会、1926年（部落解放研究所『融和事業年鑑』部落解放研究所、1970年、復刻）。

富山県警察本部「富山県警察規則類纂」富山日報社、1889年。

山形県警察本部「山形県警察法規（地）」山形県警察本部、1889年。

川端美季（かわばた・みき）

1980年生まれ。立命館大学先端総合学術研究科博士課程修了。公衆衛生史。現在、立命館大学衣笠総合研究機構専門研究員。主な論文に「明治・大正期における公衆浴場をめぐる言説の変容――衛生・社会事業の観点から」（『立命館人間科学研究』No. 21、通巻37号、2010年）、「Public Bath Movementと近代日本の公設浴場設立――身体観・道徳観に注目して」（『生命倫理』Vol. 25 No.1、通巻26号、2015年、日本生命倫理学会若手論文奨励賞受賞）。共編著に『障害学国際セミナー2012――日本と韓国における障害と病をめぐる議論』（生存学研究センター報告20、生活書院、2013年）。

近代日本の公衆浴場運動

2016年8月25日　初版第1刷発行
著　者　川端美季
発行所　一般財団法人　法政大学出版局
〒102-0071 東京都千代田区富士見2-17-1
電話03(5214)5540　振替00160-6-95814
組版：HUP　印刷：日経印刷　製本：誠製本

Printed in Japan
ISBN978-4-588-32603-5